アイヌ語地名研究

20

20周年記念号

アイヌ語地名研究会
2017 (H29). 12. 15.

豊頃町のアイヌ語地名　1

秋　山　秀　敏（上川郡新得町・会員）

はじめに

　近世の豊頃町は「トカチ持場之内」とされ、寛政12年（1800）の皆川周太夫の『十勝川本流図』に「ヲホツナイ」、「ヲサウシ」、「タツブコライ」、「セユイ」、「トビオカ」などの地名が記されている。後の『天保郷帳』には「ユウト」、「チヨウブシ」、「ヲホツナイ」、「テレケプ」、「トヒオカ」、「セヲエ」、「タン子オタ」などのアイヌコタンが見える。また、十勝管内においては、広尾町と共に早くから和人が入った地とされており、その中でも豊頃町大津地区については、古くから漁業の拠点となる番屋が置かれていた。このため、多くの近世文書に地名の記載が見られる。
　域内には、明治初年にアイヌコタンを中心に「大津村」、「長臼村」、「多福来村（旅来村）」、「チヤシコツ村（安骨村）」、「トヒヨコロ村（豊頃村）」が成立、同2年（1869）に静岡藩（県）の支配地（十勝、中川、河東、上川の4郡）となり大津に役宅が配置された。明治13年（1880）には大津村に「十勝外四郡（中川・河西・河東・上川）各村戸長役場」が置かれ、行政の中心地となった。
　明治期から開拓者たちが内陸部へ入るときの玄関口となり、同26年（1893）には大津－帯広間に仮定県道南北線（通称大津街道）が開削され、同30年（1897）には函館－大津間に船舶の定期航路も開かれた。一方、豊頃村の茂岩地区は、帯広に至る川船の水路交通および陸路の中継基地としてにぎわうようになり、さらに同村豊頃地区は明治37年（1904）に官設鉄道釧路線の豊頃駅が開業し、農産物の集散地として発展を見た。
　しかし、こうした和人による開拓の歴史の前には、長い期間にわたるアイヌの人たちの歴史があったことも事実である。域内にはアイヌ文化期の遺跡であるチャシが11カ所確認されており、松浦武四郎は『戊午東西蝦夷山川地理取調日誌』（以後『戊午日誌』と略す）に多くのアイヌコタンと居住者の名前や生活の状況を記している。こうしたアイヌの人たちの生活、文化は、残されている遺跡や「トゥイタㇰ」（ル・イタㇰ）などの伝承ばなしなどによって知ることができるが、アイヌ語地名は、その地名の成り立ちからより具体的に古い時代のアイヌの人たちの生活、自然環境などを教えてくれる。このため、豊頃町におけるアイヌ語地名研究によって、かつてこの地に居住していたアイヌの人たちの生活、文化を少しでも明らかにし、未来に伝えて行ければ幸いである。
　アイヌの人たちは、例外はあるものの、山奥のどんな小さな川にも名前を付けている。それは、川がサケ、マスなどの食料を得る場所であり、舟を使って狩猟、漁労などのために移動する場でもあったからである。いわば実用のためのものであった。アイヌの人たちが生活の中で付けた様々な地名は、後に蝦夷地（北海道）に入ってきた和人が文字で記し

ている。今日、我々が古記録、古地図で目にする地名の多くは、こうした和人によって記録されたものであり、そこには、聞き違いや、方言による記載、アイヌ語を意訳したもの、偏見や興味本位で創作されたものなどが見られる。しかし、こうした資料は限界があるものの、古い時代のアイヌ文化を知る手掛かりともなっている。このため、できるだけ多くの古記録、古地図に当たり、古い時代の呼称、地名解の検証を行うことが必要と考えている。したがって、この小論では、書かれた年代や文献の題名が同じであっても、著者が違っていればできるだけこれらの資料を引用するよう努めた。

十勝管内の地名を記した文献で最も古いものは、寛永20年（1643）にオランダ東インド会社のマールテン・ヘルリッツ・フリースが著わした『日本旅行記』に見える「tacaptie タカプチー（十勝）」であろう。寛保２年（1742）ころに編纂された『松前年々記』の寛永12年（1635）の条には「とかち金山見立」とあり、当時の「とかち」が、金の産出地として松前藩に認識されていたことが読み取れる。

古地図では、正保元年（1644）から慶安２年（1649）にかけて幕府の手で各藩の国絵図をまとめた『正保日本総図』が作成されており（正本は焼失）、その写図（再製図、補訂図）の中で最も原図に近いとされているのが大阪府立中之島図書館蔵の『皇圀道度図』であるが、そこには地名として「トカチ」が記されている。写図は、国内で10点存在することが知られており、地名の末尾に「エソ」（例えば「トカチエソ」など）と記されているものもあるが、それはアイヌの存在を示すためのものとされている（『近世日本の北方図研究』）。

豊頃町内の地名は、天明元年（1781）の『松前志』に出てくる「オホツナイ」が最初であろう。その後は、古地図、古記録に頻繁に出てくるが、それは、近世に漁業の番屋や旅宿所が置かれていたからと思われる。

近代に入ってからは詳細な地名解が書かれるようになった。明治24年（1891）に永田方正が『北海道蝦夷語地名解』（以後『永田地名解』と略す）を著し、そこには403の十勝の地名を記している。知里真志保は『アイヌ語入門』の中で同書を徹底的に批判してはいるが、同書は各地のアイヌの人たちから聞いたことを取りまとめたものであり、誤りがあるものの参考になる点も少なくない。時代が下って、昭和30年代は知里真志保が『アイヌ語地名小辞典』など多くの地名に関する著作を書き、地名解のあるべき方向を示している。昭和59年（1984）には山田秀三が実地調査に基づき『北海道の地名』（以後『山田地名』と略す）を著し、そこでは231の十勝の地名を取り上げている。ただ、山田秀三がアイヌ語地名の巨匠のため、間違いであっても安易に引用されて風潮にあることに危惧を感じている。鎌田正信は、平成７年（1995）に出版した『道東地方のアイヌ語地名』で495の十勝のアイヌ語地名を記した。しかし、豊頃町内には国有林がないため、豊頃の地名はほとんど触れられていない。近年発見された若林三郎の『アイヌ語地名カード』には726の十勝のアイヌ語地名が採録されている。若林は明治37年（1904）に豊頃町大津で生まれ、山田と同年代の人である。最初は考古学に興味を持っていたようであるが、昭和30年代から40年代にかけて全道のアイヌ語地名を調べ、それらをノートや単語カードにまとめている。これらの一部は昭和45年（1970）に『郷土草第四輯 ふるさとの明かり』として出版している。また、この『ふるさとの明かり』も含めて自宅に残されていた原稿は、『十勝の歴

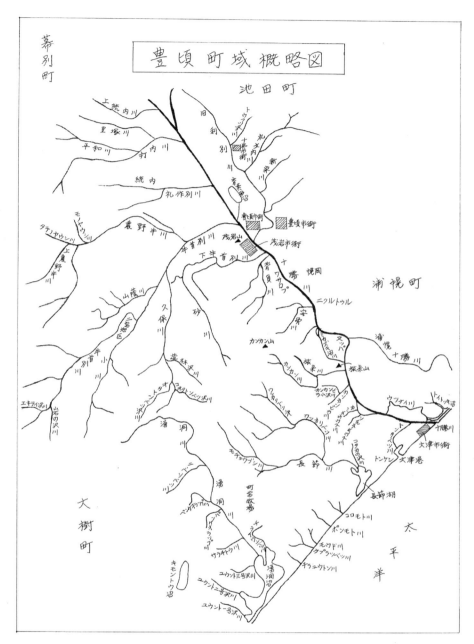

史と文化　若林三郎の著作と研究』（以後『若林地名解』と略す）としてまとめられている。氏は『永田地名解』や、知里真志保の『地名アイヌ語小辞典』を参考にしながらも独自の見解を述べており、興味深い面も多いので、できるだけそれらも紹介していきたいと考えている。『若林地名解』においては、同じ地名であっても解釈が異なる例も多々みられるので、同書第七節の「豊頃町内アイヌ語地名」を引用した。

　地名の見出し語は現行地名で立項し、その後にアイヌ語地名、意味などを記した。立項に当たっては、北海道庁が作成している河川図を第一とし、そこにない地名は『国土地理

院 25,000 分の 1 図』、『豊頃町管内図』、『豊頃町史』、『追補豊頃町史』、『北海道仮製五万分の一図』などを参考にして地名を採録した。

　アイヌ語表記は北海道ウタリ協会（現アイヌ協会）編『アコロイタㇰ』に準じた。しかし、閉音節の「w、y」は『アコロイタㇰ』の片仮名表記は採用せず、知里真志保の『アイヌ語地名小辞典』に倣って小文字の「ゥ、ィ」とした。

　河川番号は、北海道土木部河川課監修、北海道土木協会発行の平成17年（2005）版『一級河川、二級河川及び準用河川調書』（以下、河川調書と略す）にある建設省使用の河川番号を用いた。河川番号の後には地名が属する市町村名を記した。『河川調書』にない川は、番号を付さず、「河川調書にはない」と記している。

　地名の順序は海岸部を先に記載し、その後に川名、地域名などを記した。アイヌの人たちの世界観では、川を人間と同じように生き物と考えており、そして、川は海から上って山へ行く者と考えていた（『地名アイヌ語小辞典』）。こうした考えに従い、川名は下流から上流に向かって並べた。また、川が海へ注ぐ場所や支流が本流へ注ぐところは地理、地学では「河口」というが、アイヌ人たちの考え方に倣って「川尻」としている。

　後の研究者のために出典はできるだけ詳しく記した。古書の成立年代については文献により異説があるので、古地図は髙木崇世芝氏の著作、古文書は北大附属図書館編『日本北辺関係旧記目録』によった。また、本文では西暦の併記を省略した。

　なお、ページ数が多くなったので、今号では十勝川本流を取り上げ、残りの十勝川支流や海岸部は次号に回すことにした。

1　十勝川本流

①　十勝川（とかちがわ）　河川番号0108-0001　豊頃町以下16市町村。
　トカㇷ゚・ウシ（トカㇷ゚・ウシ・イ）　tokap-us-i［乳房・ある・所］が最も有力な解であろう。現在は旧大津川が十勝川で、旧十勝川が浦幌十勝川となっているが、元々は浦幌十勝川の名前。大雪山系の十勝岳やトムラウシ山などから発し、十勝平野を貫流して太平洋に注ぐ。『蝦夷巡覧筆記』に「トカチ　當処ヨリシラヌカ方角寅ニ當ル此処寄木澤山ナリ山遠ク木有川有幅五拾間余舟渡シ砂濱行」と記す大河であった。また、『蝦夷の嶋踏』には「十勝川、此わたり二百間にはあまりぬべく、いとひろき川也。」とある。『蝦夷蓋開日記』には「トカチ川　夷人の小屋に鯨魚（くじら）の肉を懸並べし小屋あり。海浜、砂場鯨魚の骨夥（おびただ）し。」と書いており、アイヌの人たちが寄り鯨の肉などを切り取って、クマ（肉乾棒）に干していたのであろう。

　秦檍麻呂は『東蝦夷地名考』で「トカチベツ　古名トッカプチ也。河上にフシコトッカプチと云所あり。カプチはトゥ女の乳の名なり。其地に乳の形に似たる丘ある故に地名になれりと酋長のクショバツク語りき。」と記している。「トッカプチ」は「トカプ・ウシ」が変化した形で、既に文化5年当時からこう呼ばれていた。これには異説もあり、蝦夷通詞の上原熊次郎は、『蝦夷地名考并里程記』に「トカチ　夷語トガプチなり。則沼の辺枯ると訳す。（中略）此川の中程にトカプチといふ大沼ありて、蝦夷人共山中草深く、通路

あしきとて、此沼辺数年野火を付て焼枯したるゆえ、地名になすよし。未詳。」と書いている。ここでの「トカプチ」は「to-ka(-o)-p-ci) 沼の・あたり（・にある）・所・枯れる」の意味と解されている。

　松浦武四郎は『竹四郎廻浦日記（巻の二十六）』で「ヲホツナイ（中略）此川本名トカチ也。其地名の訳は昔此辺に小人が住し由なるが、蝦夷人始て此処え来りしかば、小人窓より魚を出して与へしが、未だ夷人は魚を喰する事をしらざりし也。其魚を取捨て、小人の腕を持て引しかば、其腕抜て小人は逃去りし由。其逃る時にトカチ〳〵と云て去りしと。トカチは魚が無と云事なりしやとかや。よつて此トカチの方至て魚少し。」と記している。ここでの小人は伝承ばなしに出てくる「コロポックル（コル・ポㇰ・ウン・クル　kor-pok-un-kur　ふきの葉・下・そこにいる・人）」と思われる。また、武四郎は『戊午日誌（東部報十勝誌　巻之壱）』に前記秦檍麻呂の「乳房」説、上原熊次郎の「沼のあたり枯れる」説のほか、「乳を飲ませる」説などを紹介し、結論としてどれが本当なのか分からないとしている。しかし、明治に入って書いた『国名之儀ニ附申上候書付』には、「刀勝　利乳　尖乳　元一ヶ場所にて海岸二十二里二十三丁（略）元名トウカプ。譯而乳之儀。此川口東西二口ニ分れ、乳の出る如ク絶セヌカ故に号しと申傳え候。又一説にトウカツチにして、トウとは沼の事、カツとは邊りの事、チハ枯る儀。其邊の樹等水風にて早ク枯るより号しとも言り。然るに此川筋如此處なし。左候ハヽ乳の故事相應の事と奉存候。」と記しており、この「河口が二つに分かれて乳が（流れ）出ている」との解が、最終的に武四郎がたどり着いた解釈と思われる。

　また、『永田地名解』には、二つの解釈が紹介されている。一つは「幽霊」説で、「Tokapchi　トカㇷ゚チ　幽霊　十勝（国、郡、村）ノ元名、往昔十勝「アイヌ」極メテ強暴常ニ侵略ヲ事トス他ノ「アイヌ」之ヲ悪ミ「トカㇷ゚チ」ト呼ビシト云フ」と書いている。仲の良くない他の地方のアイヌの人たちが悪意をもって十勝を呼んだのであろうが、信憑性に欠けると思われる。もう一つは、「Shi anruru　シアンルル　向フノ海浜「トカㇷ゚チ」の悪名ヲ付セザル以前ノ地名」と記している。通常「シアンルル」は、山の向こう側の海辺の地を呼ぶ場合に使われるもので、この場合、日本海側から太平洋側（十勝）を見た呼び方である。十勝（太平洋）側から日本海側を呼ぶ場合も同じく「シアンルル」になる。古くは「十勝太」にトカチ持場の会所（運上屋）があり、後に現在の広尾に移って、ここがトカチ会所と呼ばれるようになったが、日本海側の住人から見たら太平洋側のトカチは「シアンルル」であったのであろう。

　吉田巌は明治40年の日記の「国名十勝の意義由来」の中で、松浦武四郎が『竹四郎廻浦日記』で書いたコロポックルの伝承に似たような伝承ばなしを記している。また、同氏の『愛郷誌料　東北海道アイヌ古事風土記資料』には松浦説、永田説、バチェラー説、安田説を記しているが、結論は出していない。『十勝地名解』は松浦武四郎の乳房説や永田方正のシアンルル説・幽霊説、バチェラーの上方に広がる国・突出せる国説、コロポックル説などを挙げ、最終的には幽霊説の意味が近いとしている。

　バチェラーの『アイヌ地名考』は「TOKACHI（十勝）— Tuk-a-chi-moshiri「上方に広がる国」または「突き出している国」。こう呼ばれるのはおそらく、この地方に山がたく

さんあるせいだろう。TUKは「成長する」「上に広がる」「突き出す」の意。ACHIはAN「ある」の複数形で、ATやOTと同じ。」と記している。『若林地名解』は「トカチ＝乳房の山（原名とカトゥ）　十勝　とカプ＝乳房　とゥ＝山（和人によりカトをトカチと誤記され、それが十勝の現名になった）」「とカチブトゥ＝十勝川の河口　プトゥ＝それの河口」と書き、乳房山と呼ばれる山から命名されたとしているが、その山がどれなのかは記していない。特異な例では、『十勝宝名鑑』に「トカリベツ」から来ており、「トカリ」は「海豹（アザラシ）」であるとしている。アザラシは「トッカリ」であるが、似た名前であるので伝承になったのかもしれない。

　『山田地名』は「十勝はたぶん十勝川下流の辺の地名からできた名であろうが、大地名となったので例により、発祥地も語義も全く忘れられ、諸説並び行われて来たのであった」と記している。しかし、発祥の地は十勝太と考えてほぼ間違いないはずである。ただ、山田が言うように江戸期からいろいろな解釈が行われてきたのは間違いないが、その中で最も有力なのが「**トカㇷ゚・ウシ（トカㇷ゚・ウシ・イ）**　tokap-us-i［乳房・ある・所］」であり、そのことを記すべきであったであろう。

（参考）
『日本旅行記』　　　tacaptie　（タカプチー　十勝）
『正保日本総図（皇圀道度図）』　トカチ
『寛文拾年狄蜂起集書』　とかち、大とかち
『松前蝦夷図』　大トカチ川
『諸国案内旅雀』　とかち
『大タターリア新地図』　Tocaptie（トカプチ）
『元禄国絵図』　とかち
『松前・蝦夷地納経記』　とかち、十勝太
『和漢三才図会　蝦夷之図』　トカチ
『松前蝦夷記』　とかち
『蝦夷志』　トカチ
『蝦夷商賈聞書』　トカチ
『蝦夷地全図』　トカチ
『津軽一統志巻十附図』　とかち、大とかち
『蝦夷国全図』　トガチ
『蝦夷巡見録　全』　トカチ　同（運上屋）三戸
『蝦夷古地図』　トカチ
『木村蝦夷日記』　チカチ、戸梶、戸勝
『十勝川本流図』　トカチ川、トカチ
『十勝川流域絵図』　戸勝川
『松前絵図』　トカチ
『蝦夷地図式　乾』　トカチ川
『仮称　間宮蝦夷図』　トカプチ

『伊能大図』　トカチ川
『松前蝦夷古写図』　トカチ、トカチ川
『蝦夷地里数書入地図』　トカチ川
『天保郷帳』　トカチ
『松浦山川図』　トカチ、トカチフト

明治29年北海道仮製五万分一図「大津」

② 大津（おおつ）　地区名、旧川名。　豊頃町。

オホ・ウッナィ oho-utnay　［深い・枝川］。現在の十勝川の旧名である「大津川」が地名になったもの。かつては、現在の「浦幌十勝川」が「十勝川」で、「大津川」はその枝川であった。そして、大津川の河口付近が深かったために地名になったものである。明治初年に「ヲホツナイ」を中心に大津村が成立、同13年大津村に十勝外四郡（中川・河西・河東・上川）各村戸長役場が置かれた。明治14年依田勉三の『北海紀行』に「大津川の河口に一小村あり。戸数八九十戸、蕎麦店あり貸座敷あり。然れども一寒村にすぎず」とある。明治32年の『日本名勝地誌第九編　北海道之部』には、「此の地十勝平野の咽喉に當り、上流沿岸の開くるに随つて自然物貨集散の要地となるべきを以て年々人口の繁殖著るしく開闢の日浅きに拘らず既に一市街を成して商戸接軒、百物輻輳し宿屋、料理店、雑穀肆等概ね備はらざるなし、港は大津川の河口廣濶（こうかつ）にして海の如く水深くして巨船を泊するに足るを以て根室通ひの汽船時々寄港し近時又郵船会社の定期船も寄港するに至る。」と記した。明治34年の『北海道殖民状況報文　十勝国』によれば、文久元年（1861）のころは、河口は今（明治32年）より東北七、八百間のところにあったが、文久2年6月の大洪水により砂堤を破って海に注ぎ、その後河口は幾多の変遷をしたとある。明治27年『北海道実測切図　十勝』に「大津川　Oohot」、同29年『北海道仮製五万分の一図　大津』に「大津川」と見える。

天明元年の『松前志』に「オホツナイ」と記すのが初見。文化5年の秦檍麻呂の『東蝦夷地名考』に「ヲホツナイ　ヲコツなり。ヤムクシナイ條下に考る故略子此。」とある。『東蝦夷地各場所様子大概書』には「おほつない　川渡し、大川也。川巾凡三丁余有。此川上壱里程上りて二筋に分る。壱筋は戸勝川と言、川巾弐丁余有。此川上に蝦夷小屋数多ありて鮭鱒の類取場置。蝦夷共の越年致す所也。」とあり、当時の大津川は十勝川より大きいことを記している。寛政9年の『蝦夷巡覧筆記』に「ヲコツナヱ　此所山遠ク木有リ川有幅二十間位舟渡シ　北川上ニテトカチ川ト一所ニナル小沼有二十間四方位也砂濱行」と記す。『蝦夷蓋開日記』に「ヲコツナヒ　旅館（やど）の傍（そば）、川端より舟に乗。（略）川広さ三町余、斜に下り三又有」とある。『伊能大図』に「ヲコツナイ川」、文政7年上原熊次郎の『蝦夷地名考幷里程記』は「ヲホツナイ　番屋泊　川舟渡　ヲコツペ江三里余　夷語ヲホウツナイなり。則深き枝川と譯す。拠、ヲホとは深いといふ事。ウツナイとは枝川と申事にて、此川トカチ川枝流なれは、往時は至て狭川なれと、追年大川となるよし。拠又、ヲホウツナイ、数ヶ所流れ落合ふて大川となる故、此名ありといふ。」と書いている。

『戊午日誌（戊午登加知留宇知之日誌　巻之伍）』には「ヲホツナイ　本名ヲウツナイと云て、深き沢と云儀なり。今其川追々広く成りて如ν此川に変じたり。番屋一棟梁六間桁十七間半板蔵一棟梁弐間桁三間半茅蔵梁四間桁六間人足小屋一棟、並に稲荷の社等有。うしろに夷家五六軒有れども、是は山より出稼の者のよし。当所帳面と云は弐軒」とある。また、続けて「家主アイアレ五十二才計、妻イトベツカ四十四才、また其隣りは家主カシユクフテ四十四才、妻ウサケ三十八才、倅シエトエ十四五才、二男コマキツ十一才、三男シトンラウシ八才、四男一人弐才、娘ナヌマツ五才と七人にて暮す。」と記している。ここでは、「ヲホツナイ」の意味を「深き沢」としているほか、番屋の規模や、番屋の後ろ

にアイヌの家が5、6軒あり、これらは内陸からの出稼ぎに来ている人たちの家であること、人別帳に載っているヲホツナイのアイヌ2戸の家族の名前などを記している。また、武四郎は『竹四郎廻浦日記（巻の二十六）』で「ヲホツナイ　川有。巾弐丁程有。上りて番屋立継通行屋一棟（八十七坪）、板蔵一、茅蔵一棟、人足小屋一棟、稲荷の社。」とも記している。地名としては、18世紀後半までは溯れるが、それ以前は出てこない。『協和使役』には「ヲホツナイ　古稱にはあらず。番屋ありて此に宿す。（略）姫路藩士菅野狷介に逢ふ。」と記している。

明治4年の『十勝州之内静岡縣支配地四郡地名』に「大津」とあることから、このころ静岡県により漢字化されたと思われる。

『永田地名解』は「Oohot nai　オオホツ ナイ　深川　元来十勝川の分流ナルヲ以テ「ナイ」ト稱スレモノ今ハ本流ヨリモ大ナリ○大津」と記している。『若林地名解』は「オほッナィ＝いつも水の深い川　オほ＝水深い　おッ＝常である　なィ＝川」と書いている。

こうして見てくると、秦檍麻呂は別として、上原熊次郎は「深い枝川」、松浦武四郎は「深き沢」、永田方正は「深川」、若林三郎は「いつも水深い川」としており、若干の違いがあるものの、当時、蝦夷通詞であった上原の解を第一としたい。

（参考）
『蝦夷古地図』　オコツナイ
『木村蝦夷日記』　ヲホツナイ
『東遊奇勝』　ヲコツナイ
『蝦夷紀行』　ヲコツナイ
『十勝川本流図』　ヲホツナイ
『十勝川流域絵図』　於発内川
『伊能忠敬測量日記』　オホツナイ
『松前絵図』　ヲホツナイ
『東蝦夷地各場所様子大概書』　ヲホツナイ、おほつない、おほつ内、尾拂内
『東案内記』　ヲホツナイ
『蝦夷地図式　乾』　ヲホツナイ
『仮称　間宮蝦夷図』　ヲコツナイ
『松前蝦夷古写図』　ヲホツナイ
『東西蝦夷地大河之図』　ヲホツナイ川
『天保郷帳』　ヲホツナイ
『松浦山川図』　ヲホツナイ
『十勝国十勝郡区画図』　大津川、大津村

③　ウツナイ川（うつないがわ）　河川調書にはない。　豊頃町、浦幌町。

　ウッ・ナィ　ut-nay　[肋骨・川]。沼などから流れ出た川が海まで行かず、途中で他の川の横に肋骨がくっつくように注ぐような川に付けられる川名。上原熊次郎は「ヲホウツナイ、数ヶ所流れ落合ふて大川となる故、此名ありといふ」と書いているように、このあ

たりには肋骨川（ウツナイ）が数カ所あって、それが大津川（現十勝川）に注ぐことによって、大津川が大河となったということであろう。大津川（現十勝川）左岸支流。明治29年『北海道仮製五万分の一図　大津』には「ウツナイ」と見える。『戊午日誌（登加知留宇知之日誌　巻之伍）』に「ウツナイブト　是ウツナイの抜口也。川巾凡七八間、遅流にして深し。両岸柳・赤楊多し。」とある。また、同日誌の挿入図では、ウツナイがヲホツナイから枝分かれするところを「ウツナイチヤロ」、そして再び合流するところを「ウツナイブト」と書いている。『永田地名解』は「Ut nai　脇川　十勝川ノ脇ニアリ」と記す。『若林地名解』は「ウッナィ＝脇の川　打内　うッ＝脇　なィ＝川」と書いている。
（参考）
『松浦山川図』　ウツナイ
『十勝州之内静岡縣支配地四郡地名』　ウツナイ
『十勝国十勝郡区画図』　ウツナイ

④　ウツナイ川の分れ口　豊頃町、浦幌町。
　　ウッ・ナィ・チャラ ut-nay-car　［肋骨・川・の口］。川や沼、道などの入り口に「チャラ」という名が付けられる。明治29年『北海道仮製五万分の一図　大津』には「ウッナイチャロ」と見える。「ウツナイ川」の項で書いたとおり、「ウッナィ」は沼などから流れ出た川が海まで行かず、途中で他の川の横に肋骨がくっつくように注ぐような川に付けられる川名。ウツナイ川は大津川（現十勝川）から枝分かれして、大津川の河口付近で再び大津川に合流しているが、枝分かれしたところが「ウツナイチャロ」である。本来、枝分かれしている地点は浦幌町域であるが、東側は豊頃町域のウツナイであるのでここで取り上げた。そして、下流の合流しているところが「ウツナイフト」であるが、『仮製五万分の一図』には記載されていない。『戊午日誌（戊午登加知留宇知之日誌　巻之伍）』に「ウツナイチヤラ　左りの方、川巾五六間、遅流にして深し。此川は屈曲して廻り＼／下の口はヲホツナイの向え抜通り居るなり。」とある。『若林地名解』は「ウッナィチャル＝打内川の河口　チャル＝口」と書いている。
（参考）
『十勝外四郡土人関係書類』　ウツナイシヤロ

⑤　カミオサウス川（かみおさうすがわ）、シモオサウス川（しもおさうすがわ）　河川調書にはない。　豊頃町。
　　オ・サル・ウシ（オ・サル・ウシ・イ）o-sar-us-i　［川尻に・蘆（あし）原・ある・もの（川）］。「カミオサウス川」や「シモオサウス川」が大津川（現十勝川）に合流するあたりが蘆原になっていたので付けられた地名と思われる。大津川（現十勝川）右岸支流。明治29年『北海道仮製五万分の一図　大津』には「カミオサウス川」のところに「オサンウシ、長臼（オサウス）村」と見える。しかし、「シモオサウス川」のところには何も記していないので、当時は無名川なのかもしれない。皆川周太夫の『十勝川本流図』に「ヲサウシ　夷人家二軒」とある。松浦武四郎は『竹四郎廻浦日記（巻の二十六）』に「ヲサ

ウシ」と記す。『戊午日誌（登加知留宇知之日誌　巻之伍）』には「ヲサウシ　左り茅原、右の方川端に山有を云り。此の処に夷家数軒有」とあり、蘆原があることを記している。明治初年に、アイヌコタン「ヲサウス」を中心に長臼村（おさうすむら）が成立。『永田地名解』は「Osan ushi　オ サン ウシ　山尾　山尾ノ低ク川中ヘ出タル處○長臼（ながうす）村」と記す。明治34年の『北海道殖民状況報文　十勝国』に「此処ヲ蝦夷語「オサンルシ」ト云フ即チ山尾ノ義村名ノ因ヲ起リシ處ナリ」、「明治ノ初年頃ハ七戸居住セシカ其後過半他方ニ転住セリ」とある。『十勝地名解』の大津尋常高等小学校の項に「オサウシ（長臼）」「オサ、ウシ」一に「オシャ、ウシ」とも唱ふ。「オサ」とは前に突出せる山の尻をいひ、「ウシ」とは立つ又有るとの義なり。一説に原称は「オヤウシ」なれども、今は「オサウシ」と呼べるなり。而して「オヤウシ」とは楽みに肴を捕る處との意なりと。」との伝承を記している。『若林地名解』は「オサウシ＝尻を浜につけている所　長臼　お＝尻　さ＝浜　ウシ＝つけている所」と書いている。「オサウシ」には「川尻に葦原があるもの（川）と「山の尻を浜についている」との解があり、ここで若林が言う「尻」はどちらなのかはっきりしないが、後者の意味で書いたのであろうか。
　（参考）
『仮称　間宮蝦夷図』　ヲサウシ
『東西蝦夷地大河之図』　ヲサウシ
『松浦山川図』　ヲサリケウシ
『十勝州之内静岡縣支配地四郡地名』　ホンヲサウス、ヲサウス
『十勝国十勝郡区画図』　ホンヲサウス

⑥　長臼村（おさうすむら）　旧村名。　豊頃町
　オ・サル・ウシ（オ・サル・ウシ・イ）　o-sar-us-i［川尻に・蘆（あし）原・ある・もの（川）］。皆川周太夫の『十勝川本流図』に「ヲサウシ　夷人家四軒」とある。松浦武四郎が歩いたころの「ヲサウシ」は大きなアイヌコタンで、『戊午日誌（登加知留宇知之日誌　巻之伍）』にはイノフル家5人、アツカリ家4人、サヘヌンカ家7人、イラキル家4人、チキリアン家2人、シクフランケ家3人、イバシテヲク家6人、イヌチレ家3人、ルカヌアイノ家4人、バウエサン家5人、リベア家3人、アノトシ家7人、イサケサン家8人、イチユフヌラン家7人など14戸、78人の名前が記録されている。また、近くには番屋と網引場があることも記している。『北海道殖民状況報文　十勝国』には、「明治ノ初年頃ハ七戸居住セシカ其後過半他方ニ転住セリ」とある。また、同報文には「同（明治）二十九年以後漸次移住者ヲ増加シ従来三戸ナリシ「アイヌ」ノ内二戸ハ中川郡凋寒村（現池田町）ニ移転セリ」と記し、和人の移住増加によりアイヌの人たちは他へ転住していったことがうかがえる。明治40年の『十勝史』には、「原称ヲシヤウシ土人語にて山の河岸に突き出てたりと云ふ意義なり。カンカンの山大津河岸に出でたるより土人ヲシヤウシと名称せり。」と記す。『山田地名』は「オ・サ・ウシ・イ「o-sa-ush-i（山の）尻が・浜（大川端）に・ついている・処」ぐらいの意であったろう」と書き、『永田地名解』の解を踏襲している。明治17年にアイヌ救済事務所が置かれ、アイヌの人たちに農業を教えていたが、5年ほど

で取りやめとなっている（『豊頃町史』）。明治初年にアイヌコタン「ヲサウス」を中心に長臼村が成立、同39年大津村、十勝村、長臼村、鼈奴村、旅来村が合併して二級町村大津村大字長臼村となっている。
（参考）
『十勝国十勝郡区画図』　ヲサウス村

⑦　カンカン川（かんかんがわ）　河川番号108-0004　豊頃町。
　カンカン kankan　［小腸］。川が小腸のようにぐにゃぐにゃ曲がって流れているために名付けられた地名。大津川（現十勝川）の右岸支流。明治29年『北海道仮製五万分の一図　大津』には「カンカン」と見える。『仮称　間宮蝦夷図』に「カンカン」、『戊午日誌（登加知留宇知之日誌　巻之伍）』に「カンカン　小川有。岸は崩れて有、上芽谷地。此字昔し飢饉の時に、魚の腹わたまで喰しと云儀。カン〵〳は魚の五臓六腑の事を云り」とある。『永田地名解』は日高管内沙流川筋の「カンカン」の項で、「Kankan　曲折　鹿腸を「カンカン」ト云此處曲折甚シ故ニ名ク」と記し、川が鹿の腸のように曲がっているからとしている。『若林地名解』は「かンカン＝屈曲の甚だしい川　軍橋　かンカン＝原義は小腸。川など小腸のように曲がりくねっている部分」と書いている。
（参考）
『東西蝦夷地大河之図』　カンカン
『竹四郎廻浦日記（巻の二十六）』　カンカン
『松浦山川図』　カンカン
『十勝州之内静岡縣支配地四郡地名』　カンカン
『十勝国十勝郡区画図』　カン〵〳
『十勝外四郡土人関係書類』　カンカン

⑧　カンカンビラ川（かんかんびらがわ）　河川番号0108-0003　豊頃町。
　カンカン・ピラ kankan-pira　［小腸・（のような）崖］。カンカン川が大津川（現十勝川）に注ぐところにカンカンビラという崖があり、この崖の名が川名になったもの。崖には「ピラ」と「ペシ」があり、「ピラ」は土の崩れてできた崖、「ペシ」は川や海に突き出たような岩崖を指す。『戊午日誌（登加知留宇知之日誌　巻之伍）』に「カンカン平（ぴら）少しの山有ども山根崩平に成りたり。依て号。其下に土人小屋二軒有、壱軒は今ヲホツナイえ引こし、一軒は　家主アメカラ五十五才、女房フツランバ四十九才、倅カリニ六（十六）才、娘サナトル十才、娘壱人三才、厄介（やっかい）シケチミ女の子五十七才と六人で住す。」とある。『永田地名解』は「Kankan pira　カンカン　ピラ　鹿膓崖　鹿膓ノ如ク屈曲シタル崖ナリ」と記し、「カンカン」は鹿の腸であるとしている。また、『十勝地名解』には「カンカン　「カンガン、ビラ」なり。「カンガン」とは総て動物の腸をいふ、「ビラ」とは崩崖なり此地會て十勝アイヌと、日高アイヌと闘争せし古戦場にして、戦死者の腸吐出しありし場所なりしより、名づくとも傳へ、又往昔一大海嘯ありし節、鯨の腸此ビラに打ち上げられしより、此稱ありともいひ、又一説には、鹿の腸を委棄せし處とも

— 12 —

豊頃町のアイヌ語地名　1

いへり。」　　　　　　　　　　　　　した場所②鯨の腸が打ち上げられた場所③鹿の
腸を捨て　　　　　　　　　　　　　　。また、『若林地名解』は「かンカンビラ＝カ
ンカンに

（参考）
『松浦山
『十勝州　　　　　　　　　　　　　ンカンビラ
『十勝国

⑨ カン
　カンカ　　　　　　　　　　　　　川の上流にあるために付けられた山名。標高214
m。「カン　　　　　　　　　　　　　ゃぐにゃ曲がっている様をいう。明治29年『北
海道仮製　　　　　　　　　　　　　えないが、大正11年の5万分の1地形図『浦幌』
には「カ　　　　　　　　　　　　　　なって付けられた山名と思われる。この山には
国土地理　　　　　　　　　　　　　やま）がある。明治34年の『北海道殖民状況報
文　十勝　　　　　　　　　　　　　境界不明」とあり、カンカン山の点名もこうし
た境界不　　　　　　　　　　　　　れたのであろう。明治40年の『十勝史』には「カ
ンカンと　　　　　　　　　　　　　。昔時大津河岸大海嘯の爲人畜の死傷夥しく其
激浪に打　　　　　　　　　　　　　腸掛りたるもの多かりしより此山を土人カンカ
ンと名称　　　　　　　　　　　　　が、こうした伝承は後の世の創作と思われる。

⑩ 旅来　　　　　　　　　　　　　　にはない。豊頃町。
　タプコ　　　　　　　　　　　　　たんこぶ山の・死んだ・川]。十勝川の右岸支
流。明治29年（1896）『北海道仮製五万分の一図　大津』には「タプコプライ」と見えるが、
扇谷昌康の『豊頃町の旅来と遠別町の歌越の語源－北海道のタプコプ地名を追って－』に
よれば、ペッが省略された形としている。「タプコプ」はたんこぶのように高まっている円
山のことで、「ラィペッ」は直訳すると「死んだ川」であるが、古い川が水の流れがなくな
って停滞しているような状態をいう。つまりは、「タプコプ」という山の南にあって、流れ
がなく停滞しているような川（死んだ川）なのであった。皆川周太夫の『十勝川本流図』
に「タツブコライ」、『戊午日誌（登加知留宇知之日誌　巻之伍）』に「タフコライ」とあ
る。また、『戊午日誌（報登加智日誌　巻の肆）』には「タフコライ　右のかた小川也。其
名義は此上の山に丸小屋を立て、昔合戦をなしたると云より号と。また一説には此処右の
かた欠崩平有。其上谷地有、依て其谷地水通じ来りて平に滴るが故に其を号るとも云、何
れが是なりや。惣て此辺山遠くして平場也。」と記している。明治4年の『十勝州之内静岡
縣支配地四郡地名』と『十勝州之内静岡藩支配地四郡地図』にはいずれも『タフコライ』
とある。
　明治初年に「タプコプライ」、「タン子オタ」を中心に「多福來村」が成立（『開拓使事
業報告』第一編）、同9年の大小区画表には「旅來村」と出てくる。明治39年に二級町村大
津村大字旅来となった。『永田地名解』は「Tapkop rai　タプコプライ　戦死ノ小丘　古戦

— 13 —

場ナリ○旅來（タビコイ）村ト稱ス松浦地図「明治34年の『北海道殖民状況報文　十勝国』に村名旅來ハ蝦夷語「タプコプライ」ヨリ出テ戦村）ハ元大津帯広間道路ノ西方ニ位スル小丘ニ北ニ位セリ丘陵（略）」とあり、『永田地名解』

　明治40年の『十勝史』には「旅來（たびこらツプカル）即土人が最も荘厳なる儀式に於て祝るを云ふライは総て動物の死を云ふ之れを綜合と名称せるなりと云ふ。」とあり、伝承話をも戦場」のところでは「年代不詳なるも昔時日高に當り十勝土人は旅來村に在るタブコライと称カンカン山に據り兩々相対峙して互に戦を挑み大に撃ち破られ再ひ十勝國窺はざるに至る其時カルを執行したり又其山麓を流る細川をタブコあらず風の方向に任せ或は東に流れ或は西に流るゝより死したるものゝ如く静なりと云ふ意味より土人語のライを彼等の終生忘るべからざる記念とするのみならず功績を子々孫々に傳へしが爲め戦捷祝賀を兼ね執行したるタップカルを合せてタップカルライと称すべきをタブコライと転訛したるものにして山上には尚ほ堡塁の舊跡あり。」とあり、伝承の詳しい内容やタプコプにチャシがあることなどを記している。

　大正3年の『十勝地名解』は「タビコ、ライ　「タビコ」とは酋長の名にして、「ライ」とは死をいふなり。往昔戦争ありて酋長タビコ、此處に戦死せしより此名ありといふ。一説に原称は「タプ、コライ」にて「タプ」とは「ヌタップ」の約にして、平野山間、彎曲迂遠の義、「コライ」とは近いとの意にして、往時大津の要地に赴くべき道路の、迂遠曲折なりしものが、此處より近か道乃ち捷徑を発見せしりに由り、此名ありと。」と記している。また、同書では、『十勝史』の最年長者を選んで、盛装して踊りを舞う説や、日高アイヌと十勝アイヌの戦いのことなどを引用している。

　こうしたたくさんの伝承ばなしは、地名解をより複雑にしている。扇谷昌康は『豊頃町の旅来と遠別町の歌越の語源－北海道のタプコプ地名を追って－』の中で、『十勝州之内静岡藩支配地四郡地図』に表わされているタプコプライという川は、細長い沼状をした形として描かれていて、早い時期からラィペッ（ray-pet　死んだ・川）で、どろんとよどんだ川だったと推定されるとしている。したがって、「タプコプライ」の「ライ」は、「ラィペッ」の「ペッ」が省略された形であっただろうとしている。山田秀三は『北海道の地名』で「旅来村」を「タプコプライ（tapkop-rai　たんこぶ山・死ぬ）で何とも妙な地名である」と書いたが、これに対して扇谷の解釈は説得力がある。また、『若林地名解』は「たプコプラィ＝尾根の先の瘤山と下にある古川とを組ました地名　旅来　たプコプ＝尾根の先が瘤のように高まっている所　らィ＝原義は「死んでいる」で、川で言えば水が流れず停滞しているような古川の状態を言う」と書き、扇谷と同じようなアイヌ語としての解釈をしている。

なお、十勝川で旅来と浦幌町愛牛が隔てられていたので明治31年に渡船場が設けられたが、十勝河口橋の完成により平成4年に廃止となっている。
（参考）
『松浦山川図』　タツフコイ
『十勝国中川郡区画図』　多福來村

⑪　旅来山（たびこらいやま）　豊頃町。

　タㇷ゚コㇷ゚　tapkop　［たんこぶ山（離れてぽつんと立っている円山）］。三等三角点があり、その所の標高は58.4m。旅来川、旅来村の名称に由来する山で、遠くからでも目立つ山であったのだろう。「タㇷ゚コㇷ゚」には二つの形態があり、一つは離れてぽつんと立っている円山、もう一つは尾根の先にあって、たんこぶのように高まっている山である（『地名アイヌ語小辞典』）。旅来の「タㇷ゚コㇷ゚」は、現旅来川とその北のミカズキ沼川の両河川が西から大津川（現十勝川）に注いでいて、この二つの川に挟まれて、大津川の方に張り出している丘陵の先端部なので、二つ目の形態になる。山の東の方から見るとたんこぶのように丸く盛り上がっているように見えるので、山の東側にある現十勝川付近に居住していたアイヌの人たちが呼んだ山名と思われる。山頂部にはチャシがあり、東側が旅来Aチャシ、西側が旅来Bチャシ。Aは複数の壕からなる複壕チャシで壕の深さは2.5m、Bは2条の壕が円形に回っている周壕チャシで、壕の深さは1m（北海道のチャシ集成図Ⅰ道東編）。一般にチャシの成立年代は、16世紀から18世紀といわれているが、旅来のチャシが造営された年代は分かっていない。タㇷ゚コㇷ゚にまつわる伝承ばなしはたくさん残されており、これらは「旅来川」の項に記している。ただ、こうした伝承ばなしには、アイヌ文化と疎遠なものも見られ、これをアイヌの人たちの物語としてよいものかどうか疑問もある。

⑫　ミカズキ沼川（みかずきぬまがわ）　河川調書にはない。　豊頃町。

　チャシコッ・ナィ　casi-kot-nay　［砦の・跡の・川］。十勝川の右岸支流。十勝川に張り出している「タㇷ゚コㇷ゚」を挟んで二つの川があり、北側が「チャシコッ・ナィ」、南側が「タㇷ゚コㇷ゚・ラィペッ」である。名前は「タㇷ゚コㇷ゚」の山頂にある「チャシコッ」に由来する。現在は、川の形から「ミカズキ沼川」と呼ばれているが、この川が本来の「チャシコッ・ナィ」であった。『戊午日誌（登加知留宇知之日誌　巻之伍）』に「チヤシコツ」とある。また、『戊午日誌（報登加智日誌　巻の肆）』に「チヤシコツ　右小山有。其名義柵跡地面と云り。土人は城跡と云り。」と見える。明治4年の『十勝州之内静岡縣支配地四郡地名』に「チヤシコチヤ」とある。明治初年に「チャシコチャ村」が成立、同9年の大小区画沿革表に「安骨（ヤスコツ）村」と見える。「チャシコッ」を「安骨」と漢字表記し、それを「ヤスコツ」と呼んだのであった。明治29年『北海道仮製五万分の一図　大津』には「チャシコッナイ」と見え、『永田地名解』は「Chashi kot nai　チャシコッナイ　砦川　安骨村」と記している。後に「安骨」を「あんこつ」と音読みするようになった。そして、いつしか「チャシコッ・ナィ」は「ミカズキ沼川」に変わり、「オタッコㇷ゚ウシュペ」が「安骨川」となり地名の移転がなされたのであった。『若林地名解』は「チャシコット＝砦の跡の沼

中村の沼　ちゃシコッ＝砦の跡　と＝沼」と書いている。

　当町域には11カ所のチャシが確認されている。チャシの成立年代は、一般に16世紀から18世紀とされ、機能について知里真志保は、『地名アイヌ語小辞典』の中で「砦、館、柵、柵囲い」などとしている。また、宗教的儀式の場であった可能性も指摘されている。当該地名には「コッ　kot　跡」が付いていることから、地名の命名時には既にチャシは使われなくなっていたと考えられる。チャシの多くは、アイヌの人たちの集落の近くに構築されるのが一般的で、近世のアイヌコタンと重なる分布を示すとされており（『アイヌの歴史と文化Ⅰ』）、このことは当町域にもあてはまる。さらには、「タㇷ゚コㇷ゚」にチャシが構築されることも多く、阿寒町ポンタッコブチャシ、釧路町タッコブチャシ・リータッコブチャシ、標津町タブ山チャシ、平取町タプコサラチャシなどがある。見晴らしの良いタㇷ゚コㇷ゚がチャシに適していたのかもしれない。

（参考）

『松浦山川図』　チヤシマツナイ

⑬　ヌッパ　旅来南四十四線付近　豊頃町。

　ヌㇷ゚・パ　nup-pa　［野原の・上手］。現在の十勝川と浦幌十勝川の合流点の西岸。十勝川とミカヅキ沼川に挟まれた地域で、野原の上手を流れていた川の名前であったと思われる。本来は「ヌㇷ゚・パ・ペッ　nup-pa-pet　野原の・上手・（を流れる）川」であったのが、「ペッ」が省かれたと思われる。明治29年『北海道仮製五万分の一図　大津』には「ヌッパ」と見える。『戊午日誌（登加知留宇知之日誌　巻之伍）』に「ヌッパ　（略）此処は当時の乙名サ子ハカアイノといへる、当年六十一才なる者の家なるが」とある。また、『戊午日誌（報登加智日誌　巻の肆）』には「ヌツハ　此川すじの屈曲した曲り角也。ヌツハは野と云事。」と記している。明治4年の『十勝州之内静岡縣支配地四郡地名』に「ヌツパ」とある。『永田地名解』は「Nup pa　ヌッパ　野頭　野原ノ山ノ方ヲ云フ」と記す。『十勝地名解』には「ノツ、パ　原称「ヌツ、パ」なり。「ヌツ」とは原野、「パ」とは頭をいふ、即ち原頭、或は原の上との義なり。（略）」とある。また、『若林地名解』は「ぬㇷ゚パ＝野の上手　ぬㇷ゚＝野　ぱ＝上手」と書いている。

（参考）

『松浦山川図』　ヌツハ

『十勝外四郡土人関係書類』　ヌツパ

⑭　安骨村（あんこつむら）

　チャシコッ・ナィ　casi-kot-nay　［砦の・跡の・川］。川名のチャシコッ・ナィが村名となったもの。『戊午日誌（報登加智日誌　巻の肆）』の「タン子ヲタ」のところで「此辺川巾ひろく凡巾弐百間にも及ぶ也。西岸にチヤシコツ様の山有也。」と記している。明治4年の『十勝州之内静岡縣支配地四郡地名』に「チヤシコチヤ」とある。明治初年に「チャシコッナイ」、「タン子オタ」、「セヲエ」などを中心に「チャシコチャ村」（『開拓使事業報告』第一編）が成立、同9年の大小区画沿革表には「安骨村」と漢字表記されている。『永田地

名解』は「Chashi kot nai　チャシコッナイ　砦川　安骨村（ヤスコツ）安骨村」と記す。「チャシコッ・ナィ」が「チャシコチャ村」になり、それに「安骨村」という漢字が当てられ、これが「やすこつむら」と呼ばれるようになり、のちに「あんこつむら」と音読みされるようになった。明治29年に大津川（現十勝川）左岸の安骨村字タン子オタ（現浦幌町）にアイヌ保護地が予定存置されている（『北海道殖民状況報文　十勝国』）。安骨村は明治39年4月に豊頃村と合併、二級町村豊頃村大字安骨村となっている。明治40年の『十勝史』には「安骨村　原称ツアシコッア土人語にてツアシとは戦争の際土人等の籠る堡壘とも云ふべき所を指したる語にしてコッアとは前と云ふ意義なりと之を綜合せば山と川との間にツアシを設け川の方は則ち前なりと云ひたるを名称とせりと云ふ。」とあり、「チャシ」を「ツアシ」、「コッ」を「コッア」としたのであった。『十勝地名解』の安骨教育所の項には「チヤツコツ　「チヤシ、コツ」を原称とす。砦といふ義」とある。また、『若林地名解』は「ちゃシコッ＝砦の跡　安骨　ちゃシ＝砦　コッ＝窪みの跡」と書いている。
（参考）
『十勝国中川郡区画図』　チヤシコツ村

⑮　安骨川（あんこつがわ）　河川番号0108-0017　豊頃町。
　　オ・タㇷ゚コㇷ゚・ウㇱ・ペ　o-tapkop-us-pe　［川尻に・タㇷ゚コㇷ゚（たんこぶ山）・ついている・もの（川）］。十勝川の右岸支流。現在のカンカン山（三角点名「安骨」）が安骨川と南三十九線道路とに挟まれたところに張り出してきており、ここがタㇷ゚コㇷ゚（たんこぶ山）であったのであろう。川尻にタㇷ゚コㇷ゚があるためこう呼ばれたと思われる。明治29年『北海道仮製五万分の一図　大津』には「オタッコㇷ゚ウシュペ」と見えるが、大正9年の五万分の一地形図『浦幌』からはこの名が消えて名前のない川になってしまう。後に、この川に地域名の「安骨」が付けられて川名となったと思われる。『若林地名解』には「オたコㇷ゚シベ＝そこに孤山のついている者（川）　セヨイ（背負）神社の旧名　オ＝そこに　たㇷ゚コㇷ゚＝孤山　うシ＝ついている　ベ＝者（川）」と書いている。

⑯　下幌岡付近　豊頃町。
　　ニクル・ウトゥル（ニクルトゥル）　nikur-utur　［林の・間］。十勝川左岸の南17号付近。かつて林が広がっていたのであろうが、現在は開拓が進みその面影はない。明治29年『北海道仮製五万分の一図　大津』には「ニクルウトゥル」と見える。『戊午日誌（登加知留宇知之日誌　巻之伍）』に「ニクルウトル」とある。また、『戊午日誌（報登加智日誌　巻の肆）』には「ニクルウトル　と云り。其名義は木が有処と、互に入交りて有ると云儀のよし也。」と記しており、林の中に位置する場所であった。明治4年の『十勝州之内静岡縣支配地四郡地名』に「ニクルトル」と出てくる。明治18～25年にまとめられた『十勝外四郡土人関係書類』に「ニコルトル」とあり、その横に「漁場禁界」と記す。『永田地名解』は「Nikur utoro　ニクルトロ　林中　直譯樹影ノ間」と記すように、当時は河畔林であったことがうかがえる。また、『若林地名解』は「にクルトゥル＝林の間　にクル＝林　ウとぅル＝間」と書いている。

（参考）

『十勝川本流図』　ニクルウトル

『松浦山川図』　ニクルウトル

『十勝国中川郡区画図』　ニクルトル

⑰　幌岡（ほろおか）　字名　豊頃町。

　ポロ・ピゥカ　poro-piwka　［大きい・小石川原］。明治29年『北海道仮製五万分の一図　大津』の現豊頃市街の南に「ポロピウカ」と見える。当時は、現在の旧利別川が十勝川本流であり、この本流が南八号から南九号にかけて大きく蛇行していて、蛇行部の南側に川名が記されている。このあたりが、大きな川原になっていたと思われる。『十勝川本流図』に「ホコビヲカ」とある。『永田地名解』は「Pro piuka　ポロ　ピウカ　大ナル河跡　河原トナリタル處」と記す。『十勝地名解』は「ホロ、ピオカ　「ホロ、ピーカ」なり。大川の跡との義なり。」と「ホロオカ　原称「ホロカ」なり。逆さまに流るゝとの義なり。」の二つを記している。『若林地名解』は「ポロピゥカ＝大きい小石川原　幌岡　ポろ＝大きい　ぴゥカ＝小石川原」と書いている。なお、『豊頃町史』には「ホロオカ（幌岡）　「ポロ・オ・カ」という発音である。「ポロ」は「大きな、親なる」、「オ」は「川尻」、「カ」は「―の上、のかみて、―のほとり」の意味（略）「ホロカ」、「ホルカ」と発音して「後戻りする」という意味もある」と記しているが、アイヌ語地名で「ポロ・オ・カ」と語彙分解するような地名はあまり見たことがない。

⑱　背負川河口南部　豊頃町。

　ワ・サル（ラ）・オ・プ（ワサロㇷ゚）　wa-sar-o-p　［（川の）ふちに・蘆・多くある・ところ］。背負川が十勝川に合流する地点の南側付近。明治29年『北海道仮製五万分の一図　大津』には「ワサロㇷ゚」と見える。『戊午日誌（報登加智日誌　巻の肆）』には「ワサル　右のかた小川有。上に小山有。其の名義は蘆荻多きより号。ワサルはシヤリの転じたるもの也。」と記す。明治4年の『十勝州之内静岡縣支配地四郡地名』に「ワサロウ」とある。『永田地名解』は「Wasarop　ワサロプ　茅塲」と記す。また、『若林地名解』は「ワさル＝川岸のヨシ原　わ＝岸　さル＝ヨシ原」「ワサロㇷ゚＝ワサルにいる者（川）　お＝にいる　ㇷ゚＝者（川）」と書いている。

（参考）

『松浦山川図』　マサロフ

⑲　背負川（せおいがわ）　河川番号0108-0018　豊頃町。

　セイ・オ・イ（セヨイ）　sey-o-i　［貝（殻）・多くある・もの（川）］。松浦武四郎は、この貝をシジミと記している。十勝川右岸支流。明治29年『北海道仮製五万分の一図　大津』には「セイオイ」と見える。『仮称　間宮蝦夷図』に「セヨイ」、『天保郷帳』に「セヲエ」、『戊午日誌（登加知留宇知之日誌　巻之伍）』に「セヨイ」と記す。また、『戊午日誌（報登加智日誌　巻の肆）』には「セヨイ　右のかた小川也。其名義は蜆（しじみ）多

きよりして号しものなり。此処人家四軒。扨其当所　乙名サ子トカ六十一才といへるもの有りけるが、是えは此春一度休みしが、其節病気にて臥居たりけるが、其後死したりといへり」とある。明治4年の『十勝州之内静岡縣支配地四郡地名』に「セヨエ」、『永田地名解』は「Seyoi　セヨイ　貝多キ處」、『十勝地名解』は「セヨイ　川貝多き處」と記している。『若林地名解』は「セイイ＝貝殻群在している所　セィ＝貝殻　お＝群在する　イ＝所」と書いている。「セイ」の付く地名は道内に何カ所か見られ、そこには貝の化石が露頭しているので、もしかして背負川のどこかにこうした地層の露頭があるのかもしれない。

（参考）
『十勝川本流図』　セユイ
『東西蝦夷地大河之図』　セヲイ
『蝦夷地里数書入地図』　セヲイ
『竹四郎廻浦日記（巻の二十六）』　セヲエ
『松浦山川図』　セヨイ
『十勝国中川郡区画図』　セヨイ

⑳　茂岩市街中央部　豊頃町。
　チキサ・ニタィ・ポゥ・イ（チキサニタイポキ）　cikisa-nitay-pok-i　［アカダモ（ハルニレ）の・林の・下の・ところ］。現在の茂岩市街の中央部の体育館からこどもプラザにかけての付近。茂岩山の斜面にアカダモの林があって、その下に位置することから付けられたものであろうか。知里真志保は『分類アイヌ語辞典　植物編・動物編』の「ハルニレ」の項で「chiki（我ら）kisa（こする）ni（木）」と記し、こすって火を出す木（発火棒）としている。また、ハルニレと雷の神からアイヌラックル（始祖神）が生まれたという伝承を伝えている。明治29年『北海道仮製五万分の一図　大津』には「チキサニタイポキ」と見える。『永田地名解』は「Chikisa-nitai-poki　チキサ　ニタイ　ポキ　赤楡（あかだも）林ノ下」とある。また、『若林地名解』は「チきサニタィポキ＝楡林それの下チきサニ＝楡の木　たィ＝林　ぽキ＝それの下」と書いている。『十勝本別アイヌ語分類辞典』にはハルニレの木を「チキサニ　「こすって火を出す木」という意味のほか、「蛇のつきやすい木」とも言われた」とある。

㉑　茂岩（もいわ）　行政地区名、山名。　豊頃町。
　モ・イワ　mo-iwa　［小さい・山］。アイヌ期に霊山であった「モイワ」が地名となったもの。山については、大きく分けて「ヌプリ」「シッ」「キㇺ」「イワ」の4とおりの呼び方があり、「ヌプリ」と「シッ」は一般的に高い山、聳えている山をさす。「キㇺ」は奥山に対しての里山のような意味を持ち、「イワ」は霊山などの山をいう。『地名アイヌ語小辞典』の「iwa　イワ」の項には「もとは祖先の祭場のある神聖な山をさしたらしい。語源は「kamuy-iwak-i（神・住む・所）の省略形か」と記しているので、「茂岩山」はかつて

アイヌの人たちの信仰の山であったのであろう。現在の牛首別川と下牛首別川とに挟まれた丘陵が十勝川の方に突き出ているあたりの名前で、南からだと東西に長い高台のように見えるが、十勝川の方向から見るとこんもりとした山である。したがって「モイワ」の名は、山の東側の十勝川のあたりに住んでいたアイヌの人たちが呼んだ地名であったと思われる。山の東に茂岩市街が広がっていて役場があり、豊頃町行政の中心地である。明治29年『北海道仮製五万分の一図　大津』には「モイワ」と見える。『十勝地名解』の茂岩尋常高等小学校の項に「モイワ　小山、或いは小森林なり」とある。また、『若林地名解』は「もイワ＝緩やかな山　茂岩本市街　も＝緩やかな　イワ＝山」と書いている。この山には国土地理院の4等三角点があり、その地点の標高は107.6mとなっている。

㉒　豊頃（とよころ）　町名、地域名、駅名。　豊頃町。
　トㇷ゚ヨカオロ　topyoka-oro　　［意味不明］。ト・プィ・オカ・オㇽ（トプヨカオロ）to-puy-oka-or　［沼の・穴の・跡の・所］ともとれる。このあたりには、十勝川が蛇行してできた三日月湖があるので、この湖が干上がった跡があったのかもしれない。明治29年『北海道仮製五万分の一図　大津』には「トㇷ゚ヨカオロ」と見える。皆川周太夫の『十勝川本流図』に出てくる「トビヲカ」が、今の豊頃であろうか。『天保郷帳』に「トヒヲカ」、『竹四郎廻浦日記』に「トヒヲカ　四里　此所にも七間有と。其内五軒（イヌンリキ家内五人、チヤシヌレ案（家）内六人、ウサメチウ家内五人、シ子ナシ家内六人、アリタイ家内二人）当所に住し、外一軒（シウス）番屋前へ引越、又一軒（サルクスリ家内九人）は此処より五里斗上なるチヨタ（現池田町）と云に引越たりと、又外より一軒（カモエヌンカ）此処え引移りも来たり。扨サルクスリ母チヤヲマツは当年是も八十三才とかや」とある。また、『戊午日誌（報登加智日誌　巻の肆）』には「トヒヨカ　と云、見はらしよき処也。其の名義はむかしより死人を多く埋し処、段々かさなり居るより号しとかや。此処右のかたはのた（ヌタㇷ゚）也。その左りは崩平より水落滴りて、其上は谷地成り。其傍に人家二軒有」と記している。明治4年の『十勝州之内静岡縣支配地四郡地名』に「トヒヨコロ」と出てくる。
　『永田地名解』は「Topyokaoro　トプヨカオロ　？　豊頃村（トヨコロ）」としているが、意味は記していない。『十勝史』には「原称トプイヰカ土人語にてトプイとは人の死して居らざる所ヲカとは其跡と云ふ意義にて綜合せば昔時戦争の際其部落の土人戦死し家族は他所へ移転して無人界となりし事ありたるならん故にトプイヲカと称せしを豊頃と転訛せしならんと云ふ」とあり、伝承が地名の起こりとしている。また、『十勝地名解』には「トヨコロ（豊頃）「トイ、コロ」にて、土多く砂礫少き處との義なり」と記す。昭和22年『北海道駅名の起源』には「トエ・コロから採ったもので、多くの蕗の意を有している」と書いた。それが昭和37年の『北海道駅名の起源』では、「アイヌ語「トㇷ゚ヨカオロ」から出たといわれるが、意味は不明である。」と修正している。『豊頃町史』には「トエコロ」と発音すると「大きなフキ」のあるところの意味もあるが、別に「トピオカル」または「トプヨカオロ」と発音し「人死して住まはざる所」の意ともされている。語源は、昔カシピラ（常室）の酋長がコタノロ（池田町と豊頃町との境界をなしている沢）を襲撃した時、コタノ

ロ軍の伏兵に要撃されてコシビラ軍が惨敗し、遂に退却して豊頃町の小沼に身を投じ全滅し、豊頃コタンが無人の地となったという伝説から生まれた地名であるという。また「トイ・コロ」といい「土多く礫少ない所」の意もあるという」と書くなど、様々な解釈を引用している。また、『若林地名解』は「とプヨコロ＝沼穴の跡の所　と＝沼　ぷィ＝穴　オか＝跡　オロ＝所」とし、地名の発祥地を「豊頃小沼（すずらん沼）より西南の道路並びに鉄道用地一帯を指した地名なのである」と推定している。ここにはかつて沼穴があったとも書いているので、仮にここが「豊頃」の地名の発祥の地であるならば大きな発見であろう。

（参考）
『十勝川本流図』　　トビヲカ
『東西蝦夷地大河之図』　　トビウカ
『天保郷帳』　　トヒヲカ
『竹四郎廻浦日記（巻の二十六）』　　トヒヲカ
『十勝国中川郡区画図』　　トヒヨコロ村

㉓　育素多沼（いくそたぬま）　河川調書にはない。　豊頃町

イ・ウㇰ・ウㇱ・ト（イユクシト）　i-uk-us-to　［それ（菱の実）を・採る・いつもする・沼］。菱採り沼のことで、「i」は「それ」という意味であるが、ここでは「菱の実」を指す。「ウㇰ　uk」は「ウィナ　uyna　たくさん採る」の単数形。明治29年『北海道仮製五万分の一図　大津』には「イウクウシュトー」と見える。古くから知られた沼で、『戊午日誌（報登加智日誌　巻の肆）』には「ユウクシフト　右のかた小川。此上にユウクシトウと云沼有。其名義は芰（菱）実が多き故号ると。ユウとは芰実、クシはウシの転じ也。此辺左右谷地多し。前に土人等此処え止宿して取るが為作りしものか（小屋有）」とあり、沼から菱の実が採れることにより地名になったとしている。また、『永田地名解』は「Iuk ush to　イウクウシュト　採菱沼」と記す。『十勝地名解』は「イクソタ　川向ふの水のかぶる處との意なり。」と記しているが、なぜそうなのか分からない。また、『若林地名解』は「ゆクシト＝菱の実を採りつけている沼　育素田沼　イ＝それ（菱の実）　うㇰ＝採る　うシ＝つけている　と＝沼」と書いている。この沼からは育素多川（いくそだがわ）が流れだし、十勝川に注いでいる。

㉔　礼文内川（れぶんないがわ）　河川番号0108-0021　豊頃町。

レプン・ナィ　rep-un-nay　［沖の方に・ある・川］。「rep」は「沖」とか「川の中央」という意味であるが、礼文内川が十勝川の中央部のさらに向こう側にある川だったので「レプン」と呼ばれたのであろうか。旧利別川の左岸支流。この旧利別川は、元々は十勝川であったところである。明治29年『北海道仮製五万分の一図　大津』には「レプウンナイ」と見える。近藤重蔵の『十勝川流域絵図』に「レフンライ」、『戊午日誌（登加知留宇知之日誌　巻之伍）』に「リフンライ」とある。また、『戊午日誌（報登加智日誌　巻の肆）』には「リフンライ　小高き岡也。小ざゝ原槲柏原。其名義土人の申伝えには、此処川瀬早

くして悪きが故、土人の死する事度々有、よつて号るなり。また一説には、本名レフンクルライにて、遠き海を隔てたる処の国人が、爰にて死せしと云儀なりと答。此処に小人の家跡といへる穴凡二十計も有。方何れも三四間四方也。是古えの穴居跡也。テシホ、ソウヤ辺にては、コロホクンクルのトイチセと云り。トイチセとは穴居の事を云也。何れが是なる哉。」と記している。明治4年の『十勝州之内静岡縣支配地四郡地名』に「レフンナイ」とある。『永田地名解』は「Rep un rai レプウンライ 海死 往時人溺死シタル處、或ハ云往昔此邊海ナリシガ海死シテ川トナリシ處、或ハ云レプングルライ」ナリ海外ノ人死シタル處川左ノ丘名ナリ丘上二穴居跡三四十餘アリ石器土器等多ク出ツト」との伝承を記す。『十勝地名解』は「レブン、ナイ レブンとは沖と譯すべく、又川など隔てゝ向ふにある處をもいふ。ナイとは川又譯なり。北見国禮文島の原稱「レフン、シリ」といへるもの沖の島との意なるにても之を知るべし。」とあり、十勝川の向こうにある所としている。
　（参考）
『十勝川本流図』　リフンナイ

㉕　トウフツ沢川（とうふつさわがわ）　河川調書にはない。　豊頃町。
　サㇻ・ウㇱ・ケㇷ゚　sar-us-kep　［蘆原・の・縁（ふち）］。蘆原が広がっていて、その縁を流れる川の名だったのであろうか。旧利別川の左岸支流。明治29年『北海道仮製五万分の一図　止若』には「サラウシュケプ」と見える。

㉖　十弗（とおふつ）　行政地区名。駅名。川名。　豊頃町、池田町。
　トプッ　to-put　［沼の・口］。『20万分の1北海道実測切図　十勝』には「レプウンナイ（礼文内川）」のすぐ北に「十弗」と見える。『豊頃町史』によれば、古くはトーフツ川の川口付近を指したものであるというが、現在十弗川は豊頃町内を流れていない。『北海道駅名の起源』に「アイヌ語「ト・プッ」（沼・口）に「十弗」の字を当てたものである。」とある。古くは十弗村の一部であったのかもしれない。『十勝川本流図』に「トブツ　○泊　惣乙名グシウハク　自分妾家十一軒」と見える。『戊午日誌（登加知留宇知之誌　巻之伍）』に「トフチ」、また、『戊午日誌（報登加智日誌　巻の肆）』に「トフチ　左のかた小川也。本名はトップチと云よし。トツフは笹の事、チーとは焼たと云儀也。」と記している。『永田地名解』には「To putu　トープトゥ　沼口　十弗村（トヲブツ）」とある。『十勝地名解』の豊頃十弗教育所の項には「トウツー　「トウ」にても「トウツー」にても、沼を呼ぶ称なり。」と記している。また、『若林地名解』は「とープッ＝沼口（語源地は対岸）　十弗　と＝沼　ぷッ＝口」と書いている。明治44年、現豊頃町内に十弗駅が開業している。
　（参考）
『十勝川流域絵図』　トブツ
『東蝦夷地各場所様子大概書』　とふふつ
『東西蝦夷地大河之図』　トブチ
『蝦夷地里数書入地図』　トフチ

『松前嶋郷帳』(天保郷帳)』　トブチ
『竹四郎廻浦日記（巻の二十六）』　トブチ
『松浦山川図』　トフチ

㉗　礼作別川（れいさくべつがわ）　河川番号0108-0032　豊頃町。
　　レ（レー）・サㇰ・ペッ　re-sak-pet　［名を・持たぬ・川］。十勝川の右岸支流。明治29年『北海道仮製五万分の一図　大津』に「レイサクペッ」と見える。『戊午日誌（報登加智日誌　巻の肆）』には「レイシヤクヘツ　右のかた小川也。レイシヤクヘツは、むかしより名が無と云事のよし也。水源は平山有る也。」と記す。明治4年の『十勝州之内静岡縣支配地四郡地名』に「レサクベツ」とある。『十勝地名解』には「レイサク、ベツ　名の無き川との意なり。これに就き可笑（おか）しき話しあり。道庁の吏員會て土地測量の爲出張此地に至り、土人に其川の名を問ひしに、レーサクベツとて、名もなき川なりと答へしを、吏員はレーサクベツといへる川なりと誤信し、終に地図に記入せしより、今は其の川の名の如くなれるものなり。」と記す。「レイサクペッ」は道内に何カ所か見られる地名で、明治の殖民区画測設のときに付けられたという伝承が残っているが、当町域の「礼作別川」は近世後期の松浦武四郎の調査のときから既に「レイシヤクヘツ」と呼ばれているので、『十勝地名解』のような伝承は、後年の創作であろう。『若林地名解』は「れーサㇰベッ＝名を持たぬ川　礼作別　れ＝名　サㇰ＝持たぬ　ベッ＝川」と書いている。

㉘　打内川（うつないがわ）　河川番号0108-0033　豊頃町。
　　ト・ウン・ナィ　to-un-nay　［沼・がある・川］。明治29年『北海道仮製五万分の一図　止若』には「トーナイ」と見える。トウンナイの「ウン」が省かれた形であろうか。『若林地名解』に「とーナィ＝沼に入る川　統内」と記す。

㉙　旧利別川（きゅうとしべつがわ）　河川番号0108-0022　豊頃町、池田町。
　　トカㇷ゚・ウシ（トカㇷ゚・ウシ・イ）　tokap-us-i　［乳房・ある・所］が有力な解であろう。かつての十勝川本流。昭和12年の十勝川の統内新水路の完成で、旧十勝川と呼ばれるようになり、同31年の利別川の川合新水路の完成で旧利別川となった。以下、「十勝川」の項を参照されたい。

（引用・参考文献）
マールテン・ヘルリッツ・フリース　『日本旅行記』　寛永20（1643）年
『正保日本総図（皇圀道度図）』　正保元（1644）年～慶安2（1649）年
則田安右衛門　『寛文拾年狄蜂起集書』　寛文10（1670）年
『松前蝦夷図』　延宝年間（1673～1680）
『諸国案内旅雀』　貞享4（1687）年
ニコラース・ウイツエン　『大タターリア新地図』　元禄5（1692）年
『元禄国絵図』　元禄13（1700）年

『松前・蝦夷地納経記』　宝永元（1704）年　空念

『和漢三才図会　蝦夷之図』　正徳3（1713）年～同6年

『松前蝦夷記』　享保2（1717）年　『松前町史資料編第一巻』所収　昭和49年

新井白石　『蝦夷志』　享保5（1720）年　『北方未公開古文書集成・第一巻』所収　昭和54年　叢文社

津軽藩　『津軽一統志巻十附図』　享保16（1731）年　『新北海道史・第7巻史料1』所収　昭和44年　北海道

『蝦夷商賈聞書』　元文4（1739）年

『蝦夷地全図』　明和3（1766）頃　山城屋安右衛門旧蔵図

林子平　『蝦夷国全図』　天明5（1785）年

『蝦夷巡見録　全』　天明6（1786）年

新井田孫三郎　『寛政蝦夷乱取調日記』　寛政元（1789）年

本多利明　『蝦夷古地図』　寛政2（1790）年

最上徳内　『蝦夷国風俗人情之沙汰』　寛政3（1791）年

髙橋壮四郎ほか　『蝦夷巡覧筆記』　寛政9（1797）年

木村謙次　『蝦夷日記』（本文では『木村蝦夷日記』と略す。）　寛政10（1798）年　木村謙次集　昭和61年　山崎栄作解読発行

渋江長伯　『東遊奇勝』　寛政10（1798）年　平成15年　山崎栄作解読発行

谷元旦　『蝦夷蓋開日記』　寛政11（1799）年　『近世紀行文集成第一巻　蝦夷篇』所収　平成14年　葦書房

谷元旦　『蝦夷紀行』　寛政11（1799）年　『蝦夷奇勝図巻・蝦夷紀行』所収　昭和48年　朝日出版

皆川周太夫　『十勝川本流図』　寛政12（1800）年

伊能忠敬　『伊能忠敬測量日記』　寛政12（1800）年

近藤重蔵　『十勝川流域絵図』　寛政12（1800）年～享和4（1804）年　近藤重蔵蝦夷地関係史料・付図　平成5年　東京大学史料編纂所

岡部牧太　『松前絵図』　文化3（1806）年

「東蝦夷地各場所様子大概書」　文化5（1808）年　『新北海道史・第7巻史料1』所収　昭和44年　北海道

『東案内記』　文化5（1808）年　昭和56年　山崎栄作解読発行。

近藤重蔵　『蝦夷地図式　乾』　文化6（1809）年頃

福居芳麿　『蝦夷の嶋踏』　文化11（1814）年　『近世紀行文集成第一巻　蝦夷篇』所収　平成14年　葦書房

間宮林蔵　『仮称　間宮蝦夷図』　文化14（1817）年頃　田沼穧模写図

伊能忠敬、間宮林蔵ほか　『大日本沿海輿地全図』（本文では『伊能大図』と略す。）　文政4（1821）年

上原熊次郎　『蝦夷地名考幷里程記』　文政7（1824）年　『アイヌ語地名資料集成』所収　昭和63年　草風館

『松前蝦夷古写図』　文政年間（1818～1829）頃写　著者蔵

今井八九郎　『東西蝦夷地大河之図』　天保3（1832）年～同5年　『北海道の文化41』所収　昭和54年　北海道文化財保護協会

『松前嶋郷帳』（天保郷帳）』　天保5（1835）年　『日本歴史地名体系1・北海道の地名』所収　平成15年　平凡社

今井八九郎　『蝦夷地里数書入地図』　天保10（1840）年頃　『北海道古地図集成』所収　昭和62年　北海道出版企画センター

松浦武四郎　『校訂蝦夷日誌　一編』　弘化2（1845）年　秋葉実解読　平成11年　北海道出版企画センター

喜多野省吾　『蝦夷地全図』　嘉永7（1854）年　筆者蔵

『トカチ場所山川沼地名里数粗絵図』　安政2（1855）年　福島屋文書

窪田子蔵　『協和使役』　安政3（1856）年

松浦武四郎　『竹四郎廻浦日記』　安政3（1856）年　高倉新一郎解読　昭和53年　北海道出版企画センター

石川和助（関藤藤陰）　『観国録』　安政3（1856）年〜同4年

玉蟲左太夫　『入北記』　安政4（1857）年　稲葉一郎解読　平成4年　北海道出版企画センター

松浦武四郎　『戊午東西蝦夷山川地理取調日誌』（本文では『戊午日誌』と略す。）　安政5（1858）年　秋葉実解読　昭和60年　北海道出版企画センター

松浦武四郎　安政6（1859）年『東西蝦夷山川地理取調図』（本文では『松浦山川図』と略す。）　『アイヌ語地名資料集成』所収　昭和63年　草風館

松浦武四郎　『十勝日誌』　万延元（1861）年　吉田武三編　『松浦武四郎紀行集』所収　昭和52年　冨山房

松浦武四郎　『東蝦夷日誌』　文久3〜5年　吉田常吉解読　昭和37年　時事通信社

松浦武四郎　『国名之儀ニ附申上候書付』　明治2年　『アイヌ語地名資料集成』所収　昭和63年　草風館

『十勝広尾雑記（坤）』　明治3年

和泉盛　「十勝州之内静岡縣支配地四郡地名」　明治4年頃　『蝦夷の燈』所収　昭和4年　三功舎

一瀬朝春　『十勝州之内静岡縣支配地四郡地図』　明治4年頃　北海道大学附属図書館蔵

『十勝国十勝郡区画図』　明治初期

『十勝国中川郡区画図』　明治初期

『十勝地誌提要』　明治7年　開拓使

石橋俊勝、加藤義乗　『北海道十勝州大津内十勝川並枝流佐幌嶽ヨリ石狩州空知上流迄図』　明治7年

『三角術測量　北海道之図』　明治8年　開拓使地理課　千葉小太郎模写図

『北海道志』　明治17年　大蔵省

『十勝外四郡土人関係書類』　明治18〜25年　北海道大学附属図書館蔵

『改正北海道全図』　明治20年　内務省地理局　筆者蔵

永田方正　『北海道蝦夷語地名解』（本文では『永田地名解』と略す。）　初版（明治24年）復刻版　昭和59年　草風館

『20万分の1北海道実測切図　十勝』　明治27年　北海道庁地理課　筆者蔵

『北海道仮製五万分の一図　大津』　明治29年　陸軍参謀本部陸地測量部

『北海道仮製五万分の一図　止若』　明治29年　陸軍参謀本部陸地測量部

『北海道仮製五万分の一図　ノヤウシ川』　明治29年　陸軍参謀本部陸地測量部

『北海道仮製五万分の一図　湧洞』　明治29年　陸軍参謀本部陸地測量部

『北海道仮製五万分の一図　オイカマナイ沼』　明治29年　陸軍参謀本部陸地測量部

鳥居欣四郎　『北海道十勝国全図』　明治32年　河西支庁　筆者蔵

松原岩五郎　『日本名勝地誌第九編　北海道之部』　明治32年　博文館

『北海道殖民状況報文　十勝国』　明治34年　北海道庁殖民部拓殖課

酒井章太郎編　『十勝史』　明治40年　酒井章太郎

安田巌城　『十勝地名解』　大正3年　十勝教育会

ジョン・バチェラー　『アイヌ地名考』　大正14年　『アイヌ語地名資料集成』所収　昭和63年　草風館

千枝興右衛門　『十勝宝名鑑』　大正14年　十勝三興社

帯広土木事務所　『帯広土木事務所管内図』　昭和6年　帯広土木事務所　筆者蔵

『北海道駅名の起源』　昭和22年　札幌鉄道局業務部旅客課

知里真志保　『アイヌ語入門』　昭和31年　楡書房

知里真志保　『地名アイヌ語小辞典』　昭和31年　楡書房

知里真志保　『分類アイヌ語辞典　植物編・動物編』　昭和51年　平凡社

『北海道駅名の起源』　昭和37年　札幌鉄道管理局

豊頃町町史編さん委員会編　『豊頃町史』　昭和46年　豊頃町役場

知里真志保　『知里真志保著作集別巻1・分類アイヌ語辞典植物編・動物編』　昭和51年　平凡社

北海道チャシ学会　『北海道のチャシ集成図Ⅰ（道東編）』　昭和60（1985）年　北海道出版企画センター

山田秀三　『北海道の地名』　昭和59年　北海道新聞社

山田秀三　「アイヌ語地名の話」　『角川地名辞典1　北海道下』所収　昭和62年　角川書店

角川日本地名大辞典編纂委員会　『角川日本地名大辞典1・北海道上巻』　昭和62年　角川書店

豊頃町史編さん委員会編　『追補　豊頃町史』　昭和62年　豊頃町長

扇谷昌康、島田健一　『沙流郡のアイヌ語地名Ⅰ』　昭和63年　北海道出版企画センター

『北海道の地名の会々報第18号』　平成2年　北海道の地名の会

後藤秀彦　「浦幌町のアイヌ語地名」　『浦幌町郷土博物館報告第37号所収』　平成2年　浦幌町博物館

福岡イト子　『アイヌと植物』　平成5年　㈱旭川振興公社

北海道ウタリ協会　『アコロイタク　AKOR ITAK　アイヌ語テキスト1』平成6年　北海道ウタリ協会

山田秀三　新版『アイヌ語地名研究1〜4』　平成7年　草風館

鎌田正信　『道東地方のアイヌ語地名』　平成7年　私刊

田村すず子　『アイヌ語沙流方言辞典』　平成8年　草風館

知里真志保　『和人は舟を食う』　平成12年　北海道出版企画センター

北海道環境生活部　『アイヌ語地名リスト』　平成13年　北海道環境生活部

萱野茂　『萱野茂のアイヌ語辞典　増補版』　平成14年　三省堂

後藤秀彦　「近世文書に見るトカチ・ヒロウ・ヲホツナイ」　『浦幌町立博物館紀要第2号所収』　平成14年　浦幌町博物館

宇田川洋　「チャシ」　『アイヌの歴史と文化Ⅰ』所収　平成15年　創童社

扇谷昌康　「豊頃町の旅来と遠別町の歌越の語源」　『アイヌ語地名研究7』所収　平成17年　アイヌ語地名研究会

『豊頃町管内図』　平成19年　豊頃町役場

若林三郎　大津・十勝川学会編『十勝の歴史と文化　若林三郎の著作と研究』（本文では『若林地名解』と略す）　平成19年　豊頃町教育委員会

髙木崇世芝　『近世日本の北方図研究』　平成23年　北海道出版企画センター

アイヌ語 yu の継受と変容

「ユ」= 温泉説の再検討

明石 一紀　（埼玉県蕨市・会員）

1 研究史と課題

　地名「ユ」については、温泉と解釈する説が昔から通説である。江戸時代から、「ユウとは温泉の事」（上原熊次郎「蝦夷地名考幷里程記」）と解され、松浦武四郎の日誌でも永田方正の地名解でも貫かれている。しかし、疑問となる事例もしばしば指摘されてはいた。以下、研究史的に整理してみることにする（以下、敬称略）。

A　温泉が実在する yu　・・・・・・・通説のまま
B　温泉の存在に懐疑がある yu（例.湧別・勇払・夕張・湧洞沼・由仁など）
　① ぬるき水(湧洞沼・勇払)説　・・・・・・・秦檍麻呂、榊原・市川「野作東部日記」
　② Yupe=チョウザメ(湧別)説　・・・・・・・永田方正
　③ i(それ)説の提示　・・・・・・・知里真志保ら[1]
　　イ、i=〔千歳〕への(夕張・勇払)説　　ロ、i=蛇(由仁)説　　ハ、ipe=魚(湧別)説
　④ i(それ)説の流行
　　特に、勇払のi説は通説ともなった・・・・・・・扇谷昌康・山田秀三・池田実ら
　　ただ、各地の i(それ)がそれぞれ何を指すかは不特定で、多種多様な解釈が出された[2]。
　⑤ yu説への回帰・i説の否定
　　山田『北海道の地名』は、勇払以外は温泉説で解きたいとし、榊原正文は、勇払を含めてi説を完全否定し[3]、yu説に立ち返った。

　結局、Bの解釈については、「ユ」=温泉説の振出しに戻っただけで未解決のままである。この現状を踏まえるならば、問題の所在は、山田が宿題の様に残していったテーマでもあり、yu説でもってBの諸地名を解読することに他ならない。『北海道の地名』が出版されてからはや30年以上がたつが、後進研究者から特に新解釈が出されてもいなのはどうしてなのだろう。知里が逸脱させ、山田（と榊原）が元に戻しただけのyu説を、一から再検討することを始めなければならない。

　このように、Bの解釈は結果として失敗に終わっているものの、なかには注目すべき成果が認められる。それは執拗に夕張を追い求めた池田実の研究であり、ユーパロは初め温泉ではなくて鉱泉を意味していたのではと探りつつ[4]、ついには、「硫化水素臭の濁水」を指す、という見解に至っている[5]。すなわち、yuを温泉ではないがそれを匂わせる濁水、という用法を示している。この説は、他のBの地名にも参考となる視点であり、これまで最大の成果である。

　私はこの池田説に触発されて、拙稿「アイヌ語地名yuの継受と変質」[6]をまとめ、全道的な「ユ」の地名の検討を通じて温泉ではないyuの用法を考察してきた。これを補強しつつ書き直して、ここに発表するものである。

― 27 ―

2 yu=温泉の発生と伝播

　アイヌ語 yu(ユ、ユー、ユウ)が和語の「ゆ(湯)」を導入した語であることは、言うまでもない。それまでは、アイヌ人の間で温泉に浸かるとか・湯治場として利用する、といった慣習はなく、また風呂に入ることは禁止されていた[7]。むしろ、「ユノ川。(略)土人の云ニ此川すじニ毒水の生(しょうず)る処か、または毒気有樹木に而も有るか、鳥類おりおり此辺りより湯本迄の間に死し居ること有る也と聞り。如何にも左(さ)有べし。此ユノ川の方には小魚少しもなきよし也」(『初航蝦夷日誌』巻二)と述べている如く、アイヌ人は温泉水を「毒」の含む水とでも考えて避けていたようだ。そもそも、硫化水素は有毒ガスであるから、それは自然な感覚である。その一方、真冬には鳥・獣が集まって来ることも少なくなかった(猟場)ようである。

　では、どうやって和語の湯=温泉を継受していったか。日本全国に、湯の沢・湯沢や湯の沢川また湯の川・湯川(他に、湯の岱・湯の谷・湯の湖)といった和語の地名が数多く分布している。この温泉水が湧き出ている・流出している小川を表す日本語の地名がもととなって、「湯」の音だけはそのままアイヌ語に導入されて、それにナイやペツの語をつけて、和語地名と同じ地名熟語としてアイヌ語地名が成立したものと考えられる。従って、「ユ」単独(温泉名)ではなく、河川地名の一部としてそのまま導入されたようである。

　東北地方には、アイヌ語源とみられる地名が少なくないにもかかわらず、ユと結びついた別・内といった類の地名は見つかっていない。古代のエミシ時代にまでは遡らない語彙のようである。恐らく、「ユ」は中世の蝦夷地において使われ出した言葉だとみられる。最初にアイヌ語に受け容れられて広まったのは、渡島半島南端の和人地からであろう。ちなみに、渡島国上磯郡に鎌倉時代から伝わるという道内最古の温泉場(知内温泉)があり(松浦『初航蝦夷日誌』に描写)、薄茶色をしている。地字は湯の里で、湯の沢・湯本・湯の(川)尻・湯の道など「ゆ」の付く和名は多種あったが(『廻浦日記』ほか)、和人が早くから占拠したためかユのつくアイヌ語名称は特に残されていない。ちなみに、ここの「湯の川(尻)」をアイヌ人はチラ＼川(ツヽラ川)と呼んでいたことから、まだユーナイは未成立である。しかし、この知内温泉の地名が「ゆ」の発生源とみられ、さらに渡島半島南西部の和人地にも広まり、これをアイヌ語として継受し、ここから地名として全道に伝播していった、と考えられる。知内川では、早くから砂金掘りが行われていて、金掘り人たちが温泉を発見して利用したのではないだろうか。

　以下、永田方正『北海道蝦夷語地名解』(引用は資料名省略)に収録されている「ユ」の付く地名について、そこに温泉が実在しているか、あるいは和語の「湯」の地名が重なり合っているか(温泉の可能性が高い)、一つずつ確認してみよう。

　渡島国でも松前半島から日本海側にかけては、近世には知内を含めて六か所の温泉が存在していたが[8]、早くから和人が居住したためか、和語で呼ばれていて yu の地名は確認しがたい。一方、函館側の亀田郡にユペツあり、湯ノ川と解されて湯ノ川村ノ原名と注されている。この湯の川温泉には、松倉川支流で湯の川と湯の沢川とが並流している。恐らく、和人が使っていた「湯の川」に対して、アイヌたちはそれをユペツと呼び換えたものであろう。ここは、和語・アイヌ語併存の地名であったに違いない。地理的に、地名 yu の最初の使用例とみる。

　茅部郡の森町には、ユーフルがあり(尾白内川の中流付近)、ユープトがあり(「湯の崎」)、

他にユウンペツがある(濁川温泉)。

　胆振国山越郡には、ユオイ(ユウヲイ)があり(八雲町の山越由追会館辺り)、プイウンペ(プンペ)があり(コタン温泉)、次にユーラプがあり(遊楽部川)、これはユウランベツの訛った形といわれて温泉下ル川と解されているが、正確には「鉱水下る川」と訳されるべきであろう[9]。

　虻田郡には見えないが、有珠郡にはオサレペッ川(長流川)筋にユーエンゴロクシュペツの名があって温泉ノ上川ヲ流ル川と解され、またパンケユー(蟠渓温泉)・ペンケユー(弁景温泉)がある。

　次に、室蘭郡には見えないが、幌別郡には永田地名解にはないものの、知里真志保によるとパンケユ(登別温泉)・ペンケユ(カルルス温泉)・ポンユ(地獄谷)などが使われていたという[10]。

　後志国に移って、島牧郡に至るとシベツ川筋にユオマナイがあり(温泉が散在)、寿都郡の寿都川筋にユペツとあり(湯別村ト称ス)、またユーナイの地名もある。岩内郡にユーナイの地名があり(湯内川)、岩内町敷島内にユウナイ川の湯と呼ばれてきた秘湯(朝日温泉)がある。古宇郡にはユオトマリがあって(泊村の海岸に盃温泉街)、満ち潮になれば海水に没する温泉がある。余市郡にユーナイがあり、余市町の豊浜町に湯内川があり上流に湯の沢がある(温泉は確認されない)。

　石狩國の日本海岸には見当たらない。天塩国に入り、増毛郡にユーナイが見える(箸別川上・中流に湯の沢)。留萌郡にはユウシュナイと見えて「湯」との関連性が想定(神居岩温泉)できる。

　沿岸部から奥地に飛んで、石狩山地には「ユ」の温泉地名が残っている。北見国常呂郡にオンネユがあって(温根湯温泉)、近くにポンユもある(北見温泉)。十勝国中川郡の美利別川上流にユーナイがあり(芽登温泉)、更に永田地名解には見えないものの、十勝川源流のトムラウシにユー・トムラウシの川がある(トムラウシ温泉)[11]。石狩山地では、温泉に注目している傾向があり、これは雪中の猟場としてアイヌが目をつけていたからではないか、と思われる。

　以上、yuが温泉水を意味している、という地名をあげてきた。方言nu(ヌ)が温泉水を意味している事例は他に存在するが、論点を絞るために地名「ユ」に限定する。この分布図が図1である。そして、これまでの「ユ」(温泉水)は、硫黄質の茶色であった濁川の湯を除き、概して塩化・硫酸・炭酸系の無色透明であるか淡い色の透き通った湯が多いようだ。

　また、石狩山地の「ユ」の用法が、日本海側(留萌など)の温泉の観念が交流を通じて上川アイヌに反映された結果と解釈するならば、「ユ」＝温泉水の分布範囲は、登別温泉のところでぱったりと止まっていることが明白である。すなわち、B(温泉に懐疑のあるyu)の地名群は、みな登別の東部に位置している。

3　登別における新展開

　では、胆振国幌別郡の登別で、yuの転機となるような何が生じたのだろうか。18世紀末に書かれた最上徳内『蝦夷草紙』には、「大河幷奇水の事」という項目に、道内の奇水として登別温泉・恵山スカイ沢・知内温泉の三つを挙げていて、特に登別の川は奇異な色として注目されている。

　この登別は、幸いなことに知里真志保と山田秀三が協力して綿密な調査を行っていて[12]

− 29 −

アイヌ語地名研究20

図1 「ユ」＝温泉地名の分布図

詳細な地名が判明できている。登別川（ヌプリペッ）の中上流は二つに分かれていて、本流は千歳川（ペケレペツ）で、東側の支流がクスリサンペッである。この支流はさらに二つに分かれ、支流の主流は旧シュンペッという水川で、これに対して、横の地獄谷から本来のクスリサンペツ（旧メナシンペッ）という熱湯の小流が合流していたもの、と言われている。

　さて、このヌプルペッは濁川と解され、注に「温泉出デ、川ニ注グヲ以テ水常ニ濁ル、故ニ名ク。旧地名称ニ怒川ト訳シタルハ誤ナリ。今登川村ト称ス」とある。また、松浦は「ヌフルヘツ　温泉のよし」（『巳手控第六番』）として、濁っている？（ヌプル）のは温泉のためだ、と注している。この川は、アイヌ語の本来の名称法ではユ・ペツと呼ばれて然るべきである。ところがユは用いられず、ヌプルという〔霊力のある〕を表す語を用いている。江戸時代から続いている登別温泉の語源である。温泉水は、硫黄・重曹の成分が強いのみならず多くの泉質が混ざっていて色は濃い。この川の色は、「温泉湧出でて谷々より落集り、一河になりて此ノボルベツに流れ来る也。此故に此河の水色白粉と紺青を掻立たる如し。依て鼠色なり」（最上徳内「蝦夷国風俗人情之沙汰」）とか、「川水黄白に而、甚濁り」（松浦『蝦夷日誌』一篇巻七）と書き残されている。ヌプルの本義は霊力のあるという意味のようで、永田の濁りという解釈は誤だとされる。そうであったとしても、川の見た目は強烈な印象であり、アイヌは、「ユ」とは和人たちが驚きを以って表現（鼠色・黄白・白濁など）してきた多様に濁った半透明の湯水、という認識を持つに至ったろう。

― 30 ―

アイヌはこれまで温泉水を、無色透明か茶色っぽい湯水、と受け止めていたのに、強い臭いと濃い濁りは、「ユ」のイメージを一変させたものと考えられる。この近辺のアイヌ人は、ユの意味を硫黄泉のような水、と受け止めるようになったのであろう。ユ（湯）と濁りが混同される契機となったのではないか。また、湯の川に対してユ・ペツを基本形とはせずに、ヌプルと表現したり、クスリと表現したり、あるいはペケレと表現される（白老郡）こともある。ユ＝温泉水という観念はここでは少し希薄となっている印象を受ける。ユの用法に大きな転機が訪れているかのようだ。

　以下、登別温泉がアイヌ人に与えた文化的・画期的な影響を考えてみよう。

Ⅰ　a.（色）登別のような濃い硫黄泉は、源泉が空気に触れると黄白色の硫黄沈殿（湯ノ花）が生まれ、さらに乳白色（白濁）の湯へ変化する。幌別郡・白老郡のアイヌ人は恐らく、温泉水のことを「ユ」とも（他の表現でも）言うが、それの見た目は白く濁った湯水である、という認識を持っていたに違いない。「ユ」は白濁の流れ、という観念が新しく生じたものと思われる。

　　b.（イメージ）「ユ」は、硫黄山（＝火山）が根源らしい。また川（本流）の途中で、横の「ユ」の流出元（源流地）から支流（例．クスリサンペツ）が流れこみ、合流してくる、という実感的な土地感覚も生まれたであろう。

Ⅱ　（効能）知里によれば、幌別のアイヌには、a-ku-yu（我ら・飲む・温泉）であるとか、sik-kar-yu（目を・手当する・温泉）という言葉があり、入浴するのではなく、飲んだり目を洗ったりして、病気を治した、という注釈がなされている[13]。霊力のある（ヌプル）川という登別では、アイヌが治療に温泉水を活用した、ということで、温泉に対するプラスイメージが生まれていることに注目したい。

　　ところで、温泉にクスリの地名を使うのは、瀬棚郡利別川上流や白老郡にも見られはしたが、登別のインパクトの比ではない。アイヌにとってクスリとは、飲み薬・薬湯が主体である[14]。登別のクスリサンペツは瀬棚郡のそれと並んで、和語クスリの継受の始まりだったのではないだろうか。クスリの語は、自然の薬湯として、温泉水と結びついて広まったもの、と考えられる。

Ⅲ　（信仰）登別で「温泉の神」が祀られ始めたらしい[15]。神に木幣をあげて祈ってから湯治する。和人は、古来、温泉神を祀る習慣があった。この神に祈る信仰は、和人のように、体を湯につかって病を治す（湯治）行為と結びついているようだ。しかし、入浴禁止のアイヌに取り入れられたからには、比較的新しい慣習だったのではないだろうか。湯治場に付随する信仰である温泉神（ユ・コロ・カムイ）は、各地の方言での相違はあるが、千歳・屈斜路・阿寒・美幌で採取されている[16]。これも、登別岳の神は神の国から遣わされた女神で病気を治癒する温泉神である[17]、という豊かな由来伝承を持つ登別に始まった信仰ではないだろうか。

　このように、登別では、温泉をめぐってⅠ～Ⅲの新しい観念・認識が発生したと考えられる[18]。この画期的な新観念・感性的理解は、それぞれ別々に、独り歩きをして他地域のアイヌに伝わっていったものと思われる。とくに、Ⅰ（a・b）の新観念・感性的理解には注目すべきであって、その後のアイヌ人の「ユ」の理解に大きな影響を与えていく、と思うのである。仮説を証明してみることにしたい。

4 夕張・勇払・由仁

　胆振国勇払郡は後回しにして、石狩国夕張郡を先に検討しよう。夕張の語源は、ユーパロで温泉の口の意味だ、とされている(松浦・永田)。川上に多くの温泉がある、と解釈されてはきたものの、めぼしい温泉は見当たらなかった。フシコユウハリという古川跡もあるが、近世には旧夕張川が主流として機能しているので、この川がユウハリの対象となろう。知里の「イ・パル」説にも動じることなく、ユウバリを執拗に追い求め続けた池田実は、当初、いくつかの鉱泉の存在を指摘して、これらの鉱泉がユウバリ川の特徴として指摘されている硫黄臭のある水(再航蝦夷日誌)を裏付けるものではないか、と考えた[19]。調査を続ける中で、諸文献にユウバリの川の水が濁っている、という指摘に注目し、さらに白っぽい色も明らかになってきた。
　それは、次の資料である。

　　〔資料〕ユウバリの白濁
- 「即ち、ユーバリは硫黄山にして其故大雨にて流れ来る時は、其色少し白しと申しけるが、左右の川岸の水を飲み比べて見たるに、なる程大いに異り居りけるとぞ感心しける」(松浦武四郎『再航蝦夷日誌』)
- 「此処、ユフバリの水は白く濁りたり」(松浦武四郎『夕張日誌』)
- 「(明治三十一年ごろ)旧夕張川は千歳川に比べて流れは早かったようだ。下るとき、旧夕張川(そのころは本流)の濁った白い水が岸に沿って二里ぐらいまで続き、『もう江別が近いな』と思ったものだ」(『長沼町の歴史』下巻、吉川金弥談・伊藤兼平採録)

　これらの資料を提示しているほか、
- 「此処二股にて(略)シュマヽフの方清冷、ユウハリの方は白く濁りて来る也」(松浦『丁巳・由宇発利日誌』)

もさらに追加することができる。これらの資料から、池田は(温泉の湧出地は不詳であっても)「夕張川は硫化水素臭の濁水を流している川」である、と断言している[20]。まさに夕張川の特徴をとらえた考察と言える。私は、硫化水素臭の指摘よりも、濁水の色(白濁)の方が重要ではないか、と考えるが。とにかく、河川交通を主とするアイヌ人にとって、河口の識別は重要不可欠な認識である。もし、河口付近の濁水なら、行き来する舟から見てこれほどわかりやすい川の目印はなく、利用もしない上流の温泉の有無などよりも、はるかに明快で有効な河川の命名となるだろう。
　さて、池田の研究は、白く濁っている水の確定までは終えたが、その濁りが何に起因しているのか、わからず仕舞いで終わってしまった。これを解く重要な記述が、実は松浦の手控に残されていた。次の資料である。

　　〔資料〕「(ユウハリ)山中焼砂多し。よつて出水のせつはユウハリ水皆白く濁りたり」
　　　　　　　　　　　　　　　(『巳五番手控』、松浦武四郎選集四巻所収)

　なんと、白濁の直接の原因は、山中の「焼砂」にある、と断じている。「焼砂」とは、火山灰のことである(『日本国語大辞典』小学館)。これによって、旧夕張川の語源は氷解する。
　ユウハリの「ユ」の意味は、火山灰によって生じた下流の白濁を表したもので、先に検討した登別で生まれた新観念Ⅰの a(白濁の流れ)にもとづく地名であったと考えられる。特に河口付近は特徴的な濁りの川であった、ということである。
　胆振国勇払郡にはユープトがあり、湯川ノロと解され、注には次のようにある。元禄郷帳ニ「ユーペッ」及ヒ「ユープト」アリ。「ユーペッ」ハ湯川ノ義、今ノ勇払川是レナリ。

「ユープト」ハ湯川ノロナリ。すなわち、これは郡名の勇払の語源である。他に、温泉ノ滝と解されるユープソーや、温泉川ノ水源と解されるユープエトコや、温泉川口と解されるユーププトなど勇払川の関連地名も載せられている。

現勇払川について、元禄郷帳は本体をユーペツ・河口をユープトとするが、ユーペツという呼称は他に確認できない。明治初期の絵図・明治中期の地図によると、支笏湖の側の丸山に源を発して苫小牧の近郊を巡る河川本体が夕振（勇振）川であり、ウトナイ沼から南流してきて西から流れてきた本体と合流し、海に出る下流が勇払川である。『野作東部日誌』には、湯淵川について「此川上二里程西ノ方ニ由布振川有テ、此川ニ落合ナリ。コノ川上往昔温泉有シカ流レ出テ湯ノ如クナル水ナル故『ユウ』ト訛リ云ル也」と見え、本体を「由布振川」と呼び、ユ（ウ）フリの名称が一般的である。「ユ（ウ）フル」ともいい多様な呼称が残されているが、整理すると yu-fur に集約される[21]。この語源は、ユ・フリ（フル）ということだから、温泉（ユ）と丘（フル）の合成語と考えられ、樽前山麓の「温泉・丘」という意味のようだ。駒ケ岳の麓、森町の尾白内川中流にユーフルという地名があり、「湯丘　和人、湯ノ臺ト呼ブ」（『蝦夷語地名解』）と解されている。ユウフル川は丘（山の斜面・坂）の地形が川名に転じたもののようである[22]。

さて、ユーフリ川は樽前山の麓から流れてくる川であるが、本来は、河川本体のユーフル川が名付けられて、それから河口部のユーフツが生まれる、というのが筋であるが、どうも、この地域ではアイヌ人の生活圏は下流・合流地点のユーフツこそが重要であって、こちらの名前の成立が先行したのではないか、と想像される。ユーパロも同様であった。河口がユ・フツであるから、その中・上流（丸山方面）を「湯の台」（その訳語ユ・フル）と逆に後から命名されたもののように思われる。現在では、河川全体を河口名に由来する「勇払川」と呼んでいることも、（河口優先の）命名の先後関係を裏付けているのではなかろうか。

江戸時代から、温泉が存在していないにもかかわらず、この勇払という地名が何故ユと呼ばれたかについて、疑わしく思われていたようで、恐らく勇払は、地理的位置から見て、和人がユ＝温泉という解釈に最初に疑問をいだかせた地名であったと思われる。

温泉のない yu-put（勇払）の語源は、先に検討した yu-par（夕張）が参考となる。池田実は、旧夕張川の流水は白く濁っていたことを突き止めた。その原因は、実は焼砂（火山灰）であった。ユーパロが「濁流の・その口」と解釈すれば、まさにユープツもまったく同じアイヌ語の解釈が成り立とう。Par（パロ・パル）と put（プッ・プト）とはほぼ同義（「その口」）である[23]。夕張と同じく勇払の「ユー」は、濁った流れを意味して使われたと考えられ、とくに太平洋に流出する川口付近の水が海水と際立って白く濁っていたからであろう。勇払川に関する古い資料を調べても、濁っているとする記述は特に見られないが、しかし「勇払越え関係文書」（『苫小牧市史』資料編第一巻）には、「先年タルマエ山焼砂降候由ニ而、道筋其外一圓焼砂故」とか「ユウブツ辺迄都而焼砂地也」と見えて、勇払川の下流一円は樽前山噴火の「焼砂」すなわち火山灰で覆われていたことがわかる。従って、夕張川から類推するならば、勇払川や河口付近の水は火山灰で白く濁っていたことが想像できる。それは夕張川以上の白濁であったろう。樽前の噴火は何度も起こっているが、上空の西風によって東ないし東北東（安平町方面）へと、一方的に火山灰軽石が延びている（後述）。夕張川と勇払川の「ユ」は同一の意味（白濁水）であり、水上交通にとっては川口を見分けるいい目印である。この河口のユ・フツから、上流の丘陵地・近傍の丘を指してユ・

フルと呼ぶようになり、川名にも使われた(勇振・夕振川)のであろう。ユフリ(ユフル)川はまさに樽前の分厚い降灰地域(焼砂地帯)に沿って坂を下る川である。
　勇払の「ユ」も、登別で生まれたであろう新観念Ⅰの a(白濁の流れ)によって呼び習わされた地名であったといえる。永田地名解によると、アイヌ人は温泉水を白く濁った水と感じ取っていたもののようだ。白老郡のペケレシラウオイに限らず、山越郡のワッカレタンナイや石狩国上川郡のワクカペケレペッや北見国斜里郡のイワウペッといった各川の注において、温泉水のために水が白く濁っている・泔(米の洗い汁)の如し、という観念を前提として注釈している。すなわち、ユ(温泉水)は「白く濁っている水」という認識が広く存在していたことを明白に物語っていよう。勇払・夕張の川は焼砂によるものではあるが、同じように白く濁っていたのである。白濁水というユの用法は、恐らく勇払に始まり、内陸部の夕張などに伝播されていったのであろう。
　さて、カギを握る樽前山の噴火による火山灰軽石の降灰地域は、何度となく繰り返されてきているが、ほとんど東方に抛物線を描いている[24]。なかでも、ユウバリ日誌の対象範囲に限れば、その北限の可視的な分布は鮮明である。火山灰軽石は、長沼町南長沼の南半部を占める旧オサツトー・旧マヲイトーの沼底に堆積され(池田実の地名解説)、千歳市北端部の泉郷(旧ケヌフチ)付近を覆い(『由宇発利日誌』ホロナイ・ユーナイ間)、馬追丘部

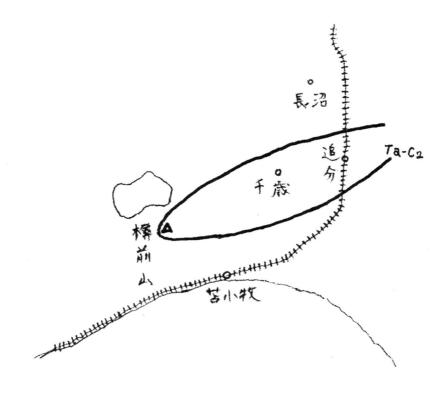

図2 樽前山抛出物(樽前C2)、『苫小牧市史』より抜粋

陵を越えて由仁町三川の南部に広がり（『由仁町史』）、同町川端橋付近の夕張川の濃厚な白濁へとつながっていて（『由宇発利日誌』ウツカ）、まさに北限はユウバリ地域の南端部を東西に横断していることが顕著である。これは、樽前の第二活動期（2500〜2000年前）の噴火の一つとされる、樽前C2という火山灰軽石の放出範囲の線と重なっていて、樽前山から南千歳を通って追分町に伸びる抛物線を描いている。『苫小牧市史』第一編の「樽前山抛出物」図から、樽前C2の抛物線のみを抜粋して図示してみた（図2）。

　ところで、夕張川の支流に由仁川があり、石狩国夕張郡のユウニには温泉アル処、と注されている。しかし、ここにもまた温泉はなく、苦し紛れに「イ・ウン・イ」（蛇いる所）という解釈も出されてきた。ただ、このユウニ（ユーニ、ユニ）の地名は、yu-un-i（ユのある処）として本流ユウハリと関係づけられて解釈（温泉説）されてきたことから、ユウハリの「ユ」とユウニの「ユ」とが共通する意味合いを持つと考えた方が、語源的に自然な感じがする。

　腐植土地帯を流れてくるユウニ川は、「濁水」であるとはいうものの褐色を帯びていて、決して白濁なわけではない[25]。しかし、ユウニ川の上流（三川地区南部）は、地下は泥炭土だが地表は白い火山灰で覆われている。大水の時には周りの火山灰が流入して白濁したであろうことは容易に想像がつくものの、普段の濁りは赤茶けていたように見える。ともあれ、一面がさらさらした白い土で覆われている地域を、由仁川が流れて来ている。要するに、松浦の言う「焼砂多し」とされたユウバリ「山中」は、由仁町低平地の南端一帯であって、由仁川上流には火山灰地（焼砂）が広がっている。これが地名ユのもととなっていることは疑いない。ユウニは川名にも使われているが、ユウニペツと呼ばれることはなく、一般に川の河口・下流の特徴から名付けられる川名とは異なっている。もともと土地に付けられた名前であったようで、そこから流れ出す川にも転用したものと考えられる。どうやら、旧ユウハリ川の白濁の源はユウニ川の上流（＝ユウニ）、という認識が存在したのではなかろうか。登別で生まれたであろう新観念のうち、Ⅰのｂ（ユの根源は火山?らしい・ユを含む支流が横から入り込む）というイメージで、白濁の原因である中流域の火山灰地を「ユ」の流出元（源流地）とみなしたのではなかろうか。アイヌにしてみれば、白濁を引き起こす火山灰もまた、硫黄泉と同様に火山活動を根源とした結果である。ユウニは、「ユ」のあるところであり、この場合、ユは白濁水ではなくてその原因となる源流地（＝火山灰地）を意味している、と考えられるのである。

　このような、（火山灰を前提とした）白濁のユーパロとその源流地（流出元）たるユウニ（ユニ）の地名関係は、ユープトにあっても同じようにありえたのではないだろうか。そう考えて探してみると、ユフル川（現勇払川）の中流には次の地名が見える。

　〔資料〕（ホロナイ）また十丁も過て、　　シユニウシナイ
　　左の方小川。むかし樺明火（かばあかり）を以て鮭を此処にて取りしが故に号るとかや。シユニウシは樺明火の事也。またしばし上るや追々椴松の山に成りて、

（松浦武四郎『戊午・東西新道誌』）

語意が不明になってしまったからか、日誌ではスネウシナイと読み解いてスネ＝「樺明火」の謂れ話を述べているが、資料上はみな「シユニウシナイ」と記されているし、樺明火云々は地名起源としていかにもこじつけ臭い。シ（大きな）・ユニ（白濁の源流地）・ウシ（群在している）・ナイ（川）は、「ユ」の流出元とみなされた広い火山灰地の中を通る川の意であろう。この「ユニ」は yu-un-i であってユウパロの支流ユウニ（由仁）と同じ意味であるに違

いない。現存していない川だが、松浦の絵図にはユウフ（勇振）川の南側を流れる支流として明記されている[26]。確認できてはいないが、ユウフル川の流域でシユニウシナイのところが最も火山灰の堆積が顕著だとアイヌに認められていたからではないだろうか。ユウプツの白濁の源流が（シ・）ユニ・ウシ・ナイであれば（これはまだ仮説の域を出てはいないが）、ユウパロの白濁の源流がユニ川ということになる。この二つは、次の図3（白濁の川とユニ）のような位置関係にある。

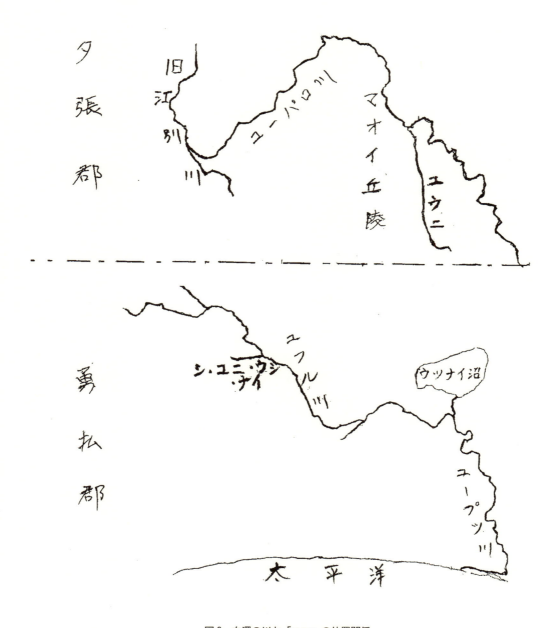

図3　白濁の川と「ユニ」の位置関係

夕張郡では、白濁とした河口（下流）のユ・パロに対して、その白濁の源流として中流（支流）の火山灰地（を流れる川）にユ・ウニと名付けたのと同様に、勇払郡では、白濁とした河口（下流）のユ・フツに対して、その白濁の源流としてユフル川（現勇払川）の中流にシユニウシナイという支流が存在しとしたことが確認できた。これはシ・ユニ・ウシ・ナイであって、ユニのユは源流地としての火山灰地（白濁の根源）を指しているものと考えられる。

ところで、日高国沙流郡にはアプベツ（厚別）の浜にユーサラがあり、茅ノ湯と解されている。『東蝦夷日誌』では、ユウシアと呼ばれ、さらに厚別川に入ってモユサ（小川）・ベンケユサ（谷地）の地名も見える。これらは、yu-sar が基幹語となっていて、厚別川河口右岸に比定されている[27]。日高国に温泉は存在しないが、この「ユ」をめぐっては、モユサ（モ・ユーサラ）について興味深い資料がある。

〔資料〕　　モ　ユ　サ
　左の方小川。上は蘆荻原也。其名義は温泉花（ゆばな）の如く、水色異る故に号るとかや。またしばし過ぎる。　　　　　　　　　　　　　　　　　　　（松浦武四郎『戊午・東部安都辺都誌』）

これによると、日高アイヌは、湿地の水色が硫黄泉のように透明から白濁に湯花が溶けて変するかのような、まさに温泉もどきに「ユ」という表現を用いていることが知られる。温泉水の水に似ていることから、「ユ」と命名したということをアイヌは自覚していたのである。

アイヌ自身にあって、yu が温泉水を指すだけではなく、温泉の水の色に類似しているものに対しても適用されていることを認めていて、彼らなりの温泉水のイメージにもとづいて、地名が命名されているということである。このことは、勇払・夕張の「ユ」の用法も温泉水に類似した川の濁流に名付けられた、という私見を側面から裏付けてくれる資料である。

5　湧　別

太平洋側の東蝦夷地（胆振・日高）中心に、濁っている水・濁流を意味するユの用法が広まっていったが、西蝦夷地ながらオホーツク海沿岸ではどうであろうか、その実例を検討してみよう。

代表的なものとして、北見国紋別郡にユベと見え、鮫と解して、湧別村ノ原名と注されている地名がある。普通は、ユウヘツ・ユウベッと呼び、湧別川と表わされる。この他に、湧別川筋の地名としてシーユーベが採録され、鮫川ノ水上と解されている。これは白滝の支湧別川を指し、シ・ユウベッ（主たる・湧別川）の意味である。両者同じ湧別川を指すユベ（ッ）の意味について、いくら永田の説とは言え、川名に魚名をそのままつけるというのは到底理解し難いし、ユペ・オッ（蝶鮫・多い）というのも何か無理に作った語彙で不自然だ。アイヌ語の川名であるから「ユ・ペツ（Yu-pet）」と素直に理解するべきであって、名称としては何の疑問もないはずである。

問題は、従来の温泉ある川という意味に、疑問が出されてきた。上流に温泉があるというものの、説得力に欠けている。存在が不確かだったり、川本流と温泉の位置を結び付けることに無理があったり、存在の希薄な温泉水を湧別川全体の地名に命名するのは素朴に疑問であり、研究者が納得のいく解釈とは思えない。

一般に、湯の川・湯川といった地名は短い小規模な河川に多く、湧別川のような中規模な河川は夕張川・勇払川などをみても、ユの意味は温泉水とは無関係である。また、アイ

— 37 —

ヌの川名は合流点や河口部の特徴から命名されるのが常であるから(榊原正文)、上流の温泉説という解釈自体が、そもそも成り立ち難い説といえる。従って、湧別川の語源はユ・ベツであるに違いないが、ユは温泉水を意味するものとは思われない、というのが実情である。

　オホーツク海沿岸でも、ユはアイヌ人独特の観念・イメージにもとづいて命名されていたのではないか、すなわち白く濁っている(濁流の)川という意味でユウベツが名付けられたのではないか、という仮説を立てて、裏付けてみることにしよう。湧別川に関する地名は、以下、伊藤せいちの論考[28]を手掛かりにして、検証してみることにする。

　現湧別川は清流で、飲料水にも使われていて濁ってはいない。そこで、過去においても濁った流れがなかったのかどうか、この点を調べたい。この川の下流は、北流した後で沿岸付近で東に流れを変えてから海に出る。

　では、昔から湧別川は今のままであったかというとそうではない。伊藤作成の「湧別川河口周辺図」(図4)によれば、現湧別川の下流部は、湧別町川西で大きく西に湾曲してい

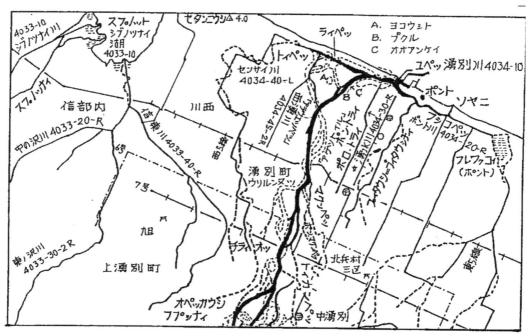

図4　湧別川河口周辺図(作成:伊藤せいち)

た流路の跡が残っており、一部は西湧川として流れている。すなわち旧湧別川が存在していたことがわかる。川口から溯っていくと、西方向へライペッ(死んだ・川)、次にトゥイペッ(切れている・川)、そして南へアラウェッペッ(泡・多い・川)、と旧本流(西湧川)の跡が続いている。この旧流は、現在の湧別川と水の色が違う。松浦の日誌に次のように記されている。

　〔資料〕　　アラウエツベツ
　　小川、七八丁上には小山有。其山白岩有る也。其流来る水皆白きなり。よって号るとかや。其訳米の
　　洗汁の如き水の有る川と云よし也。三四丁も上りて

　　　　アケツトイル
　　左の方小川にて平（ピラ）有。（中略）本名ヘケルトイルと云よし也。其義は白土あるによつてとかや。
　　ヘケルは明るく白き様成儀を云。トイルは土のことなり。白土有て明るく光ると云儀のよし也。また
　　此辺りに来るや水勢余程甚だしく、処伏倒れ木多く、舟至て危し。また両岸小石浜多し。川すじ屈曲
　　することしばし上りて右の方、（以下略）
　　　　　　　　　　　　　　　　　　　　　　　（『戊午・西部由宇辺都日誌』）

とあって、まずアラウエツベツという「泡・多い・川」が旧本流上の一部だという（伊藤）。「米の洗汁の如き水」というのは、石狩国上川郡のワクカペケレペッを「温泉ノタメニ濁リテ泔（米の洗い汁）ノ如シ」（『蝦夷語地名解』）と注されているように、温泉水で白濁した川を表現するときに使われている言葉である。その上流にある小山の白い岩が濁りの原因であるとする。

　このアラウエツベツから、更に「三四丁も上りて」ペケレトイル（＝アケツトイル）に至るが、この意味は「明るく白い・山へ行く道」という川筋のようで、道にも流路にも受け取れる。明るく光る白土の山とは、先のアラウエツベツに出てきた白い岩の小山と別方向だとしても、似たような地形を指しているのではないだろうか。日光が反射して白く光っている小山ということだろう。このペケレトイル（＝アケツトイル）は湧別大橋の市街地側で西一線辺りの道に想定されるという（伊藤）。この川筋（の道）の先に、白土の山があったわけで、川には白土であろう崖（ピラ）もあり、また、この辺りの旧本流は、大きく屈曲しつつもアラウエツベツとつながっていたのであり、同じように白く濁っていたはずだ。

　この先に、北兵村三区の辺りから本流に合わさる枝川としてマクンベツ（奥・にある・川）があるが、この川も「濁れ也」（戊午日誌）とあって、文脈から川の濁りも白とみるのが自然であろう。

　こうしてみると、旧本流に流れ入るマクンベツ、旧本流沿いのペケレトイル（＝アケツトイル）、旧本流の一部のアラウエツベツというそれぞれの川の上流に白い山や白土があって、それらの白い濁りが合流して下流を構成し、時には泡が出るような濁流となって河口に押し寄せていたことが分かる。この白濁の原因は何かというと、その白い土・岩が水に溶けて川を濁らせたものらしい。このペケレ（白い）川が温泉水に由来すると考えられていたことは、胆振国の白老川支流のペケレシラウオイに注して「温泉流レ来リテ水白シ。故ニ『ペケレ』ト云フ」（『北海道蝦夷語地名解』）でも示されている。米の泔のようなペケレ（白い）の濁流を、アイヌ人はユ（温泉水）と受け取っていたことは疑いない。

　旧ユウベツ川の下流が、米の洗い汁の如き白い濁流であったことは明白であり、池田実が発見した旧ユウバリ川の下流の白い濁流と全く同じ現象である。この旧流の（温泉水の如くに）白く濁ったさまをアイヌ人は「ユ」と表現したに違いない。

　この辺りの地質調査によると、海岸線と平行して砂・礫・粘土層からなる海岸段丘がみられ、「中湧別市街東方約200mの煉瓦工場では低位段丘中の灰黄色粘土を採掘して使用している。粘土層の厚さは1-2mで、風化すると白色となる」と報告されている[29]。この灰黄色粘土が風化して白い粘土となるが、これこそが松浦の日誌に書かれた「白土」「白岩」の正体であろう。「白土」は、鉄分の少ない粘土でやわらかく、陶磁器の原料ともなり（陶土）、五鹿山周辺のみならず、佐呂間湖計呂地から紋別市藻別にかけて海岸と平行に分布しているようだ。昔は白土を川水で削り溶かすようにして支流が流れていて、その白濁の水が現西湧川（旧流）を「米の洗水」のごとくに濁していたものであろう。

ユウペツ川の旧流（その下流域）は、仮説通りに、白く濁っている川であったことが検証できた。それを昔のアイヌ人が「ユ・ペッ」と呼んだであろうことは間違いない。オホーツク海岸においても yu は、(新観念Ⅰの b) 火山活動との関連性（火山灰）こそ失われているものの、登別で生れた新観念Ⅰの a（白濁の流れ）という認識が伝わって命名されていることがわかる。

6　湧洞沼と十勝特有の観念

　さて、十勝国当縁郡にユーウンドーをのせ、湯沼と解している。更に、沼中ニ温泉湧出シ沼水タメニ小温アリと注している。江戸期から、温泉の見られないユの地名は疑問に思われていて、「戸勝二在『ユウトウ』トイフ沼モ水ノヌルキ故ノ名ト云リ」（『野作東部日誌』）のごとく、「ぬる（温）い」という意味にとらえる解釈もあった。とにかく、周辺に温泉はなく、沖合を通る寒流と比べて沼は温いであろうが、ユは単に水温の問題であろうか。この豊頃町の湧洞沼は海に接している汽水湖であるものの、湧洞沼を空から見ると（国土交通省、カラー空中写真）、明らかに海の色（青緑）と沼の色とが違っている。水温のみならず、濃くてやや暗い色から、この沼の水を十勝アイヌは「ユ」と呼んだものらしい。

　この背景として、十勝独特の温泉のイメージが前提にあるものと考える。十勝（平野部）の温泉は火山活動による一般的な鉱物質の温泉水（火山性温泉）ではなくて、特異な湿地植物性のモール温泉である。古くから知られている代表的な温泉が、中央部の帯広東隣にある十勝川温泉（音更川湯）[30]である。

　〔資料〕温泉の記録は明治 7 年(1874)「北海道地誌要領」が最も古く、「音更川湯、河東郡ニアリ、泉質未詳」とある。同 14 年(1881)には「音更川温泉、音更村ニアリ」と再び紹介しているから、すでに温泉が発見されていたのである。この一帯は葦の生い茂る湿地帯だった。小さな沼が点在し、常に生ぬるい湯が沸き出していたから、その周辺は冬も凍らず鳥や獣の休息場になったほか、アイヌたちの「薬の湯」という語り伝えもある。

（『音更百年史』第六編第三章）

　この資料は、大変興味深い。明治初期、まだ和人も入っていない時に、アイヌがすでに温泉に目していたことがわかり、それは江戸時代の十勝アイヌにまで遡るとみるのが自然である。また、登別で生まれたとおもわれる新観念Ⅱのクスリが、ここの温泉に使われていることである。さらに、温泉が冬の猟場に活用されていたらしいこともうかがえる。そして、モール温泉の特徴である生ぬるい湯が湧き出していて、流れるでもなく小さな沼を形成していた。この十勝川温泉の色は、微褐色透明とか、薄い褐色とか、コーヒー色とか、こはく色とか、淡い茶色とか、表現されている。これまで検討してきた登別の硫黄泉とは、全く異なる色合いの「ユ」であり、独自の温泉の観念が生じていたものと考えられる。湧き出し方も、低湿地において小さな水溜まりをつくることが多く、川に流出するのではなくメムとかトーという小沼の形をとっている。

　このモール温泉が十勝の「ユ」のイメージの元となっていることは、次の地名からも裏付けられる。河西郡のサッナイ川筋にユーナイがあり、此処温泉ナシ（略）「イオナイ」ノ転訛ナリ、と注されている。ユーナイは、温泉ではなくてイオナイの転訛だとする。しかし、十勝アイヌにとっては、「ユ」と呼ぶ必然性があったようだ。サツナイ本村の近くに、

　〔資料〕　　ユウナイ
　　左の方小川。其名義は此川上に一ツの水溜有りて、其処より水わき出すによつて号るとかや。

(『戊午・東部報十勝誌』)

すなわち、永田が「此処温泉ナシ」とされたユーナイの地名が、実は十勝アイヌにとって温泉とほぼ見間違える湧き水の水溜まりによって「ユ」と名付けられていたことがわかる。これはモール温泉による特有の「ユ」観念が背景として存在していたことを裏付けるものである。

このように、十勝（平野部）の温泉（ユ）の観念は、①温い水が沸き出ること、②水溜まりなって沼・メムをつくること、③薄い褐色系の色をしていること、が特徴である。初めに提示した湧洞沼は、まさに十勝の温泉の特徴を示している。ぬるい水が湧き出して、褐色を帯びた大きな沼になった、と十勝アイヌは認識し、「ユ」と解釈したものに違いない。バックグラウンドとしての十勝の温泉の観念を前提にすれば、温泉のないユウンドーをなぜ「ユ」とみなしたか、アイヌ人の感性的な判断は理解できるものである。

ところで、釧路国の阿寒・弟子屈周辺では、nu と呼ぶ方言で火山性温泉を指していて、十勝のモール温泉とは違う事情のようである。nu は、阿寒湖周辺では重曹泉でやや赤みがかったり無色透明の温泉を指し、屈斜路湖・摩周湖周辺では、特異な存在で「セセク（熱い）ペッ」と呼ばれていた川湯温泉を除くと、（池をつくるように湧き出し）食塩泉で無色透明であり、濁りは見られない。更に、釧路国の奥地に「久摺（クスリ）の土人は惣て是に湯治す」（『東蝦夷日誌』八編）と見える温泉（養老牛）があり、これも無色透明であったが、この僻地ではアイヌの湯治が黙認されていたということなのだろうか[31]。

この釧路の nu という温泉の方言においても、地元のアイヌは独自の観念・感性的理解にもとづいて、地名に使われていた可能性がある。それは、摩周湖の傍らに水源をもつ西別川である。ヌーウシュベツについて、次の詳述がある。

〔資料〕　ニシベツノボリ
（前略）此処平山の雪沢の上に一ツの沼有。周廻凡三丁余。丸くして岸皆峨々たる岩にて、其沼の中浅く凡三尺位、水清冷透徹して（略）水少し温気有。底一面より砂を噴上て湧き出すさま如何にも目ざまし。熒中の湯わき立如し。是則ニシヘツの水源也。（略）ヌウシヘツ本名ヌウウシヘツなるよし。此ヌウの有ると云儀也。

(『戊午・東部奴宇之辺都誌』)

このヌーウシュペツを永田は豊漁川として温泉を否定しているが、ヌを温泉（ユ）とアイヌが見なした可能性がある。水源の泉池を訪れたことのある戸部千春は、ぬるい水を湧き出している特異な水源地に対して温泉のような感覚でとらえたのではないか、と松浦説を支持していて[32]、傾聴に値する。私は、他地域の yu の使い方を念頭に置けば、この nu の解釈はありうる、と考えている。

結び

鎌倉時代に始まったとされる知内温泉を最初として、渡島半島南西部には和人の湯治場が「ゆ」と呼ばれて存在していた。これに接したアイヌ人は、温泉を yu と呼んでアイヌ語にも導入されるようになる。しかし、湯治に利用する習慣のなかったアイヌにとって、現実の温泉から彼ら独自の見た目による感性的理解・受け止め方をするようになり、yu は温泉から派生した独自のイメージ・観念にもとづいた地名に変容するようになる。その契機となったのが、登別の硫黄泉の強烈なインパクトであり、ある種の混乱をもたらした。（石狩山地を除く）登別以東では、yu はしばしば温泉水から離れてアイヌ的理解にもとづく

「ユ」の用法が一般的となっている。アイヌ人が受け止めた yu は、和人の利用している温泉とは必ずしも同じではなかったのである。地域によっても、バックグラウンドとしての地元の温泉が、当地のアイヌの「ユ」観念に微妙な影響を与えたようである。

アイヌ語 yu は、和人の感覚(湯治場)ではなくて、アイヌの感覚(彼らの目に映った温泉水のイメージ、地域差もある)にもとづいて解かれるべきである。平たく言えば、温泉水そのものではなくて、アイヌが温泉水とみなしたもの、を指す語といえる。

Yu の用例を整理するならば、次のようにまとめられよう。
①温泉水(一部に鉱水を含む)、②(硫黄泉に由来する)白く濁った流れ、③(白濁の源流地となっている)白い火山灰軽石地、④(モール温泉に由来する)淡褐色の温い水溜り、⑤阿寒弟子屈周辺は方言 nu。このように、アイヌ語 yu の用例は多彩であり、地域差もある。代表事例をあげるならば、①は湯の川ほか多数、②は勇払・夕張・湧別、③は由仁、④は湧洞沼、である。

そのため、各地にある「ユーナイ」の地名は、各種の yu の観念にもとづいていて、地形としても共通性は見られない。ユーナイには、①～④の「ユ」の事例がみな認められうる。そのうちのどれであるかは、その地域の yu の一般的な観念・背景を把握してからでないと、判断は困難であろう。

登別が、アイヌの yu 観念や温泉文化に与えた影響・インパクトは多大なものがある、と考えている。

---

1 高倉新一郎・知里真志保・更科源蔵・河野広道『北海道 駅名の起源』日本国有鉄道、一九五四年。
2 最近では、中野克良「地名『由仁=ユーニ』の由来再考」(由仁町郷土史研究会編『辿古三十年』二〇一四年)が、i(それに)・un(ついている)・i(所)と解して、「それ」を夕張川としている。i(それ)説の流行が衰退しているというなかにあって、近年では珍しい。あえて論評するならば、(1)由仁をイウニと書いた資料は皆無で根拠がない、(2)温泉説が疑問だからと言って i(それ)説に移るのは余りにも安易に過ぎる、(3)「それ」=夕張川というある種の隠語のような理解がアイヌ一般にも通用していたとは到底考え難い、(4)アイヌ語の地名は、回りくどい説明を要するような意味付けによって命名されるものではなく、直接的・視覚的な地形・景観の特徴をとらえた命名が基本である、と素朴な疑問が次々と浮かぶことになる。
3 榊原正文『データベース・アイヌ語地名5 胆振中東部』北海道出版企画センター、二〇一一年。榊原は勇払について、「諸資料は、①温泉説と、②イ(それ)説の二つを掲げていると考えられるが、このうち、②イ(それ)説については、アイヌ語地名の一般性(その地点へ行けばその地名に記述された内容によってその地点が判明する形になっていることが多い)から考えるなら、『その地点を認識する』という点では、万人が共通してその地点がよくわかるという形にはなっていないと言える」と批判し、①温泉説を採用している。要するに、イ(それ)説は地名として抽象的過ぎて、「それ」がどの地点を指しているのか共通認識が成立しがたい、ということであり、地名としては致命的な欠陥である。この正論によって、②イ(それ)説の最後の砦=勇払も陥落したことになる。
4 池田実「『夕張日誌』注釈」(夕張北高等学校定時制『夕北定二五年誌』第二部第二章第二節、一九七三年)。
5 『夕張市史・改訂増補』第二編第六章第二節(池田実執筆)、一九八一年。池田実『夕張日誌』地名解説」(空知地方史研究協議会編『白鳥の道・日の出国へ』)、一九九六年。
6 明石一紀「アイヌ語地名 yu の継受と変質」(拙著『続・由仁町開拓史資料』)、二〇一五年。
7 『北陲対問(蝦夷事情)』(空知地方史研究協議会編『白鳥の道・日の出国へ』)に、「但し夷人はきものをはく事と風呂に入る事と、ひざを折る事を法度に致置き候よし」と見える。
8 最上徳内『蝦夷草紙』の「産物の事」に温泉14か所が列記され、その内、上磯郡・爾志郡・桧山郡・松前郡に該当するのは(亀田郡4か所らは除く)、知内・乙部・見市・平田内・湯の台・大沢の6か所が確認される。
9 遊楽部川は、上流の大きな支流に鉛川があり、その上流には早くから八雲(遊楽部)鉱山が開けていた。鉛川源流に浸み出ていた淡黄色の湯水は、温泉水というよりも鉱水のようである。旧鉱業所近辺にかつて鉛川第一温泉があった。厳密にいえば、鉱水が流れ下る、と解するのが正確かもしれない。
10 山田秀三「登別・室蘭のアイヌ語地名を尋ねて」(『アイヌ語地名の研究3』草風館)。
11 山田秀三『北海道の地名』トムラウシ項。
12 注10、前掲論考。
13 知里真志保『分類アイヌ語辞典 人間編』温泉項(著作集別巻Ⅱ、平凡社)。
14 注13、前掲書の薬・薬湯項。外来語としてのクスリの語は、比較的新しいもののようである。
15 「登別温泉の神」(更科源蔵編著『アイヌ伝説集』北書房)、一九七一年。

16 本田優子「アイヌ民族と温泉」(『温泉科学』六二号、二〇一二年)、本田は北原次郎太から温泉神の教示を得て書いたという。ここに付け加えた美幌は、本田が気付いていなかったが、すでに知里真志保『分類アイヌ語辞典 人間編』アイヌ語索引 nu-kor-kamui で指摘されている。アイヌの湯治の作法は、この知里の補遺項目に詳しい。私は、湯治の作法は和人の伝統的作法をそのまま踏襲したもの、と考えている。

17 注15、前掲書。

18 本来、湯治の習慣のなかったアイヌと温泉の関りは、積雪期の猟場であるとか、比較的新しいがクスリとしての利用とか、その他には、注16本田論文で指摘されているアットゥシ(樹皮衣)を作る際に温泉に浸ける、という活用がある。なお、樹皮を浸す作業は、温泉だけではなく沼・海水でも行われている(知里真志保『分類アイヌ語辞典 植物編』オヒョウ項に詳しい)。ただし、この作業と登別とのつながりは、特に認められない。

19 注4、前掲論考。

20 注5、前掲論考。

21 『丁巳・志古津日誌』には、ユウフ・ユウル・(ホロ・ホン)ユウフルとあり、『戊午・東西新道誌』にはユブル・ユウフ・(ホロ・ホン)ユフルと見える。集約すると、ユウフ(ル)・ユウフ(リ)・ユウ(フ)ル・ユ(ウ)ブルとなって、原型の yu-fur が浮かび上がってくる。

22 榊原、注3前掲書では、勇払の語源を勇払川(ユオプ、温泉群生するもの)と川口(プトゥ)の後発的な複合語(ユプトゥ)としている。しかし、諸資料に伝わっている川名は、ユオプではなくて、ユフル、ユフリであることは明白である。

23 池田実は、道央・道南では、par は「湖(沼)から川に移る所」かまたは「二股川が分岐するその川の入り口」など川の上流の口に付けられた地名であり、Put は川の下流の口に付けられた地名とする(「旧地名を訪ねる 川の名 パロとチャロ」『北海道の文化』六八号、一九九六年、など)。使い分けは存在したのだろう。

24 高倉新一郎・大場利夫監修『苫小牧市史』上巻、第一編自然環境、一九七五年、ほか。

25 一八八六年の「北海道殖民地報文」夕張原野には、「夕張川及其支流ハ概シテ清澄飲料ニ適スルモ「ユウニ」地方ハ川流濁水ナルヲ以テ井ヲ穿タサルヘカラス雖モ、亦恐クハ良水ヲ得ル難カラン」とある。すなわち、ユウニ地方(泥炭土地域)は、井戸を掘っても良水を手に入れることは難しいという。この「濁水」は、地下水の金気(鉄分)臭い水と同質のものであろうから、赤茶けた濁水に違いない。泥炭土の腐植物質に含まれる鉄分が水に流されて褐色の濁水を生み出す。ユウニ川は、実は白い濁水でなくて(火山灰も混ざっているにせよ)赤茶けた濁水であったということになる。

26 榊原、注3前掲書では、スネウシナイ(「樺明火」説を採っている)の位置を、苫小牧市高丘にあり「往時の『ポロナイ』合流点の『十丁:1090m』上手右岸側から入るものとしていることから、明野北工業団地の少し上手右岸から入る支流を指すものと思われる」とする。付載の地図(「勇払川流域(1)」)を見ると、榊原の比定は妥当なように思われる。

27 永井秀夫監修『北海道の地名』平凡社、二〇〇三年。

28 伊藤せいち「湧別町内のアイヌ語地名」(『アイヌ語地名研究』五号、二〇〇二年)。

29 道立地下資源調査書「中湧別」北海道開発庁、一九六二年。

30 十勝川温泉は、松浦の日誌では、「シロトウメム 一ツの水溜り有、是シロトウの下に有るが故に号るとかや」(『戊午・東部報十勝誌』)付近とされている。シ(ジ)ロトウとは、幕別町札内の「白人(ちろっと)」であり、chir(鳥が)・o(そこにいる)・to(沼)、と解されているが、ここは温泉ではない。近辺に散在する(水温は多様であったろう)メム・沼のなかの一つに、十勝川温泉も紛れ込んでいたのであろう。

31 注8、前掲書には、温泉14か所のほとんどが道南に集中しているのに、何故かシベツ(標津町)・セセキ(羅臼町瀬石)という道東端の温泉が挙げられている。この辺鄙な和人の温泉地の存在と養老牛温泉のアイヌ湯治とは、何か関係があるのかもしれない。

32 戸部千春「アイヌ語地名を歩く―山田秀三の地名研究から―2013年夏・根室 を学ぶ」(『アイヌ語地名研究会 会報』六三号、二〇一七年)。

旅来はタプコプライペッ
<ruby>旅来<rt>たびこらい</rt></ruby>はタプコプライペッ

早田　国光（札幌市中央区・会員）

地名タビコライ
　旅の字に行くの字を続ければ旅行という日本語になる。今度は旅の字に行くの反対の来るの字を続けると旅来になるが、これは日本語にならない。旅来は日本語としては存在しないが地名としては存在する。十勝の豊頃町の地名として旅来がある。
　さて、旅来と書いて何と読むか、この字はタビキでもタビクルでもなく、タビコライと読むのである。それではこの難読地名旅来はどのようにして成立したのであろうか。

山田秀三先生の解説
　「北海道の地名」で、山田秀三先生は旅来を次のように解説している。

　豊頃町内。長臼の北。十勝川分流点の辺の地名。タプコプ・ライ（tapkop-rai　たんこぶ山・死ぬ）で何とも妙な地名である。永田地名解はこれを「戦死の・小丘。戦場なり。旅来（たびこい）と称す。松浦地図タプコイとあるによりて誤る」と書いた。松浦図が書いたタツフコイは脱字だったかもしれない。旅来はそれに当てられた字だったのであろう。

　山田先生の解説は何とも妙な地名であるという結論で、明快な解説にはならなかった。この中にあるタプコプ・ライ tapkop-rai　の綴りは永田地名解からの引用である。
　永田方正先生は、旅来の原名は正しく綴ったが別な方で誤った。永田先生は旅来の字をたびこいと読んでしまったが、たびこいという読み方は初めから全くなかったのである。たびこいではなかったから、松浦地図がタプコイとなっていても関係がなかったのである。永田先生は振り仮名のない旅来の字を見てたびこいと読み、松浦地図の字と結び付けてしまったのであった。

松浦武四郎先生の解説
　松浦武四郎先生の「東西蝦夷山川地理取調図」に書かれた地名は、タフコイではなくタツフコイと書かれており、これは山田先生が考えた通りで、タツフコライからのラの脱字であろう。
　松浦先生の「戊午日誌」にはタフコライとなっていて、次のように書かれている。

右の方小川也。其名義は此上の山に丸小屋を立て、昔し合戦をなしたりと云より号と。また一説には此処右のかた欠崩平有。其上谷地有。依て其の谷地水通じ来りて平に滴るが故に其を号るとも云、何れが是なりや。惣て此辺山遠くして平場也。

　タフコライの名義は上の山で合戦をしたことから名付けたというのは、永田先生の戦場なりと同じである。松浦先生はアイヌ語のピラ（崖）を自分の言葉にしていて、ピラに平の字を使っている。文中の欠崩平と平に滴るの平はピラと読んで崖のことである。松浦先生は合戦説と谷地の水が崖に滴る説を並べて、何れが是なりや、と書いている。松浦先生は合戦説を信用している訳ではないのである。
「戊午日誌」の戊午は安政5年(1858)であるが、それより58年前の寛政12年(1800)、皆川周太夫先生が書いた「十勝川筋之図」にはタツブコライと書かれている。

安田巖城先生の解説
　大正3年の「十勝地名解」に、安田先生はタビコ・ライとして次のように書いている。

「タビコ」とは酋長の名にして、「ライ」とは死をいうなり。往昔戦争ありて酋長タビコ、ここに戦死せしよりこの名ありという。
　一説に原称は「タブ・コライ」にして「タブ」とは「ヌタップ」の約にして、平野山間、湾曲迂遠の義、「コライ」とは近いとの意にして、往事大津の要地におもむくべき道路の、迂遠曲折なりしものが、ここより近道を発見せしにより、この名ありと。また一説には「タブコ・ライ」にて、「タブコ」とは「タップカル」とてアイヌがもっとも荘厳なる儀式をもって、祝賀の意を表するため、同地方の最長年者を選びて、これに盛装せしめ、舞踏せしめしをいう。しかして「ライ」とは前説と同じく、すべて死をいうなり。その伝説に曰く、
　古昔日高のアイヌと十勝のアイヌ間に戦争あり、十勝軍は「タブコライ」山上に堡塁を築きて之により日高軍は「カンカン・ビラ」に居して相対峙し、たがいに激闘せしに日高軍大に敗北し、以後またふたたび十勝をうかがわざるにいたれり。業時十勝軍は其戦勝を祝するため、同山上に於て「タップカル」の祝賀舞踏を執行したるより、この名始まると。同山上今なおチャスすなわち堡塁を存せり。

　安田先生の解説は、タビコライ又はタプコライの由来には幾つもの説があり、結局どの説が正しいか解らないということであった。

更科源蔵先生の解説
　更科先生は昭和41年の「アイヌ語地名解」に、次のように書いている。

大津に至る途中の部落、アイヌ語のタプコプライでタプコプは瘤のような山、ライは死ぬこと。永田氏は「戦死ノ小丘。戦場ナリ。旅来村ト称ス。松浦地図「タプコイ」トアルニ拠リテ誤ル」とある。現在神社のある小学校裏の丘の名である。タプコプライで戦死の小丘と訳するのはどうかと思う。古川をライペッ（死川）とよぶようにくずされた丘に名付けられたのではないかと思う。

　更科先生は永田先生の「戦死の小丘」に疑問を持ち、死んだのはたんこぶ山の方ではないかと考えたのであった。

豊頃町史の解説
「タプ・コプ・ライ」と発音すると「タプ・コプ」は「丸山」、「ライ」は「死んだ」、即ち「丸山で死んだ」となる。
　しかし別に「タプカル・ライ」と発音したものとすると「タプカル」とは「踏舞する」の意で、地名解にも「夷婦ノ踊舞ヲタプカルトイフ」とある。
「ライ」は「死んだ」の意味で、「タプカル・ライ」とは「踏舞して死んだ（ところ）」の意味になる。
　当地には旅来コタンのアイヌと日高アイヌとが戦った折りに、戦に傷つき死にのぞんで踏舞した酋長の伝説がある。
　地名と伝説の時間的前後関係は正確には不明である。

　豊頃町史の解説も、丸山で死んだ、又は踏舞して死んだの両説を掲げ、結論は出していないのである。

扇谷昌康先生の解説
　扇谷先生は「豊頃町の旅来と遠別町の歌越の語源―北海道のタプコプ地名を追って―」を書いた。（アイヌ語地名研究7号）先生は旅来の名はタプコプから来ているとしてタプコプの付く地名を分類し、各地のタプコプ由来の地名を例示して解説している。旅来については次のように書いている。

　S50 五万分図・浦幌によれば、大津川（十勝川）の川口から、約5㌔遡った処の右岸が長臼で、そこから更に2㌔遡ると、右岸に無名の小流がある。『M29 五万分図』が、「タプコプライ」と記した右岸支流である。この川が『戊午日誌』をはじめ『川筋取調図』や『松浦図』などに「タフコライ」とか「タッフコイ」と採録された名であった。
　このタプコプライと呼称された川は、S50 五万分図を見ると、十勝川の河岸から、およ

そ3.5 ㌔ほど北西の山地に発した右岸支流である。前述の明治の五万分図では南東流して低地に落ちてからは、流域は湿地となり、東流して十勝川に注いでいる。明治初年の絵図を見ると、この川は細長い沼状をした形として描かれている。これから判断するとタプコプライと呼称された川は、早い時期から、いわゆるライペッ（ray－pet 死んだ・川）で、どろんとよどんでいる川だったと推定される。

このタプコプライ（川）の北側に、北西位から延びた尾根の走り根の先端に、たんこぶ状の地形が見える。これがタプコプ（tapkop）である。形式からいえばⅡ型Bに属する。標高は400㍍ほどある。

また、このタプコプにチャシが残されている。先端部にあるものを旅来A、その後背部のものを旅来Bとしたもので、濠を有する。なお旅来Aのチャシの内部に、神社が建てられている。

前述のとおり、タプコプライは十勝川の右岸支流に呼称されたものであり、またタプコプは、この川の北側にある「たんこぶ山」を指している。したがってタプコプライの語意は tapkop-rai「たんこぶ山の・死んだ（川）」のことであり、語尾に rai-pet の pet（川）を省略した形であった。

扇谷先生はこの論文で旅来のアイヌ語地名をタプコプライであるとし、その原型はタプコプ・ライペッ tapkop-raipet（たんこぶ山の・死んだ川）であり、タプコプライはタプコプ・ライペッから語尾のペッを省略した形であると断定されたのであった。

タプコプというアイヌ語

タプコプというアイヌ語については、扇谷先生もこの論文で引用している知里真志保博士の解説がある。知里博士は「地名アイヌ語小辞典」に次のように書いている。

　　①離れてぽつんと立っている円山；孤山；孤峰；
　　②尾根の先にたんこぶのように高まっている所。

この解説は簡単でとても分かりやすい。旅来のタプコプは西方から張り出した尾根の先にあるから②のタプコプに間違いない。扇谷先生はこのタプコプをⅡ型Bとしたがこれは扇谷先生が分類した形式であり、尾根先端型のもので山崎の先端にたんこぶを持つものとしている。扇谷先生は標高を400㍍ほどあるとしたが、これは間違いである。扇谷先生の見た昭50 五万分図をよくよく見れば、旅来のタプコプの中心に 58.4 と標高が書かれているのが分かるのである。旅来のタプコプは58.4㍍の頂点から西に張り出した、もう一つの少し低いたんこぶがある二重構造になっている。扇谷先生が旅来Aのチャシの内部に神社があると書いたのは尾根の最先端の低い方のたんこぶ山である。

タㇷ゚コㇷ゚の読み方

　ここでタㇷ゚コㇷ゚の読み方と発音についての注意である。問題はタㇷ゚コㇷ゚の中にある二つの小さなㇷ゚である。アイヌ語表記で使う小さなㇷ゚は内破音、又は無解放閉鎖音と呼ばれる音である。タㇷ゚コㇷ゚の場合であればタと言った後にㇷ゚と言う時に準備すると同様唇を閉じる。次に唇を開放して声と空気を出せばㇷ゚の音になるのであるが、この場合は唇を閉じたまま空気も声も出さない。即ちこの音の名称の通り無解放で閉鎖された音である。聞く方はㇷ゚と言いかけて止めたように、又はㇷ゚の半製品のように聞こえるかもしれない。次にコと言った後、再びㇷ゚の準備と同じように唇を閉じてそのまま停止する。これでアイヌ語タㇷ゚コㇷ゚の完成である。

　アイヌ語の内破音を使わない和人達は、タㇷ゚コㇷ゚の扱いに迷った。日本語でどのように発音し、どのように表記するか迷ったのである。その結果日本語訛りしたタㇷ゚コㇷ゚は、タフコフ・タッフコッフ・タップコップ・タプコプ・タツコブ等と記録されている。タㇷ゚コㇷ゚に限らず、このように日本語訛りしたアイヌ語は、シャモ（和人）アイヌ語と呼ぶのが適当ではないかと私は考えている。シャモアイヌ語は正しいアイヌ語ではないが、アイヌ語地名の記録に多く使われている上、発音が楽で便利なので、存在価値はそれなりにあることは認めなければならない。

ライペッというアイヌ語

　知里博士の「地名アイヌ語小辞典」にライペッは次のように書かれている。

　　　　もと　死んだ川　の義。古川で水が流れるとも見えず停滞しているもの。

　ライは死ぬでペッは川であるから、ライペッは死んだ川で間違いはない。永田先生はライペッを涸川と訳しているのもあるが、これは少し違うようである。明治の５万地図を見ると十勝川のような大きな川の付近でも、流れの途中にライペッと書かれている例がいくつもある。即ち、ライペッとは小さな川でも大きな川でも、水が流れるとも見えず停滞していればライペッと呼ばれるのであった。但し、ライペッと呼ばれるのは流れの停滞した部分に限るものであり、その川の本来の川名はそのまま残るのである。ライペッの語意は言葉通りの死んだ川ではなく、死んだように見える川というのが正しいのであった。

　ライペッの語尾の小さなッはこれも無解放閉鎖音である。小さなッは小さなㇷ゚とは違い、和人もアッと驚くというように使っているから、発音には苦労しないであろう。アッと驚くのように、後にｔの音が来る時のッがアイヌ語のッなのである。アイヌ語に小さなッはあるが大きなツはない。日本語のツの音はアイヌ語にはないのである。ライベツやタツコブなど大きなツを使った表記は、日本語訛りのシャモアイヌ語ということになる。

おやきさるし

　アイヌ児童を教育した日新小学校の校長を退職した後、帯広の自宅でアイヌの研究に没頭した吉田巖先生はアイヌ学の第一人者であった。昭和初期には「アイヌのことは吉田に訊け」が定説になっていたのである。しかし、新聞記者や研究者は吉田先生にアイヌのことを教えてもらっても金を払わなかったから、吉田先生はいつも貧乏であった。吉田先生はアイヌ語辞典の原稿を書き上げたが、辞典にしては語彙が少ないと先生は考えたのであろう、題名に辞典は使わず「北海道あいぬ方言語彙集成」としたのであった。原稿は昭和28年に完成していたのであったが刊行には到らず、吉田先生は昭和38年に死去する。この辞典が小学館から刊行されたのは平成元年で、原稿完成から36年、吉田先生の死去から26年が過ぎていた。吉田先生は紙代節約のため日新小学校児童の出席簿の裏に原稿を書いたので、編集したアイヌ学の藤村久和先生は、裏写り面に書かれた字を読み取るのに苦労したのであった。

　この辞典におやきさるしという項目がある。

　　おやきさるし　oyakisaru-shi　（音）和人をあざけった詞（oya 他の・kisara 耳を・ush もっているの意）

　おやきさるしとは、吉田先生の解説によれば他の耳を持ってるという意味であり、和人をあざける言葉であるという。その根拠となったのは和人の発音なのであろう。即ちアイヌの人達は和人がアイヌ語を話しても発音できない音があることを知る。アイヌの人達は和人がアイヌ語を正しく真似できないのは、和人の耳は構造が違っていてアイヌ語を全部は聞き取れず、その結果聞き取れない音が発音できないのであると考えたのであろう。例えばタㇷ゚コㇷ゚である。和人にタㇷ゚コㇷ゚と言わせれば或る者はタフコフと言い、別の者はタッフコッフと言い、又別の者はタップコップと言い、タㇷ゚コㇷ゚と正しく言える和人は一人もいない。このような現象が続いている以上、和人の耳の構造は我が民族とは違うらしい、和人は別の耳を持っていると、陰で笑いの種にされても仕方がないことであった。

　私自身はタㇷ゚コㇷ゚のㇷ゚が無破裂閉鎖音であると知っている。それなのに意識してタㇷ゚コㇷ゚と発音する時は正しく発音できるのであるが、意識しなければタプコプとシャモアイヌ語で発音してしまっている。しかしそれを聞いて、お前はおやきさるしだと笑ってくれるネイティブの人はもういないのである。仮にもアイヌ語地名を語る場合、小さなㇷ゚ヤッを普通のプヤツと発音してしまうのはほめられることではない。最小限でもシャモアイヌ語は正しいアイヌ語ではないことは、常時認識していなければならないであろう。

　おやきさるしというアイヌ語は、和人に知られては具合の悪いアイヌ語であった。その言葉を拾い得たのは、アイヌ社会に深く融け込んでいた吉田先生なればこそである。

タプコプ・ライペッはどこにあったか

　扇谷先生はタプコライをタプコプ・ライペッの省略形であると断定し、その位置を明治と昭和の五万分図で確認している。その上でこのタプコプライ（川）の北側にたんこぶ状の地形が見えてこれがタプコプであるとしている。扇谷先生が判断の資料とした五万分図を見ると、扇谷先生の解説は実に正しくて誤りはない。ところが扇谷先生の解説は正しくて誤りはないのに釈然としないのである。釈然としない根拠はなにか、それは二枚の五万分図のタプコプライ（川）とされた川にはライペッの痕跡が無いのに対し、タプコプの北を流れる川にはあまりにも明瞭なライペッの特徴が表れているということである。扇谷先生は「明治初年の絵図を見るとこの川は細長い沼状をした形で描かれているからタプコプライと呼称された川は、早い時期から、いわゆるライペッで、どろんとよどんでいる川だったと推定される。」と説明しているが、五万分図のタプコプの北の川には細長い沼状の部分があって、この川にはその説明がそのまま当てはまってしまうのである。

　扇谷先生が明治初年の絵図としたのは「十勝州之内静岡藩支配地四郡地図」である。所蔵する北大附属図書館の目録には、成立年は明治4年で編者は白野夏雲かと書かれているが、作製したのは静岡藩から十勝の大津に派遣された現地主任の白野夏雲先生に間違いはない。実際にこの地図を書いたのは開拓使御雇の絵師・測量師であった一瀬朝春先生である。この地図には川のタフコライは書かれているがたんこぶ山のタプコプが書かれていないので、タフコライの川がタプコプの北か南かは分からない。しかし、そのことが分かる地図が別にあったのである。

道立文書館の地図

　扇谷先生の見た「十勝州之内静岡藩支配地四郡地図」は北大附属図書館所蔵であったが、同じ地図を道立文書館も所蔵していたのである。同じ地図と言っても印刷ではなく、手書きであるから全く同じではない。ここで一番問題となる相違点は何か、問題になる相違点はタフコライ川の南側、ホンカンカン川の北側に、チャシ山の字が書き込まれていることである。この場所にあってチャシのある山と言えば、旅来のタプコプを指すことに疑う余地はないのである。この地図が書かれたのは明治4年である。明治4年にタプコプの北にあったタフコライ川が、明治29年にはタプコプの南になっていたとはどういうことか。

明治7年の十勝川地図

　北大附属図書館に「北海道十勝州大津内十勝川並支流佐幌嶽ヨリ石狩州空知川上迄図」という息の切れそうな長い題名の地図がある。題名も長いが地図も長くて4枚連続になっている。題名の下に明治7年夏加藤義乗実測摸図と書かれている。実測摸図とあるようにこの地図は実際に十勝川を測量して書かれたものである。注目すべきは3年前の静岡藩作製の地図にタフコライと書かれた川の名前が、この地図ではタプコライベツと書かれてい

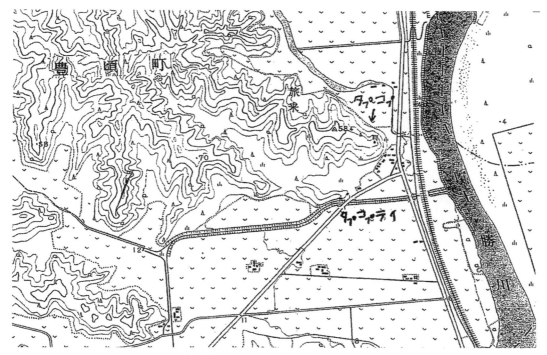

図1　扇谷先生がタプコプライと書入れしたS50 五万分図浦幌　国土地理院

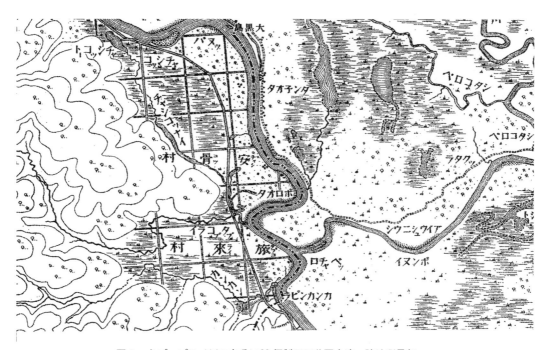

図2　タプコプライ川のあるM29 仮製五万分図大津　陸地測量部

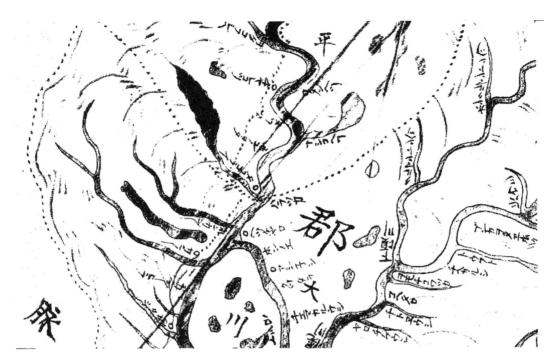

図3　十勝州之内静岡藩支配地四郡地図　北大附属図書館

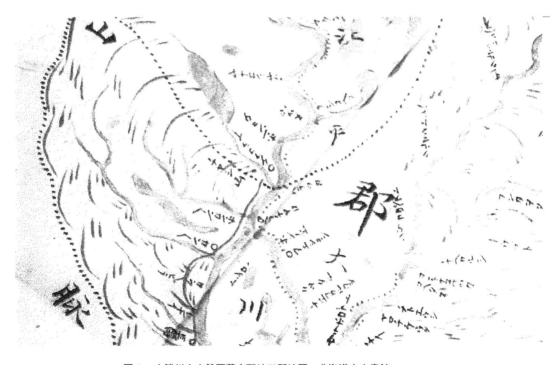

図4　十勝州之内静岡藩支配地四郡地図　北海道立文書館

旅来はタプコプライペッ

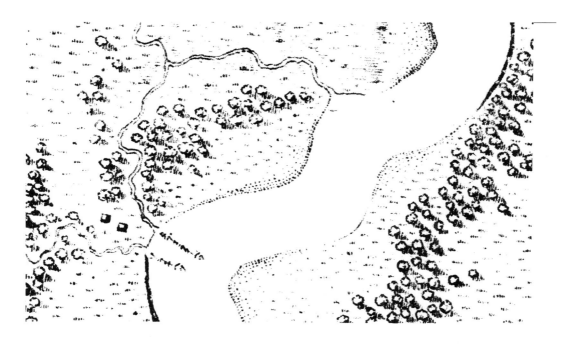

図5　北海道十勝州大津内十勝川並支流佐幌嶽ヨリ石狩州空知川上迠図　北大附属図書館

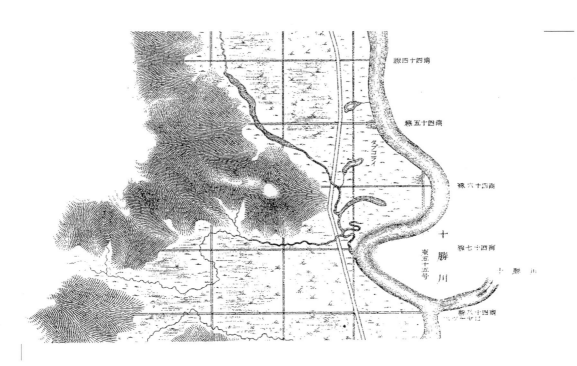

図6　十勝国殖民地区画図　M26 旅来及長臼原野　北海道立文書館

ることである。加藤先生は測量時に川の名前を尋ねたのであろう。尋ねられた現地のアイヌ古老は通常タプコプライと呼んでいる川の名がタプコプ・ライペッの省略形であることを認識していて、この時は原形の川名で答えたのであろう。加藤先生はこの回答を聞き取り、原音とは少し違うがタプコライベツと川名を書き入れたのであろう。明治7年に記録された川名タプコライベツは、扇谷先生の唱えた旅来の原名タプコプ・ライペッ説の有力な証拠になるものである。

　タプコライベツ川のすぐ近くの川名はソラプチと書かれている。ソラプチとは空知川の原名であるソラプチと同様で、滝が割れて落ちるであるから、この川の上流には滝があったのであろう。この川は静岡藩支配地の地図ではホンカンカンと書かれていた川である。その南隣の川はカンカンと書かれている。カンカンとは腸のことで曲がりくねったものを指す。日本語の羊腸と同じである。即ちカンカン川はくねくねと曲がり方の多い川である。ホンカンカン川は正しくはポンカンカンのポンは大小の小であるからポンカンカンは小羊腸川になる。この川も曲がり方が多かったのであろう。いずれにしてもこの川には二つの名前があったのである。

タプコライベツとホンカンカンの合流

　明治7年の地図では、タプコライベツの川口は二つに分かれてはいるが独立した川であった。ソラプチ（静岡藩支配地の地図ではホンカンカン）も独立した川であった。しかし、明治26年の十勝国殖民地区画図旅来及長臼原野の地図ではどうなったか。タプコライベツの二つに分かれた川の一方は塞がり、残りの一方はホンカンカンと合流して川口は一つになってしまったのである。

　合流後川の名前はどうなったか。この地図に川の名前はないが3年後の明治29年の五万分図には川の名前がある。川の名前はあるが何ということか、タプコプ・ライペッの省略形であるタプコプライの名がホンカンカンの方に付けられているのであった。それでは本来のタプコプライ川の名前はどうなったかというと、本来のタプコプライの方にはチャシコッナイと書かれているのである。旅来のタプコプから少し北にある尾根にチャシの跡があり、チャシコッと呼ばれていた。その近くにチャシコットーという沼がある。この川はその沼を水源としているので、チャシコッナイという名前はそこから出たのであろう。チャシコッナイがタプコプの近くまで流れてきて幅広く沼状になり、波もなく死んだようになってライペッとなり、岸のタプコプと結びついてタプコプ・ライペッとなり、やがてライペッのペッが省略されてタプコプライと呼ばれるようになったのである。即ち同じ一本の川であっても上流がチャシコッナイと呼ばれ、下流がタプコプライと呼ばれても矛盾はなかったのである。ところが二つの川が合流した結果、タプコプライの名は合流した相手の川に移ってしまったので、この川の全部がチャシコッナイにされてしまったのであろう。

　二つの川が合流しなければ川の名前が変わることはなかったであろう。合流して川口が

一つになったことで混乱が生じ、川の名前が移動してしまったのである。古くからのアイヌ住民であれば川の名前を取り違えることはなかったであろうから、取り違えたのは新しく開拓に入った和人達なのであろうか。或いは川の名前を聞いた測量士が取り違えたのであろうか。原因は不明であるものの、タプコプライという川の名前が、間違って別の川に付け替えられた事実は変わらないのである。

　扇谷先生は間違った訳ではないが、川の名前が付け替えられた明治29年の五万分図を信用したため、結果として間違ってしまったのであった。しかし、扇谷先生は本来の旅来川の位置は間違えたとしても、旅来の原名がタプコプ・ライペッであるという結論には全く間違いがなかったのである。

旅来のタプコプ

　旅来のタプコプ、即ちたんこぶ山は地元の人には神社の山と呼ばれている。山の東側に鳥居があり、一直線に194段の階段があり、階段を登ると社殿は正面ではなく少し曲がった先にある。頂上から少し下がった周囲にチャシと呼ばれる壕が掘られている。古戦場説や踏舞して死んだ説はこのチャシの存在から発生したのであろう。チャシは砦と訳されることが多いが、チャシの目的や用途は未だ不明であるから、チャシは訳さない方がよいと考えられる。砦であれば戦士の集団が詰めることになるが、屋根もない壕に戦士が詰めて雨が降ったらどうするか。雨は降らなくても夜はどうするか、松浦先生の聞いた丸小屋を建てて合戦をしたという話は、屋根もない砦では具合が悪いので話を作ったのであろう。日高アイヌ軍の遠征というのも、ただの伝説に過ぎないのであろう。北海道には五百を超えるチャシがある。チャシが砦で古戦場であったならば、五百の砦で戦闘又は戦闘の準備があったことになるが、これは考えられないことである。旅来のタプコプにチャシはあるが古戦場ではなかった。古戦場ではなかったならば、酋長が踏舞して死んだというタプカルライもなかったことになる。

旅来のライペッ

　「十勝州之内静岡藩支配地四郡地図」にはタフコライとして書かれ、明治29年の五万分図にはチャシコツナイとして書かれ、平成の五万分図に川の名前はないが、河川図にはミカズキヌマ川と書かれている川、その川の本来の名称はタプコプライペッであった。この川はタプコプの尾根の東の裾野で細長い沼になっている。幅は30mから広い処で40mはあり、長さは900m位で流れの波は全く見えず、文字通りの死んだ・川（ライ・ペッ）である。背景のタプコプと併せてタプコプライペッとなり、略してタプコプライとなるのである。この川は十勝川に出る最下流は別として人工の手が全く加わっていないので、松浦先生が通った時とも、白野先生が眺めた時とも、沼状の川の姿は変わっていないと思われる。タプコプライペッは今も健在なのであった。

図7　後ろの山がタプコプで前の水面がライペッ　即ちタプコプライペッである

図8　タプコプにある旅来神社

図9　旅来にあった渡船場の記念碑

図10　黒い筋がライペッでその下がタプコプ　右は十勝川　Yhoo航空写真の旅来

旅来の前の漢字は多福来

　明治6年開拓使が町村を調査したとする表に多福来村の名がある。読み方はタプコライである。これはとても縁起の良い漢字の村名である。多くの福が来る村という村名は滅多にあるものではない。しかし明治9年の大小区画沿革表では、同じ村の名前が旅来村に変わっているのである。せっかくの縁起の良い村名の漢字が、どうして変わってしまったのであろうか。漢字を変えさせたのは明治7年12月、開拓使から各支庁長に発出された通達であった。

仮名の村名を漢字に変換

　「当道仮名ノ村名本字ニ換ル件」の件名で出された通達は、内務省で必要とされたから仮名の村名を全部漢字に変換し、8年1月31日まで差し出すように、なるべく2字を超えないように。という内容であった。（通達の全文はアイヌ語地名研究19　P50）
　当時、早くから和人の入っていた道南や道央では村名の漢字化が進んでいたが、和人の入っていない道東や道北では漢字化が進んでいなかったのである。十勝でも漢字になっていた村名は半分以下であった。村名とは言っても当時の村は、アイヌの集落で住居が3軒でも5軒でも村として扱い、住居が1軒しかなくても一つの村としていたのである。当時の十勝にはこのような村が50村あったのである。

漢字3字から2字へ変換

　さてタプコプライ村である。この村は多福来という縁起の良い漢字に変換され、タプコライと読まれていたから、全く手を付ける必要はなかったのである。しかし、この問題で十勝の村名を扱った担当者はそのようには考えなかったのである。十勝の担当者は通達のなるべく2字を超えないようにという字句に過剰反応したのであろうか、既に漢字化されている村名も全部2字にしなければならないと思い込んだようである。その結果が縁起の良い多福来の3字から、縁起に関係のない旅来の2字に変えられてしまったのである。漢字は多福来から旅来に変わっても読み方はそのままでタプコライであった。旅の字に引かれてタビコライと読むようになったのは少し後のことである。

　村名変換の担当者は漢字2字に拘った中で、村名に方角が付くのは3字になっても仕方がないと考えたらしい。十勝に漢字3字4字の村が12あった中で、方角の付く上帯広・下帯広・東士狩・西士狩の4村だけが3字のままで残り、あとの8村は全部2字に変えられたのであった。担当者がこれほど2字に拘らなかったならば、旅来（タビコライ）の名は発生することなく、多福来（タプコライ）という縁起の良い地名は、今も残っている筈なのであった。村名の通達の出た当時、十勝で仮名書きの名の村28村と、漢字3字4字の村8村はぜんぶ漢字2字の村名に変換されたのである。この通達により全北海道の村名が漢字に変換されたのであるが、十勝以外の地区には漢字3字の村名がかなりあり、中には4字の村名もある。日高地区でも3字から2字化はみられるが、どこまでも2字に拘ったのは十勝地区であった。十勝地区は村名の変動が一番多かったのである。

美波臼（ビバウシ）村

　3字の漢字になっていた村名に美波臼村があり、これは美蔓の2字に変えられた。美蔓でビバウシと読ませようとしたのであったが、これは到底無理であった。いつの間にか美蔓はビマンと読まれるようになり、この名は今も芽室町・清水町・鹿追町の中で生きている。美波臼村の名の元になったビバウシ川は美蔓川となっている。

　このビバウシについて松浦武四郎先生は、戊午日誌でビバは蚌ウシは多しと云う儀と解説している。蚌の字はカラスガイと読む。松浦先生もカラスガイとしてこの字を使ったのであろうが、厳密に言うならば北海道にカラスガイはいなかったらしいのである。北海道にカラスガイはいないがカラスガイと同じくイシガイ類のカワシンジュガイやヌマガイはいる。カラスガイの名称は、この種黒い貝殻の二枚貝の総称として現在も普通に使われているから、松浦先生が蚌の字を使ってカラスガイと書いていても、間違いとはならないのである。和人は黒い二枚貝をひっくるめてカラスガイと呼んでいたが、アイヌの人達も同様に、黒い二枚貝をひっくるめてピパ（ビバも同じ）と呼んでいたのであった。ピパの付くアイヌ語地名は多いが、ピパはアイヌの人達の重要な食材でもあった。

旅来はタプコプライペッ

十勝

廃尾	當綠	十勝	中川	河西	河東	上川
茂代呂村	邊留舟村 大樹村	大津村 長臼村 ヘッチャロ村 十勝村 オヘチコカシ村 盧根臼村	多福來村 チャシコチャ村 トヒヨコロ村 トフチ村 セヲリサム村 シャモマイ村 エサンヒタラ村 / チカフヱウシ村 ノホトル村 ケナシハ村 オロヘ村 オシヲフ村 ヤムワッカヒラ村 / ホロケシナケセ村 オフヱヒラ村 キロ、村 ホンヘツ村 チヨタ村 / イカンヘツ村 マカンヘツ村 チロト村 ヘチャロ村	荊苞村 下帶廣村 上帶廣村 伏古別村 別村 セフウンマカン美波色村 / 茅室村 羽帶村 幸震村 戸蔦村 ムヱメンケ村 ウレカレフ村	音更村 士狩別太村 東士狩別村 西士狩別村 美波臼村	ニトマフ村 クツタルシ村

表1　全面漢字化以前の十勝の村名（開拓使事業報告）

— 59 —

	十勝					
上川村	河東村	西河村	中川村	十勝村	當縁村	廣尾村
人舞(ピブ) 屈足(クッタラシ)	音更(オトフケ) 震然(ナイシカリ) 別(ペッ) 東士狩(ヒガシカリ) 西士狩(ニシカリ) 美蔓(ピパフシ)	幸震(サツナイ) 芭戸(バト) 篤礁(ツタヌケ) 扱賣買(ウレカフ)	荊苞上帯廣(バラト カミオビヒロ) 下帯廣(シモオビヒロ) 伏古(フシコ) 迫別(セマリベツ) 美生(ピパイ) 芽室(メム) 羽帯(ハオプ)	蓋人(ケタシト) 蝶多止(テフタシ) 押邊(オショベ) 押帯(オショオビ) 若咾(ワッカイ) 別慕(ペツマクン) 別(ベツ) 奴(チヤロ) 筬嫌(エヒラキ) 侶本(ロホン) 取(トル)	旅來安(ライヤス) 派居(チロ) 邊(ペ) 骨豊(コツトヨ) 帯勇(オビイサミ) 足(タラ) 弗凋(フツシオム) 寒様(サムシャモ) 舞誓(マイチカリ) 牛信(ウシブ)	大津(オホツ) 長(チナガ) 臼(ウス) 籠奴(チヤラト) 十勝生(カチオへ) 剛愛牛(コハシアイウシ)	歴舟(ベタヌ) 當縁(タウブチ) 大樹(タイキ)	茂寄(モヨロ)

表2　全面漢字化以後の十勝の村名（開拓使事業報告）

カワシンジュガイは川底に突っ立っていて貝殻の半分近くが水中に出ている。カワシンジュガイより大型で貝殻全体を縦にして砂中に埋め、殻の一部の隙間を開けて川底の穴のように見せている二枚貝を、私はカラスガイだと思い込んでいたが、これはヌマガイであったらしい。私は北海道にカラスガイがいないことを知らず間違っていたのであった。淡水の二枚貝については研究者も少なく詳しい調査もされていない。その一方で川の二枚貝は生息地も生息数も減少し、カワシンジュガイなどは絶滅が心配されているのである。
　大日本地名辞書には美蔓の項に次のように書いている。

　ヒバウシは、沼貝の多き処の義なり、ビハフと訛り、美蔓（蔓延の義にかる）とあてしならんが、美帽子と仮借するにしかず。

　蔓は蔓延で這うを連想させ、ビハフに通じるからこの字をあてたというのは、その通りかもしれない。しかし、この文を書いた藤本慶祐先生は、もともと3字の美波臼が無理矢理2字の美蔓に変えられた経過を知らなかったのであろう。経過を知らずに3字の美帽子を持ち出したのであるが、美帽子という村名もあまりよい村名とは思われないのである。

美波色（ビバイロ）村
　同じく三字の美波色村があった。美葉色と書いた地図もあるがいずれにしても美しい村名である。ビバイロも通称のカラスガイがたくさんいるという意味であるが、美生村と二字に変えられた。生の字は生えると使うからバイロと読ませようとしたのであるがこれも無理であった。美生はビセイになって清水町で生きている。美生川も流れている。

辺留舟（ペルプネ）村
　三字の辺留舟村があった。ペルプネイで水が大きくなる川、即ち大水が出る川の意であるが歴舟村に変えられた。歴史を経るという言葉からの連想で、歴の字をペルと読ませようとしたのであろうが無理であった。ペルプネとは読まれずレキフネになり歴舟は川の名前で定着している。日高山脈を水源とする歴舟川は、環境省の水質調査で「清流日本一」に選ばれること十回を超えている。今でも砂金が取れる川としても知られている。

安骨（チャシコッ）村
　M29仮製五万分図の旅来村のすぐ上に安骨村の字があり、チャシコッと振り仮名されて

いる。漢字化以前の村名表にはチャシコチャとあり、漢字化以後の村名表にはヤスコツと振り仮名があるがどちらも間違いで、チャシコッが正しい。村名表の仮名はほかにも間違いが多いのである。

　旅来の北方の丘の尾根にチャシの跡があり、チャシの跡がそのままアイヌ語でチャシコッになったのである。根室にもチャシコッ村があって茶志骨村と漢字化され、現在も標津町で生きている。しかし十勝の漢字化担当者は、漢字は二字までと固く思い込んでいるので、チャシコッを安骨の二字に押し込んだのであった。安骨をチャシコッと読ませるのはやはり無理であった、現地の人はアンコツと読むようになってアンコツが定着したのである。安骨村の範囲はM29の地図の位置から北西に移動し、豊頃町安骨になっている。地図の安骨村の字のある場所は豊頃町旅来に入っている。

　旅来のチャシの中に旅来神社が建てられたように、安骨のチャシの中にも安骨神社が建てられた。アイヌの人がチャシを作った場所に、和人が神社を建てる例はほかにも多いのである。アイヌの人も和人も礼拝にふさわしい場所は同じらしい。チャシは信仰に関係があるのかもしれない。

凋寒（セイオロサム）村

　凋寒と書いてセイオロサムと読む。セイオロサムとは何か、セイオロサムとはワインの町池田町の町営ワイナリーが造るワインの銘柄の一つである。セイオロサムの名はどこから来たか、池田町の前の名が川合村で、川合村の前の名が凋寒村であった。セイオロサムの村名を漢字2字に変換するにあたり、凋の字はしおれると読むからとして、凋寒と書いてセイオロサムと読ませようとしたのであった。しかし人々はセイオロサムとは読み難く、また凋の字はしぼむとも読むのでシボサムと読むようになってしまったのであった。

　松浦先生は「戊午日誌」にセヲロシヤムとして次のように書いている。

　右のかた小川也。其名義は蜆多く有るよりして号しとかや。惣て蜆は水と汐との接りに生ずるものなるが、此の川え産すること不審なるべし。

　松浦先生の残した多くの記録にはアイヌ語地名が多く、積算すれば万を超えるであろう。そしてその多くにこのような解説が試みられている。松浦先生はアイヌ語地名解釈の大先達でもあった。松浦先生の地名の解説で多く出るのは其意味不解也という字句である。松浦先生はアイヌ語地名の意味を現地のアイヌ住民に尋ねたのであろうが、意味は分からないという回答が多かったのであろう。これはどうしてであろうかと考えてみる。アイヌの人達にとって地名はその場所の記号に過ぎず、地名の意味や成立の根拠はあまり問題ではなかったのであろう。アイヌ語地名を作った先祖の人達は、明確な根拠を元にして筋の通

る地名を作ったのであるが、その子孫達は意味や根拠を忘れることもあり、また変形させることもあったりして地名を継続使用してきたのであろう。アイヌの人達は、松浦ニシパ（旦那）はどうして役にも立たない地名の意味をこまめに尋ねるのかと、不思議に思っていたのではないかと思われる。その中で絶え間なく地名の意味を尋ねて、記録し続けた松浦先生には敬服するばかりである。

松浦先生の記録について、永田方正先生は「蝦夷語地名解」の例言で次のように書いている。

地名ヲ記スル最モ多クシテ誤謬最モ多キ者ハ松浦竹四郎氏ノ地図ナリトス又同氏ノ日志中ニ地名ニ解シタル所アレドモ旧地名解ニ拠ル所多シ同氏自ラ解シタル者ハ拠ルニ足ル者少ナシ然レドモ同氏ノ地図ニ古名ヲ存スル処アリ日志ニ当時ノ地理ヲ記シタル処ハ参考トスルニ足ル者アリ本篇初メニ同氏ノ誤謬ヲ正シタレドモ煩ニ堪エズ印刷ニ臨ミ多クハ抹殺セリ

永田先生は英語の聖書を日本語に訳した程英語に堪能であり、アイヌ語も勉強していたからかなり正しくアイヌ語を表記することができた。松浦先生はアイヌ語を日本語の耳で聞いて、日本語式の表記で地図に書いたので、永田先生にしてはそのまま受け入れ難かったのであろう。永田先生の言い分も分からなくはないが、松浦先生の地名解には正しいものも多く、大いに参考になる。永田先生には先輩の松浦先生に対し、もう少し敬意を払うようにお願いしたいところである。

山田先生は「北海道の地名」でセイオロサムを（sei-or-sam 貝殻・の処・の傍）としている。しかし、セイは貝殻のこともあるが普通は貝の総称でもあるから、セイオロサムは（川貝が多くいるところの岸）ということになろう。永田先生は簡単に貝傍としている。松浦先生が疑問を持った蜆が多くいるという説であるが、和人もアイヌ人も貝の分類と呼び名には甚だいい加減であるから、いい加減同志の問答が食い違ったのかもしれない。

生剛（オペッカウシ）村

生剛の漢字2字になる前の村名は、オヘチコカシ村と書かれているがこれは変化が過ぎる。アイヌ語はオペッカウシ（尻が川の上にある）で川岸に丘が突き出ている所の意味であった。生はおえると読むし剛はこわいと読むから、生剛と書いてオペッカウシと読ませようとしたのであったが、これは無理であった。生剛はセイゴウと読まれるようになって、浦幌町で生きている。

地名オペッカウシは札幌にも北見にもあった。バチラー辞典はオペッカウシを渡船場としているが、これはバチラー博士の勘違いで失敗であった。

鼈奴（ベッチャロ）村

鼈はすっぽんの漢字である。すっぽんにやつと書いてベッチャロと読む。アイヌ語のペッは川でチャロは口、川が二股に分かれたところに付く名称で、ここは十勝川が二つに分かれたところの村なのであった。それにしてもどうしてこのように難しい漢字が使われたのであろうか。実は十勝川のもっと上流にも二股に分かれたところがあり、そこにもベッチャロの名がついていた村があったのである。村名漢字化で上流のベッチャロ村には別奴の字が使われたのである。上流のベッチャロは中川郡で下流のベッチャロは十勝郡であるが、同じ十勝国で同じ字を使っては区別がつかない。このような訳で下流のベッチャロは難しい字を当てられたのであろう。上流の別奴は消滅したが、下流の鼈奴は浦幌町で生きている。

唠別（イカンベツ）村

唠別と書いてイカンベツと読む。しかし唠の字は音読みがロウで訓読みはオトである。どちらにしてもイカンと読める訳はないので、無理矢理読ませることにしたと言うべきか。大日本地名辞書もこの読みには戸惑って次のように書いている。

　　イカウンは溢るゝ義なり。之に唠字を充てしは、其仮借の例を知らず。字書に唠魯晧切老声也とあれど俗語に「イガム」（言い争ふ、怒りて咆い噛む）といふに渉る所なし、もしくは唩の誤か、いづれにしても雅馴ならず。

　この辞書を書いた藤本慶祐先生は、唩「イガム」の字を使って唩別をイカンベツと読ませようとして、字を誤ったのではないかと推測しているが、この推測は当たっていると思われる。私は文選工が活字を間違って拾ったかと考えたが、明治8年では活版印刷が普及以前ではなかったかと考え直した。多分最初は「イガム」の字を当てて唩別と書かれた文書を、書き写す際に唩の字が唠の字に誤記されてしまったのであろう。
　間違いであっても一旦記録された唠別村は有効となったのである。大漢和辞典を見ると唠の字は【唠別】イカンベツ北海道十勝国の地名と書かれていて、唠の字をイカンと読むことは認知されてしまったのである。別の漢和辞典には唠別の次に佐賀県の地名として唠分の字があり、おとなぶんと読むことになっている。これはこれで日本語の難読地名であろう。
　唠別村であった地域は幕別町の中にあり、昭和19年に相川と改称される。川の合流点の意味である。川の名前はイカンベツ川となり、唠別の字は唠別神社に残るのみである。しかし、唠の字はラーメン店が唠麺と書いて使われることもあるようである。
　敗戦後の日本で最初に大ヒットし、人々の心を明るくしたのは「リンゴの唄」であった。「リンゴの唄」の作曲者万城目正が生まれた時、父は唠別小学校の校長であり、母は同校

の教諭であった。万城目正はその縁で咾別小学校改め相川小学校の校歌の作曲をしているが、同校は平成8年に生徒数減少で閉校となった。美空ひばり、島倉千代子のデビュー曲「悲しき口笛」「この世の花」を作曲し、また「幕別町歌」や「幕別音頭」の作曲もした万城目正は、幕別町の誇りとなっている。閉校となった相川小学校は教室も体育館もまなびや相川として有効に活用されているが、ここには万城目正の誕生地であるとの説明版が建てられている。また幕別百年記念ホールには、御影石のピアノに大きなリンゴを配した万城目正歌碑が建てられていて、ボタンを押せば「リンゴの唄」が流れるのである。

白人（チロット）村

　白人村の字を百人が見れば百人がハクジン村と読むであろうが、ここではチロット村と読む。原音はチリ・オッ・トー（鳥・多くいる・沼）である。白人村のあった地域も幕別町の中にあり、昭和19年に千住（センジュウ）と改称される。この地にアイヌコタンがあったから先住民がいたという意味を込めて千住にしたとされる。白人村はなくなったがチロットの名は白人（チロット）小学校や白人（チロット）公園に今も残っている。この辺りは川の氾濫の沖積土で土地が良く、ここで作られる大根は最高級のチロット大根として知られている。

難読はアイヌ語地名だけではなかった

　日本人は中国から輸入した漢字を、時間をかけて日本語に取り入れたが、日本語以外の言語にはなかなか漢字を合わせられなかったのである。例えば丁抹（デンマーク）伯剌西爾（ブラジル）墨西哥（メキシコ）白耳義（ベルギー）秘露（ペルー）の類である。これらは難読国名というべきであろうか。

　「北海道志」の巻末に開拓使が採用した御雇外国人の人名録がある。保羅士、矯龍とあるのは、札幌大通公園に銅像で立っている人で、開拓使顧問のホーレス・ケプロンであるが、この漢字にはホラシ、ケプロンと仮名が振ってある。宇伊利亞牟、恵須、苦羅留具、これは札幌羊ケ丘展望台に銅像で立っている人で、大志を抱けと言って去った人である。難読人名であった。

タプコプ地名を考える

パネルディスカッション 2017.7.2 の記録

アイヌ語地名研究会

　本稿は、本年7月2日に札幌で行われましたアイヌ語地名研究会創立20年記念大会におけるパネルディスカッションの内容を、再編集したものです。
　[司会]　渡辺隆(札幌市)
　[パネラー]　伊藤せいち(北見市)、明石一紀(蕨市)、大竹登(夕張郡由仁町)、岡本武雄(夕張郡由仁町)、高橋慎(夕張郡栗山町)、中野良宣(夕張郡栗山町)
　[コーデネーター]　藤村久和(札幌市)

渡辺：本日のパネルディスカッションのテーマはタプコプです。そのタプコプの語義についてこれまで、小山のようなとらえ方が一般的でした。ところで、昨年の研究大会で明石さんが「平地を含む湾曲部の内側の小高い土地説」を発表、また、昨年12月に発行の『アイヌ語地名研究』19号では、中野さんが「タプコプの双頭説」を出され、いずれも新しい説として注目を浴びています。そこで本日は、さらにこの論議を深めていただきたいと思います。本日のパネラーは過去にタプコプに関する発表をされておりましたアイヌ語地名研究会の会員のみなさん（以下「会員」と略します）に登壇いただきました。

自　己　紹　介

大竹（由仁町）：私の本来のテーマは炭鉱の産業鉱山発達史、中国人や朝鮮人の強制連行、タコ部屋、下請け差別等が中心でしたが、今回はタプコプということで松浦武四郎が宿泊したコトンリュウのタプコプ、その幻の家が由仁町の古川ということを述べたいと思います。
岡本（由仁町）：10年くらい前からの会員です。私の住んでいる地元を武四郎が探検したことは知っていました。最近になり郷土史研究会のテーマとしてタプコプをはじめとした武四郎の足跡を探っています。
高橋（栗山町）：パネラーの皆さんとは顔見知りですが討論したことはありませんでした。アイヌクワガタ[1]の再発見を契機にアイヌ文化とアイヌ語地名に取り組むようになりました。武四郎の日誌に出て来るタプコプについては、丸山道子さんの説による栗山町円山説は違うと思うようになりました。岡本さんと接触するなかで由仁町の中岩内遺跡のあたりの

---
[1] 兜(かぶと)の前立物(まえだてもの)、台は鉄製で銀の延べ金で装飾してある。和人との交易でアイヌの手に渡り、祈祷具として用いられたようだ。大正5年5月、夕張郡角田桜山で7個発見された。

小高いところをタㇷ゚コㇷ゚と考えるようになりましたので、その観点で話をしたいと考えています。

中野（栗山町）：由仁町出身で由仁町郷土史研究会に所属して勉強しています。二ッ頭の山がタㇷ゚コㇷ゚だと考えるようになりました。また、清水清次郎さんが発表された九州のタㇷ゚コㇷ゚も否定できないと思います。

伊藤（北見市）：この会ができた時からの会員です。いろいろなアイヌ語地名解に関わり、地名の解釈、地名の所在地、地名の変遷等、解明できた所、なお調べが必要な所、解かったつもりでいても、タㇷ゚コㇷ゚のように難問が。今回も論議をつくしたいと思います。

明石（蕨市）：由仁町出身です。これまでタㇷ゚コㇷ゚に取り組んできた人達の日誌・文献の読み込みは、その基礎が不十分で正確ではありません。しかし大竹さんは別で、由仁のタㇷ゚コㇷ゚は私より先に平地にあると言っています。私は山田秀三さん以外は眼中にないので、今日は山田さんの説を中心に皆さんの説のどこがおかしいのかについて話したいと思います。

渡辺：本日の論議いただく内容について、①松浦武四郎が日誌に書いた夕張川のタㇷ゚コㇷ゚の位置、②タㇷ゚コㇷ゚にはどのような形態があるか、③平地一帯を表したタㇷ゚コㇷ゚、④タㇷ゚コㇷ゚の双頭説などについて論議していただきたいと思います。時間に余裕がありましたらアイヌ語の表記とその語意についても触れたいと思います。

山田秀三氏のタㇷ゚コㇷ゚略説

　本題に入る前に、山田秀三さんが書かれた「タㇷ゚コㇷ゚（たんこぶ山）物語[2]」に「北海道のタㇷ゚コㇷ゚略説」が載っていますので、この内容を読みあげます。（省略）この中に、昔、地名研究を始めたころ、アイヌの古老たちに方々で現地を指差して教えて貰って歩いたことが書かれています。地形に特徴があって目じるしとなるタㇷ゚コㇷ゚についても、往時の和人がその場でアイヌに尋ね聞いたことから名づけられたに違いないと思います。同じような例は日高のカムイエクウチカウシ山の逸話があります。昭和始めの頃、北大山岳部員が案内のアイヌにその山の名を2度尋ねたのですが、すぐには答えなかったようです。何度もしつこく質問するので、「カムイエクウチカウシ（「クマが転げ落ちるほど急峻なところ」の意）ですよ」と答えました。元来の名前ではなかったのですが、後にそれが山の名前になったという例です。このようにして生まれたアイヌ語地名は少なくないと言えます。

夕張川タㇷ゚コㇷ゚の位置はどこか

　さて、松浦武四郎の丁巳（ていし）日誌に書かれた夕張川のタㇷ゚コㇷ゚について、その位置が未だ確定していません。そこでみなさんの見解を発表していただき、討論をお願いします。

---

[2] 『東北・アイヌ語地名の研究』

岡本：『アイヌ語地名研究』17 号[3]で発表した見解は今も変わっていません。夕張川流域のアイヌ地名は『由仁町史』、『夕張市史』に昭和 30 年代から記載されていますが、その基礎は「夕張日誌」と思われます。昭和 57 年の秋に秋葉實さん翻訳による「由宇発利日誌」[4]が発刊されました。それを読んでみて、それまで理解されていたタッコプの位置が違うのではないかと思うようになりました。しかし、未だ解明されていないようです。

　私は日誌にあるイワナイ（由仁町岩内）に住んでいます。武四郎の足跡を辿ると私の家の傍に来ていましたので感動しました。その経路は千歳川を遡りオサツ、マオイ、ホロナイ、フルサン、それから道なき径を行き、ユウニ、カタムサラ、そこで夕張岳の絵を描いています。ここはタッコプの場所を特定する手掛かりとして動かせない位置です。それからニタ、ヘリベツ川を渡りタッコプに着いたと思います。「由宇発利日誌」15，16 巻のうち15 巻は「上ユウハリ」（下流が上ユウハリ夕張となっている）。この凡例に、「タツコプは上ユウハリに所在する（阿野呂川河口の下にあたる）」と書いています。この記述は尊重すべきです。丁巳日誌には多くの地名が出てきます。タツコプ、ユウニ、アノロ、ビラ、イワナイ、ワレヲマナイ、タイケシ、ヲヒフイなど、これらの地名がつながらなければならないと考えています。

　私は 80 年間夕張川流域に住んで土地の姿を知っていることが強み。武四郎の記述と対比しながら『アイヌ語地名研究』17 号（の論文に）、「タッコプは由仁市街の神社の山」（図図－1の①）と比定しました。この山は角度によって丸い山にも弓型にも見え、夕張川まで裾野が続き今野の沢と竹谷の沢にかこまれた自然環境豊かな河岸段丘上です。ここは馬追遺跡の発掘された場所でもあります。

中野：私は双頭の山がタッコプと思っています。岡本さんが比定した神社の山のさらに西、馬追丘陵の頂上付近に特徴的な双頭の山があります。これがタッコプ。この山は目立つ山で由仁周辺を睥睨するように立っています。武四郎のタッコプはこの山の見える場所ではないかと考えています。

大竹：丸山道子さんと秋葉實さんの書物から、当初はポコンとしたたんこぶ山、武四郎が泊まったのはそのような地点ではないかと岡本さんの説と同じように足跡をたどっていましたが、点ではなくコタンのことを言っているということにたどり着きました。地点名はコタンから見た目標、めやす。武四郎が答申書に、夕張郡内の村名にアノロ、イワナイ、タッコブがあげられています。武四郎の泊まったタッコプは狭い意味のポコンとした山ではないようです。武四郎の言うタッコブはタッコブ山周辺のコタンと考えます。

　夕張日誌に由仁町内の川や地名が多く出てきます。色々な文献を照合して焦点を合わせていく必要があるようです。

高橋：丸山道子さんや『栗山町史』では栗山町丸山のタッコプに武四郎が泊まったとしています。しかし、私は後から出てきた資料をみてから、『栗山町史』の記述は誤りで、由仁町

3　2014(26).12.15、北海道出版企画センター発行
4　松浦武四郎著、秋葉實翻刻編『丁巳東西蝦夷山川地理取調日誌』下

の岩内地区にあると考えるのが妥当と、栗山町にも提言しています。由仁の郷土史研究会と交流がありますので、武四郎の由仁町内の足跡をたどりましたが、その過程を素直に考えるとタプコプは見つかりませんでした。大竹さんの説が当たっているかとも考えました。池田実さんが解したニタではなく、岡本さんが解したニタを少し行くと中岩内遺跡がある少し小高いところを注目しました。北、西、南、東（夕張川方面）からみても小高い。ここは高い方から見たら80cm、夕張川から見ると3mぐらいの高さがあります。

　夕張川から300mぐらいの距離。武四郎の記述とも符号します。このような小さいタプコプが成立するのではないかと仮定して今回提案しました。図－1の二重点線は河岸段丘とい言われていますが、夕張川が削ったのではなく2～14万年前の氷河時代に地表が凍結と融解を繰り返してできた地形です。武四郎は小高いところにコタンが連なると言っています。

　タプコプを『松浦丁巳日誌』日誌（一）[5] の記述に矛盾しない知里さんや山田さんの小高い丘という説で考えています。日誌（二）[6] やこの日誌の手控では、オヒフイを除きタイケシ、イワナイなどの位置が特定できません[7]。図－1の・・・点線は、もしかしたらノタ[8]があったかもしれないというラインです。岡本さんによると沼や小さな流れがあったところです。当時、川が流れていたら理屈が合います。アノロからタプコプへ2～3回湾曲するという川の情景とも合います。「タイケシ大いなるノタ」との記述とも合います。図－1に示した二重点線の高台では・・・点線のノタがあれば整合するわけです。

渡辺：岡本さんは由仁神社の山裾野の夕張川筋、河岸段丘の上、高橋さんは中岩内遺跡、大竹さんは古川の平地一帯、中野さんは馬追丘陵の双頭の頂上ということで、4人の見解が異なっています。

　中野さんは、タプコプの位置について馬追丘陵の山としていますが、『松浦丁巳日誌』の記述をどのように解釈されたのですか。

中野：タプコプを、象徴として望むような場所、郡を単位としたような広い地域をイメージしました。岡本さん、大竹さんの山としてのタプコプは神社の山と言っており同じ考えです。

高橋：私の説についてはそうだとはだれも候補としてあげてくれませんね。

タプコプはどのような形があるか

渡辺：話題を変えましょう。つぎはタプコプの形態などについてご意見をどうぞ。

明石　山田秀三さんの著述を検討したいです。山田さんはタプコプという山には色々な形があるといっているに過ぎないようで、決定的な形の存在は疑わしいのではないか。平地もあるが尾根の端もあると言い、現実には多様なタプコプの地形が存在していることを認めた上で（ある意味、一律のタプコプ像の存在を否定しているに等しい）。標準として盛り上が

---

[5]　松浦武四郎著『丁巳東西蝦夷山川取調日誌』15巻-由宇発利日誌（一）」

[6]　松浦武四郎著『丁巳東西蝦夷山川取調日誌』16巻-由宇発利日誌（二）」

[7]　松浦武四郎著『松浦武四郎選集』四「手控　巳第二番、第五番」

[8]　和語「のた」転、湿地、低湿地。アイヌ語 nutap ヌタプ「川端の平らになっている所、川縁の野原」

った独立の円頂丘が多そうだと言っています。これは正しいでしょうか？

　松浦の日誌（文章）では、タㇷ゚コㇷ゚はたとえ山状の小山であっても皆「タツコブ」（地域の名称）と呼んでいて、タツコブ山と呼んだ例は皆無です。普通の「山」と一線を画しています。

　一方、図絵に出てくる「タツコブ山（岳）」の類は、タツコブ・ヌプリ（ノホリ）の訳であって、普通の山を指しています。挿絵の山名では、しばしばヌプリ＝「山（岳）」の語を省略してはいますが、タツコブに限らず（タルマイ山をタルマイの如くに）本来のタㇷ゚コㇷ゚（地域の名称）と「タプコプ岳（山）」の省略形とは、全く別な地形なのです。

　さて、山田さんがいう深川の「コップ山」は、タップコップ山のことで、タップコップとは別な普通の山（タップコップ・ヌプリ）を指しているものでしょう。知里さんが大きすぎてタㇷ゚コㇷ゚じゃないと言ったのは当然です。タップコップ山の代表例は、支笏湖の南にある多峰古峰山（661m）で、タップコップではなく普通の山（ヌプリ）です。松浦の日誌には「モユクンタツコフノノホリ」と見え、このモユクンタツコプ・ヌプリは、挿絵ではモユクンタツコフと書いてヌプリ（山・岳）の語を省略していますが、正確にはモユクンタツコフ山のことです。山の絵ではタツコフ山（岳）を「タツコフ」と略称することがありますが、本来のタツコフ（地域の名称）とは別な地形（山）です。本来のタㇷ゚コㇷ゚に、ヌプリ（ノポリ）・山・岳を付けて呼んだ例はありません。従って、「タプコプ＋山（岳）」という地名は、他の「アイヌ語地名＋山（岳）」の場合と同様に、山（岳）の語はヌプリの和訳とみてよい、と思います。タㇷ゚コㇷ゚＋山（岳）は、普通の山に付けられたタㇷ゚コㇷ゚・ヌプリ（ノホリ）が語源であって、タㇷ゚コㇷ゚自体（地域の名称）とタㇷ゚コㇷ゚山（岳）とは、シコツとシコツ山（岳）が別であるように、全く別の地名なのです。

　つぎに「タㇷ゚コㇷ゚という地名」＋「ヌプリ（ノホリ）」について考えます。アイヌの一般的な山の名前の付け方は、山と関係のない地名を持ってきてそれにヌプリを付けて山の名前にします。時には山の形や生えている木の種類など形容詞にヌプリを付け山名にすることはありますが、タㇷ゚コㇷ゚は明らかに地名なので「地名」＋「ヌプリ」の形式になります。そうするとタㇷ゚コㇷ゚自体は山を意味する名前ではないのです。

　山の名前であればヌプリを付けません。モイワはそれ自体が山なのでヌプリをつけないのと同様です。タㇷ゚コㇷ゚にヌプリをつけるとすればタㇷ゚コㇷ゚が山でないということになるので山田さんの言われるたんこぶ山ではありえない、たんこぶ山であればヌプリをつける必要がないのです。モイワと同じです。

　タㇷ゚コㇷ゚山（岳）には高低いろいろありますが、付ける地名の多くは川であるとか山の麓の地名です。それにヌプリを付けたタㇷ゚コㇷ゚ヌプリ（ノホリ）という地名は、山ではなくて川の名前の可能性が十分にあります。タㇷ゚コㇷ゚山とその元となった川や麓の地名とは直接関係はなく、タㇷ゚コㇷ゚とタㇷ゚コㇷ゚ヌプリは全く別な地名です。タㇷ゚コㇷ゚という地名を山（ヌプリ）の上につけただけのことです。タㇷ゚コㇷ゚は北海道中にたくさんあります。そのためそれに由来する、タㇷ゚コㇷ゚ヌプリも多いでしょう。タㇷ゚コㇷ゚とタㇷ゚コㇷ゚ヌプリを区別しないで研究してきたとすれば笑うに笑えない。クソミソの議論でこれまでの研究史のとおり答えが出るは

ずがないわけです。
　山田さんの著書[9]によるとタㇷ゚コㇷ゚の標準形とモイワの説明がほとんど同じです。円丘（及び尾根）などの形について言っていることはモイワと同じです。山田さんはタㇷ゚コㇷ゚とタㇷ゚コㇷ゚ヌプリ、そしてモイワの三つの区別が付いていない。タㇷ゚コㇷ゚とタㇷ゚コㇷ゚ヌプリの区別が付いていないのは達布山の項目を見るとわかります。私は、達布山は小平町の例と同じように本来ヌタッㇷ゚（川の湾曲内の土地）がタッㇷ゚となって付けられたと思っていますが、明治になると混乱して「タップコップ山」になったかもしれないし、仮にタップコップが起源であってもよい。ただ、大正期の地形図を見ると幾春別川にヌタッㇷ゚の地形が認められます。144mの達布山は「タップコップ山」（或いはタッㇷ゚山）であって、その起源となった川傍のタㇷ゚コㇷ゚（或いはヌタッㇷ゚）という地形と明らかに混乱しているわけです。山田さんは「タップコップ山」をタㇷ゚コㇷ゚と見誤って解釈しています。
　山田さんの問題をもう一つ。「土地の名としてのみ残っている」という平地の場合「周りを見渡す」としているが見渡して地形がわかるわけがない。そのような場合山田さんはどこか周囲に小山を探して認定しカウントしている様子です。山田さんのイメージの中で恣意的にさがしているので関係のないもがどんどん加わっています。しかし、その山の中に「タㇷ゚コㇷ゚山」が入っているだけでなく、多分直接関係のない山も入れている。でなければ「多くは」円頂丘であるという結論は導き出せない。「標準形は独立円丘」というのは山田さんの頭の中だけにしか存在しないものでしょう。既に指摘してきたように、タㇷ゚コㇷ゚山はタㇷ゚コㇷ゚でない。これを区別しないとまさにクソミソの議論になります。

高橋：山田秀三さんも松浦武四郎さんも、アイヌの人達がタㇷ゚コㇷ゚と言っているものを整理してタㇷ゚コㇷ゚の形を示しています。アイヌの人達からの情報に基づいたもので、山田さんらが勝手に地形を言っているのではないと思います。「タㇷ゚コㇷ゚は山の名前ではない」とした明石さんの説のように、アイヌは解釈をしていないと思います。そのような解釈事例はどこの地方にあるのでしょうか。

明石：明治時代にアイヌもタㇷ゚コㇷ゚山の場所もタㇷ゚コㇷ゚の区別も解らなくなっています。アイヌの古老達も混乱しています。永田方正さんの調査を読んだら、疑問しかおこりません。更に、明治期に測量の和人に求められて、無名の山に無理やり付けた山名も少なくなかったでしょう。少なくとも、松浦武四郎の時代の資料まで遡って検討しなくては意味が解らなくなっています。

大竹：来年は武四郎生誕200年、北海道の地名誕生150年、由仁郷土史研究会として本日のこの論議に大きな期待を持っています。武四郎との出会いは開拓記念館武四郎特別展からで由仁町との関わりを研究するようになりました。私は由仁町の町議をしていて、町長と「今回の会合で由仁のタㇷ゚コㇷ゚が絞り込めたら来年の記念事業として記念碑を建ててもらえないか」と話をしています。

---

[9] 『北海道の地名』p21.201.206.292. 322.328.347

私が先ほど図－1の⑤と⑥の地点に指摘したのは小林和夫さんによる安政3～5年の武四郎の足跡の地図が秋葉さんの解訳に付録[10]として付いていました。それによると武四郎の宿泊地が阿野呂川の対岸少し上流にあたるところ。舟と歩行が点線と実線で書き込まれていました。その図により地名としてではなく「コタンタㇷ゚コㇷ゚」として古川説を唱えるに至ったわけです。これは『由仁郷土史研究会辿古30年誌』の内容です。由仁のタㇷ゚コㇷ゚（コタン）は、多くの資料を参照して詰めないと、仮説にとどまり結論に達しないのではないかと思います。

高橋：武四郎による阿野呂川からの記述（屈曲、距離）と実際の現地を歩いたり舟で通ったりした感じからは、大竹さんの言う古川よりさらに上流田島沼の上流が合うようです。

伊藤：小さな一例について検討してみることは大事なことです。さらに、渡辺さんの調べた全道の数多くのタㇷ゚コㇷ゚資料を検討しないと結論付けるのは難しいでしょう。資料に載ってないタㇷ゚コㇷ゚も他にあります。今は全体を調べる出発点にあたります。

　これまでの認識に対する修正が始まっているところもあります。例えば釧路町の達古武沼についても、北にタㇷ゚コㇷ゚があって南の細岡から見るとよく見えます。実は、この細岡の丘にタㇷ゚コㇷ゚があったと、見直しがなされています。

　つぎに新しいタㇷ゚コㇷ゚の箇所を二つ紹介したい。『津別町史』の「コタン・チャシ・アイヌ語地名」（妙出）（図－3）に小さな丸印があり手書きで「タッコブチャシ」、これが川向こうの武四郎のタㇷ゚コㇷ゚に相当するのではないかと思われます。武四郎は詳しく書き残し、タㇷ゚コㇷ゚川口には小山がなくひとつ上手の支流にあるとしています。その辺りで農家の人に聞いたところ、過去に土盛りがあったところという情報を得ました。そこは均して畑になったので今はないと言っています。ここは網走川上流津別付近のタㇷ゚コㇷ゚について山を見ていたがわからなかったところです。

　なお、土盛りについては、常呂川下流右岸にあるチルトライが参考になります。チ・ルラ・トイ（我々が・運んだ・土）。陸測仮製5万分図1897年に土盛りのマーク（ケバでまるくえがいた図）があります。

　もう一つ地質調査の記録に残ったタㇷ゚コㇷ゚があります。（『北見市史』、『端野町史』）そこは平地で魚のうろこの化石が出ています。「仁頃タㇷ゚コㇷ゚」と呼ばれ仁頃川の河口で道の岐路にあたります。図－2（「仁頃川口新旧対比図」）のBとCも山で、これかとも思ったCにオシュイコツネイという名前がついています。もとは山の名ではなく大きな谷みたいなところの名です。これをタㇷ゚コㇷ゚と言ったのか。まだまだ検討する必要があります。

中野：伊藤さんが指摘された仁頃のタㇷ゚コㇷ゚へ行ってみたら、図－2のBとCは（双頭の山の）条件にピッタリなタㇷ゚コㇷ゚でした。

質 疑 応 答

渡辺：それでは、会場のみなさんら質問や意見をお聴きします。

---

[10] 小林和夫製作「丁巳（安政4年）東西蝦夷山川地理取調日誌足跡図」

吉永（平取町）：私はアイヌ文化に関わる仕事をしています。東北地方にタプコプが多くあります。山、川がついていますがピンポイントのタプコプがあります。東北の地名の方が武四郎の資料より古い時代なので重要だと思います。平安期とかまで遡るようです。様似の事例もそうですが、タプコプという感覚が時代を超えて受け継がれていると考えます。

中野：東北地方のタプコプには注目しています。カシミール3Dの上で見るだけですが、東北のタプコプも二ツ山が多いようです。山田さんの著書の中で地元の人が二つの山を指すという指摘をしてそれを記録しています。東北にはまだ伝承が残っているかもしれません。

大竹：アイヌ民族史の通説では北海道の場合、鎌倉時代以降とされていますが疑問に思います。日本の国家の起源と近い類似点があるのではないでしょうか。飛鳥奈良の頃にヒグマの毛皮が献上されています。北海道由来であり阿倍比羅夫、坂上田村麻呂、アテルイの反乱などを含めて東北、北海道との関わりは深いようです。ご質問に対し感銘を受けました。

明石：山田さんの書いたタプコプは山田さんの最大のミスです。円頂丘、尾根の端、平地、築山、色々あり多様であることが結論としていますが、別のところに本質があります。それは川の流れです。

吉永：特に川がついた名前が残っているのはなぜでしょうか。

明石：タプコプが中心の地名で固定的な地名であったから、山、川、沼につけられたのでしょう。

吉永：それは調べる必要があります。タッコナイが川であればナイをつけないといけないのでしょうか。

明石：（本質は）川の流れの形がタプコプをきめるということであって川の地名ではないです。私は山の一部がタプコプの場所にかかることはありうるし、尾根の端がかかることも大いにあると考えています。

吉永：川のどんな形ですか

明石：円形に湾曲した形で「タプ」です。

吉永：東北の方にも面白い材料がありそうです。たくさん集めて議論したいと思います。

中野：「タプコプは双頭の山そして信仰・神謡の山」という題で、つぎのスライドを用意しているので見ていただきたい。

　①タプコプ双頭説の可能性について語義の面から検討。②信仰・神謡に関連して、他の信仰地名との関連や地理的配置から、ポロ-タプコプ-フリウの組み合わせ事例を、由仁-栗山の他2例、イワ-タプコプの事例を恵庭岳周辺にあることを論考　③タプコプは古い地名で伝承が断片化している可能性を指摘された。

渡辺：アイヌ語地名辞典に載っている方言として、タプコプの地名解が千歳方言辞典、萱野茂辞典、釧路・白糠方言辞典、服部四郎辞典の八雲方言などに記載されています。それは、「丸山、独立小山、あたりから見て目立つ、丸山のような形をしたもの」のように訳され、一般的には小山のようなところの表現に多く用いられています。また、山に限定せずに「上の方に盛り上がっているところ」もタプコプとしています。なお、田村すず子先生の沙流方

言辞典にはタプコプは載っていません。
　このタプコプの「タプ」については、「tap」で、「人や動物の肩、山や崖の上がった部分、山の頂き」のようにアイヌ語地名辞典に載っています。しかし「コプ」については、どのような解釈になるのか明確でないように思われます。

貫井：知里さんの解を尊重してはどうか。tapkop,-i　タプコプ　①離れてぽつんと立っている円山：括峰　②尾根の先にたんこぶのように高まっている所。(知里地名解を朗読)また、渡辺さんの資料にあるタプコプの山型は全部調査済みですか。これを調査すると結論が出るのではないでしょうか。

渡辺：各地にあるタプコプ地名を会員のみなさんのお力で調査をお願いしたいので、よろしくお願いします。各種資料から北海道内のタプコプを72ヶ所拾い集めましたが、このうち26の位置がはっきりしません。それで現地調査ができていません。

中野：全部の現地へ行くことは難しいですが、パソコンの上で行くことができます。渡辺さんの表(資料)[11] を3分の1ぐらい図に落としています。ダメなのもありますがけっこういけています。

明石：タプコプとタプコプヌプリ＜タプコプ山＞を区分せずに議論しています。これは考え直す必要があります。仁頃のタプコプを地図に落としてみましたが、大正期の地形図では常呂川との合流点の手前で細長く(600mほど)湾曲していて、この地点と考えられ、合流の目印になっています。網走川のタプコプは川が「く」の字に曲がっている湾曲部の内側であり、ここも平地部分です。知里さんや山田さんの解では説明できません。タプコプ(のようなところは)は探せばいくらでもあります。

　早田さんの今日の報告(「旅来はタプコプライペッ」)には従えません。信頼できる武四郎の日誌を注意深く読めば、「タプコプ-ライ」(旅来)は、間違いなく川の流れの湾曲部で平地です。出っ張ったタプコプが十勝川の流れを押し止めて、「ライ」(遅流)させている、という意味です。そこを確実におさえたタプコプ像でなければ議論が混乱します。

吉永：私はアイヌ語に詳しい高齢な方々と知己の関係にあります。そのような人たちは日常語としては使っていませんが、感覚としてアイヌ語を分かっている方々です。その人たちのことを想像すると、お孫さんが造った砂山をタプコプと言い、砂山を水に流して均したものはタプコプと言いません。それが今のアイヌの人達の感覚です。それが実際なので、それが違うというためには多くの論証が必要でしょう。(明石さんの説は)それを持っていないように見受けます。

明石：日高アイヌは(本来の意味が忘れ去られている)、タプコプを山のように捉えていることは薄々知っていますから、地域的な特徴でしょう。日高アイヌには特殊な地形的事情があるのでしょう。アイヌ語でタプコプが山を意味するか否か疑問ですが、説明できなければならないでしょうね。

---

[11]『アイヌ語地名研究』19号　p27－42「タプコプ地名(資料)渡辺隆・編著」

吉永：日高のアイヌの感覚は明石さんが示した例や東北地方の例を考えると一貫しています。また、日高の特殊性を説明できなければなりませんが材料を持ってないようなので今日の議論はここまでにしたい。

渡辺：明石さんは昨年の研究大会でタツコプについて、「タップ（川の湾曲部の内側）＋こぶ（盛り上がっているところ）」の新しい見解を発表されています。さらに「タプコプは山ではなくて川の名前の可能性が十分にある」また「タプコプ山とその元となった川は、麓の地名とは全く別」と主張されていますね。

早田：武四郎氏はタプコプを小山だと言っています。迷うことはありません。平らなところのタプコプは、ここには小山はないが近くの川の上流に小山あるとしています。また、今回話題にした旅来は、反対側から見ると尾根が下がってもう一つポコンとあります。確かに中野さんが言うように双頭です。それはよいのですが、現地のアイヌが双頭の山を意識していた事実はあるのでしょうか。単独のタプコプもありますから、タプコプの全部が双頭ということにはならないと思います。

中野：同様の指摘がありますので。さらに検討を続けます。

明石：武四郎の言っている「小山」は山ではありません。例えば100m近い山であれば「山」（山地）と書いています。「由宇発利日誌」に「小山・平山」の表現がありますが、現地を確かめてみるとみんな山はありません。平地や河岸段丘で明治期の開拓で削られてなくなっているような、平地のなかのぽこっとした起伏を指しています。時には数十㍍の丘があるにしても、「小山」を山と読む解釈に問題があります。

伊藤：平地の川の向こうにタプコプがあるという早田さんの記憶は、武四郎の網走川（津別）の記述のことでそのとおりです。武四郎の日誌にタプコプの形の表現として「仏飯のような」という表現があります。だけど平地のタプコプもありそう、高みも平地にもタプコプがありそうです。

高橋：中岩内のような低い河岸段丘でも、信仰行事、目印、記憶につながるところにタプコプと名づけた特異な地形の可能性を考えています。武四郎は由仁に3泊しています。その場所は武四郎日誌で比定できます。気がついた場所が中岩内遺跡の高みあたりで武四郎が記録した他の地名とも整合します。この見解はどうでしょう。

岡本：私は高橋さんの意見とは異なります。あそこ（中岩内遺跡）はタイケシとしています。平取にもタイケシがありますが、林や森林のおしまいの意です。一方、由仁のタイケシは地名が知られていながら比定されていません。タイケシ周辺の記述では大いなるノタとしています。これは和語の「のた」で湿地のこと、私の比定で一連の状況が整合します。

大竹：武四郎はタプコプに3日泊まっています。このタプコプを中心に武四郎の行動を理解することができます。

中野：（明石さんの『アイヌ語地名研究』19号に掲載の論文について）古川はタップとタップの間の氾濫原で低地、河岸の状況も直線的で、明石さんの言うタプコプの条件に適合しません。武四郎日誌の記述にあるオイカウシタッコは崖の上、崖の上は栗山側です。明石さんの論文には疑問があり、地形としてのタプコプが由仁側にあったという見解を受け入れ

ることはできません。このオイカウシタッコは、15年ほど前、砂利取り場所跡に土砂を埋め戻
すために削られ運ばれて今は平らになっています。

明石：地形云々以前に、資料を正確に読むという基本ができていない。オイカウシタツコは松浦日誌によると、栗山側の地名のチュクベツなどの対岸にあることが明白です。更に、松浦の絵図にも、由仁側に明記されています。栗山側説は資料的には完全に否定されます。オイカウシタッコもその昔は峨々たる崖で滝があったところであり、その後水田造成のために上の方は低くなり削られました。古川のタㇷ゚コㇷ゚比定地は、最初の入植者（下国家）も地元の人達も「高台」・微高地であると言っていました。明治31年の大水害の時には周りの人がこの家に集まって避難し、流されることなく床下浸水で止まりました。今でも少し高い自然堤防です。中野さんが言う「古川地区はまっ平（低平地）」というのは全くの嘘です。なお、二箇所とも夕張川の湾曲部の内側の土地で、共通した地形です。

高橋：中野さんが触れられたオイカウシタッコの現地が削られた現場を私は見て、問題意識を持ってアイヌ語地名に関わるようになりました。今日のパネルディスカッションのパネラーのほとんどが由仁と栗山の地元の人。再度、集まりフィールドワークで確認し報告するようにしてはどうでしょうか。（拍手）

伊藤：以前の地形で名前が付けられていたとことが、その後に地形が変化することがあります。古文書等で探って歴史を復元することも必要と思います。

岡本：松浦丁巳日誌の記載に間違いがあります。阿野呂川や由仁川などに順番がついていますが、この順番は川の大きさか下流からの順番か？。（会場から「川の大きさ」の声）（下流からの）順番としたら間違いです。

藤村：全部のタㇷ゚コㇷ゚についてその現地を確認する必要があります。勿論、地元で言っているのはそのとおりでよいでしょう。それでタㇷ゚コㇷ゚が解ってきます。

　アイヌはタㇷ゚コㇷ゚をある一定の立体的なものを言います。アイヌは平地のことをタㇷ゚コㇷ゚と言いません。平地のところにある集落の名前などは、必ずしもそこにタㇷ゚コㇷ゚地形があるとは限らず、その周辺にタㇷ゚コㇷ゚の原名がないとも言えない。タㇷ゚コㇷ゚コタンということであればその周辺にタㇷ゚コㇷ゚があって、近くの平地にタㇷ゚コㇷ゚コタンがあることもあります。

　タㇷ゚コㇷ゚が低いか高いかが話題になっていましたが、鶴居村雪裡（せつり）のヤエクロウさんという方はピラタコタンに住んでいました。ピラタとは崖のことなのでどんな崖なのか興味があります。沙流川河口のピラは高いが、雪裡の崖は水面から1～2mしかない。それでも地図に記載されています。地元の伝承も間違いなかったわけです。崖は高いというような我々のイメージと違うからといって否定はできません。だだし、その事例を数多く集めないと一つだけでは認めることはできません。

　明石さんの説について、ヌタップは平地の川の曲がりを言いますが、それだけでなくて台地の場合もあります。ヌタップとタㇷ゚コㇷ゚を分けて考えるべきでしょう。ヌタップあるいはタㇷ゚コㇷ゚の文書の中での使い方を検討されるとよいと思います。

　今までそれぞれの地方でタㇷ゚コㇷ゚の解釈がなされました。用られた文字も違っていたり誤

タプコプ地名を考える

りもあったかもしれませんが、それらの思いを受け止めて検証して見てはどうでしょうか。ようやくその緒についたのではないでしょうか。決めつけるような結論がない場合は。各自が持つ情報を集約してより良いものをみなさんで作り上げていきたいと思います。

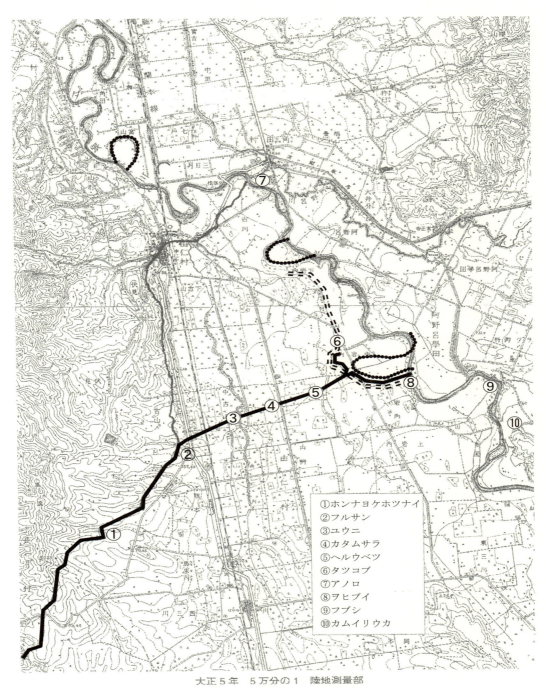

大正5年　5万分の1　陸地測量部

図－1　5万分の1図（夕張・追分）大正5年　陸地測量部

— 77 —

アイヌ語地名研究20

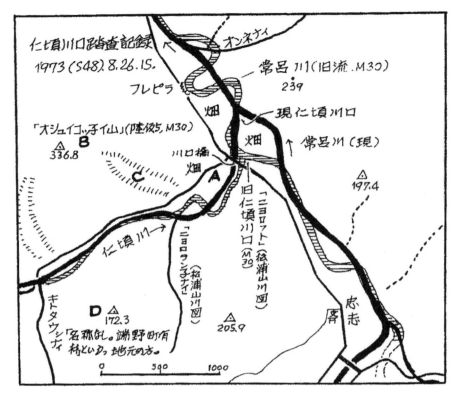

図－2　仁頃川口新旧対比図

(1973年の踏査記録図に新たに ＡＢＣＤ を書き込んだ)

図－3　「コタン・チヤシ・アイヌ語地名」(妙出)　『津別町史』1954(S29), p36
　　　書き込み伊藤　Ａ：網走川　Ｂ：タッコブ（川口）　Ｃ：タッコブチャシ∩

― 78 ―

松浦丁巳日誌にでてくる「タツコブ」

位置について 一考察

高橋　慎（夕張郡栗山町・会員）

はじめに

　この度、当アイヌ語地名研究会で「タプコプ地名を考える」のパネルディスカッション（『本誌』66～78頁掲載）があり、パネラーの一人として、由仁町の「タプコプの位置」について、私の考えを述べさせていただきました。このときの説明が不十分でしたので、以下のように補足します。またその後、大正5年調整由仁村目録図から分った、古い夕張川の流れを元に再検討した内容を紹介します。

1　武四郎の踏査ルートと宿泊地タプコプの位置

　栗山町の円山に円山神社があります。そして、入り口には栗山百年記念の案内パネルが建てられ、そこに「武四郎が宿泊したタツコフ」と記載されています。
　栗山町史には、「第一章蝦夷地の栗山」の項で、松浦武四郎「夕張日誌」を紹介し、
「十日（実際は8日）、ヲサツトウ、マヲイトウを通ってヤムワッカピラ（長沼町幌内か）で上陸、山越えしてタツコフ（栗山町円山付近）のコトンランケの家に泊まる」
と記載されています。
　タプコプの意味について、知里真志保著の地名アイヌ語小辞典で調べてみます。
「たプコプ　①離れてぽつんと立っている円山、弧山、孤峰。②屋根の先にたんこぶのように高まっている所」
とありますから、円山神社のある小山は、タプコプの地形に違いありません。しかし、武四郎が泊まったタツコフは本当に円山神社の所だったのでしょうか。

(1)　タプコプの位置はどこ？

　松浦武四郎の丁巳由宇発利日誌（一）[i]（以下『丁巳日誌』と呼ぶ）に、タツコブの記述が2か所あります。この記述からタツコブの位置について考えました。
　一つは、7月7日（日誌は8日と記載）、朝、舟でカマカ（釜加）を出発し、夕張川を南へ下りヤムワッカヒラで昼飯、ここより陸の径を辿り、ホロナイ～フルサン～ユウニ～ニタを経て

アイヌ語地名研究20

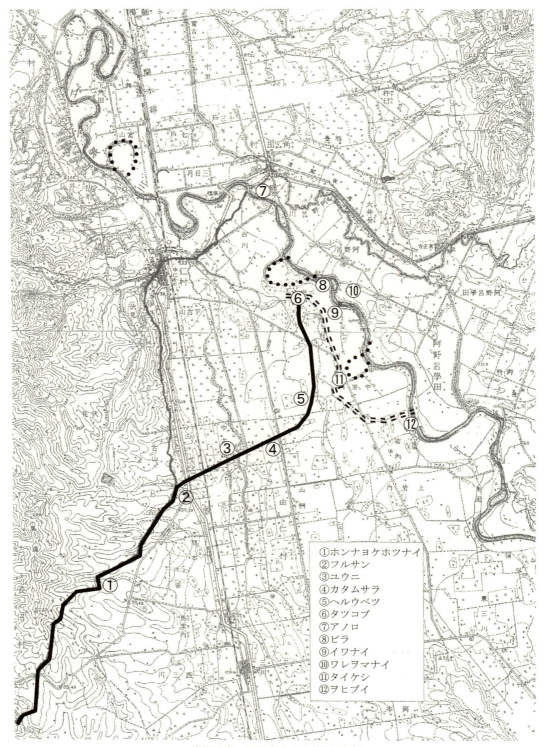

大正5年　5万分の1　陸地測量部
図－1　松浦武四郎タツコブの足跡図

— 80 —

「左りえ〜〜と針位を取りて行に、ヘルウベツ（現在のヘリベツ川）相応の川なり。此川もユウニえ落るよし也。膝の上まで有けるが、歩行わたりして行や、しばし過て、タツコブ　この処え近くや、笹も虎杖もあつくして、甚難渋致しけるなり。其草・笹等ふかき中を、三丁計過るや、本川すじえ出り。此処に土人コトンランケ家有。」
　夕刻にタツコブに着いています。
　『丁巳日誌』（一）で言う「本川」は夕張川と推定でき、夕張川に近い所にコトンランケの家があって、タツコブとコトンランケ家の距離は、三丁計（凡そ 330m）離れているようです。
　また、『丁巳日誌』（二）にも「タフコブ」に関わるつぎの記述がみえます。
　「扱川口より小石瀬をしばし行て、二三屈曲畷転を過てタツコフに到る。」（187 頁）
ここで言う「川口」はアノロ川の川口のことです。夕張川をアノロの川口より二、三度屈曲を繰り返しタフコブに戻っています。川の屈曲の状態について、現在の5万分の1図をみると、川口の南東方に、沼や川筋の跡が見えますから、往時の様子を窺うことができます。ここを過ぎた所の川岸の上が、現在の中岩内から下岩内に続く高台（図−1の二重点線）です。
　私はその場所を特定するため何度も現地に足を運び検討して、由仁町中岩内の高台（図−2）に注目しました。武四郎はユウニ上流（現在の由仁川上流、図-1の③）とヘルウベツ（現在のヘリベツ川上流、図-1の③）を渡渉し、カタムサラ（図-1の④、ヘルウベツ上流（図-1の⑤）を経て岩内附近の丘（タプコプ）（図−2）を見たと思われます。
　この丘は、北、西、南、東（夕張川方面）のどの方向からみても、小高い「河岸段丘」の

図−2　由仁町中岩内
遺跡が発掘された小高い台地

ように見えます。段丘側から見たら80㎝、夕張川側からみると3mぐらいの高さがあります。このような小さい高台でもタプコプとして成立するのではないかと仮定しました。
　したがって、『栗山町史』に書かれた円山神社の山は、『丁巳日誌』（二）の前述した記録からはるかに遠く離れていますから、武四郎が宿泊したタツコブではないことになります。

(2) 夕張の山並みの眺望図を描いた場所は

　武四郎は、夕張岳方向の眺望図（図－3）を描いています。日誌の7月7日、午後に通った、カタムサラの所で「四方眺望よろし。其向諸方の山々良く見ゆる」（『丁巳日誌』197頁）と書いています。この辺りで武四郎がこの絵をデッサンしたと思われ、岡本武雄さん

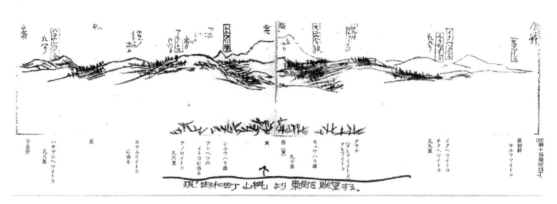

図－3　由仁町山桝より東方、夕張岳の山並みの眺望　『丁巳日誌』（14頁、56/57丁）

（由仁町在住）が特定した場所と同じです。日誌にでてくるモユウハリ、シユウハリの形がみえる場所として、この絵から武四郎が歩いたルートを特定できます。

(3) 武四郎の日誌等と「大なるノタ」の存在

　しかし、中岩内遺跡の位置にタフコフを比定すると、『丁巳日誌』（二）や「松浦巳手控」に記述されているピラ、イワナイ、ワレオマナイ、タイケシの位置が特定できません。

　岩内地区の南側の低地帯に大なるノタが存在していたと（『本誌』77頁、パネルディスカッション図－1の・・・点線のように）仮定したら、タフコフを宿泊地として行き来した武四郎の足跡を説明することができるかもしれないと、パネルディスカッションの時にお話ししました。河岸段丘のようにみえる岩内地区の夕張川左岸にある高台は、夕張川の流れが削ったのではなく、2～14万年前の氷河時代に地表が凍結と融解を繰り返してできた地形です。高台には岬のような突出したところが数か所あり、また、低いところにも夕張川が運んできた大小の礫が堆積しており、夕張川がその低地を蛇行して流れていたと思われる痕跡は確認することができます。

2　武四郎の日誌等との整合性

　松浦武四郎の記述した『丁巳日誌』第15巻由宇発利日誌（一）、『丁巳日誌』第16巻由宇発利日誌（二）、『松浦武四郎選集』四 巳手控二などに書かれている内容の矛盾とその整合

松浦丁巳日誌にでてくる「タツコブ」

性をはかるために、由仁町の「タプコプ」付近の足跡を下に整理してみます。

月　日	武四郎が歩いた地名	地図番号	説明他	記載されている日誌
7/7	カマカ　発		宿泊地	「丁巳日誌」第１５巻由宇発利日誌（一）５８～６０丁
	ホンナユケヲホツナイ	①		
	フルサン	②		
	ユウニ	③		
	カタムサラ	④	四方眺望よろし。其向諸方の山々良く見ゆる	
	ニタ		先此辺より右の方え行ばヲヒフイの方え行よしなるが、左りへ左りへと針位を取りて行に	
	ヘルウベツ	⑤	しばし過て、タツコブ	
	タツコブ	⑥	～3丁計過るや本川すじえ出り。此処にコトランケ家有　宿泊地	
7/8	タツコブ滞在		宿泊地　家主コトンリウの家　明日より滝行の事談ず。	
7/9	タツコブ発	⑥	丸木船にて川すじ掻上るに流れ如何にも屈曲、行事凡20丁計。此処陸を行30丁計上りて	「丁巳日誌」第１６巻由宇発利日誌（二）１２～１４丁
	ビラ	⑧	南岸赤崩也。是より舟上がりがたしと。ヤエタルコロの家有。是よりは陸行。凡7,8丁上り	
	イワナイ	⑨	又しばし過ぎて	
	ワレヲマナイ	⑩	川の北なり。少し行	
	タイケシ	⑪	大なるのた也。其岬に成り居、アフンテクル家え到る。	
	ヲヒブイ	⑫	草原少し行小山一ツ越、下るや平地にして、一ツの沼有。廻り凡20丁計。此処則昔しの村のよし也。今一軒もなし。	
	ヲイカウシタツコ			
	マツクチナイ		宿泊地	

― 83 ―

7/10	マツクチナイ発			「丁巳日誌」第16巻由宇発利日誌(二)15～26丁
	クヲヘツ　バンゲソウ		バンゲソウ～現在の千鳥ガ滝	
	ヲソウシ			
	ハンケホロカユウハリ			
	ヘタヌ　モユウハリ			
	シユウハリ			
	マツクチナイ着		宿泊地	
7/11	マツクチナイ発		是よりクヲヘツ10丁計も上り、彼ソウえ行一見し	「丁巳日誌」第16巻由宇発利日誌(二)27～29丁
	タイケシ	⑪	八ツ半（3時）頃にアフンテクル家え帰りたり。	
	ヒラ	⑧	ヤエタルコロの家え下り来り	
	タツコブ	⑥	宿泊地　コトンリウも出迎えたり。	
7/12	タツコブ発	⑥	アノロ、ユウ二の方え船にて見分に下りける。	
	タツコブ	⑥	宿泊地	
	ヘタヌ		ヘタヌからホロヒラまで聞き書き右の方支流当川第3の支流	「丁巳日誌」第15巻 由宇発利日誌(一)23～35丁
	ユウ二		当川すじ第2の支流。むかしは此川口に土人小屋有しと聞く。	
	アノロ	⑦	扨川口より小石瀬をしばし行て、2,3曲屈曲蜿転を過て、タツコフに到る。	
	タツコブ	⑥		
	アノロ大川左	⑦	※ワレヲマナイがソーヲマナイになっている。	松浦武四郎選集 四 巳手控二 123頁
	タツコフ	⑥		
	ワー（ソー）ヲマナイ右		※イワナイが左でなく右となっている	
	イワナイ右		※ヲヒブイとタイケシの順序が逆になっている。	
	ヲヒブイ			
	タイケシ			
7/13	タツコブ発	⑥	今日は出立の積りなる故コトンリウの妻テキレキンもサクアンと送り行べし宿泊地　八ツ半過に着し	「丁巳日誌」第16巻由宇発利日誌(二)30～33丁
	ヤムワッカヒラ			

3 夕張川の「のた」

大正5年調整由仁村目録図から推定される夕張川の「のた（ヌタップ）」

現地を調べながら、由仁町の地先に住まれている岡本武雄さんの「大正5年調整由仁村目録図」を参考にした研究発表を思い出し、「法務局でコピーしてくれること」を聞き、早速取り寄せて比較検討してみました。その図は右のとおりです。

この土地図の左岸側にある旧川の跡地の沼と大正5年陸地測量部5万分の1図（図-1）から武四郎の歩いた時代の夕張川の流れを推定してみました。

この左岸側に想定して書き込んだ湾曲部は日誌（二）7丁の「大なるのた也」であり、「其岬に成り居」とあり、以前から岡本さんが指摘していたとおり、タイケシ（図－1⑪）と推定することができます。

とすると、タツコブはどこになるのか。日誌の記述を総合的に判断してみると、旧田島沼[ii]の南側で中岩内遺跡のあった高台に続く下岩内の北側に位置する高台（図－1の二重点線）とのどこかにあったと考えます。

夕張郡由仁村目録図（縮尺五万分の一）大正五年調製

それぞれの地点の距離感に多少の矛盾があるものの、おおよそのタツコブ（図－1の⑥）（コトンリウの家）、イワナイ（川）（図－1の⑨）、ワレヲマナイ（川）、（図－の⑩）ビラ（図－1の⑧）（ヤエタルコロの家）、タイケシ（アフンテクルの家）、ヲヒブイ（川）の位置を比定して前図に記述してみました。イワナイ、ワレヲマナイとビラについては、大正5年陸地測量部5万分の1図にある川筋から推定しました。地図（図－1の⑥）ではイワナイとワレヲマナイの位置が上下流反対になっていますが、武四郎が歩いた当時の夕張川本流やイワナ

イ、ワレヲマナイの合流部が、今とは変わっていると考え、地図に表示したその辺りとし検討しました。

　ヲヒブイについては、岩内の石川博継さん宅と岩内遺跡の間にある窪地の低地に流れていた小川を推定しました。現在も水田や畑になっている高台には、氷河時代に夕張川が運んできた大小たくさんの礫が堆積しています。由仁町に住んでいた林清造さんは、オ・ピ・プイ（川尻・小石・穴）と訳しています。

　私にはまだ、「中岩内遺跡の高台がタㇷ゚コㇷ゚」という思いが強く、氷河時代に形成された河岸段丘のようにみえる高台のどこかにタㇷ゚コㇷ゚を決定づけるヒントがあると考え、さらに由仁町郷土史研究会の皆さんとともに研鑽していきたいと思います。

---

i 　松浦武四郎著、高倉新一郎校訂、秋葉実解読『丁巳東西蝦夷山川地理取調日誌』下　昭和57年11月25日、北海道出版企画センター

ii 　田島沼は近年まで、図－1の夕張川の蛇行部、下岩内の高台の北側に存在していた。

地名解試行錯誤　2

伊藤せいち（北見市・会員）

　このシリーズ１（『アイヌ語地名研究』19号）で、「知里小辞典にない地名・語彙がよく見られるので、当面それを中心に取りあげてみた。また見出し語にないが「補遺」の項にある場合、および本文見出し語にはあるが、「事例」がない場合も取り上げることにした」。
　今回も同様の主旨ですすめるが、知里氏の著作のなかには、地名解の著作もあり、知里小辞典には収め切れなかったものもあったのであろう、この部分も紹介をかねて、取りあげることにする。

a　ア　すわる(座る) 知里小辞典に「a[複 rok]座(ってい)る」とあるが、事例がみられない。
// Aoka (a oka)アオカ　踞跡　熊の座シタル跡ヲ云フ　「ア」ハ座ス、『オカ』ハ跡ナリ　根室国標津郡シベツ川筋(永田地名解417)。
// Ichan-a (ican a)イチャンア　鱒ノ多クアル処　胆振国千歳郡モペッ川筋(永田地名解246)。
// ni kur'a (nikur a)ニ　クラ　樹林「ニクリ、アン」ノ急言、「ニクラ」ハ墓所ノ儀ナリト云フハ此処ニ墓所アルニ因テ附会シタルナリ　北見国常呂郡サロマペッ川筋(永田地名解509)。
// Pe rua (peru a)ペ　ルア　泉　清泉岩中ヨリ涌出ス　釧路国川上郡釧路川筋(永田地名解380)。[永田の pe rua の分割はまちがいで、peru(泉)＋a(座す)の語構成で出来た語]。
// Shumo-a pet (sum o-a pet) シュモア　ペッ　西ヘ流ル川　十勝国河西郡サツナイ川筋(永田地名解347) [o は補充接頭辞? (IS)]。

ape　アペ [a-pe 座る・所] 休息所
// a pe (ape)　ア　ペ　座処(すわるところ)「ア」ハ座スル義…日高国沙流郡沙流川筋(永田地名解257)。
// a pe un nai (ape un nay)　ア　ペ　ウン　ナイ　休息処「アベハ座スルノ義ナリ「アペ」即チ火ノ儀ニアラズ　日高国静内郡シピチヤリ川筋(永田地名解284)。

acawre　アチャゥレ　ワタリガラス(鳥,カラス科)
// 'acawru'oki …'enrum《岬》の名。'acawre はカラスの王様(nispa)で、くちばしが細く曲っていて、高い声で kaərkər と短く鳴く。[樺太西海岸, 鵜城郡鵜城村、藤山ハル] (服部四郎、カラフト西海岸北部地名の共時的研究 1969, p28)。
　参照; 知里動物 p178 には、「ワタリガラス；オオガラス … (3) ačcawre(アチャゥレ)…《タラントマリ、マカオ、シラウラ》とある。

— 87 —

cimakina チマキナ ウド(ウコギ科の植物.食用,薬用)
   // cimakina us i ウド・群生する・もの(所)。(湧別川筋)13の沢川 4034-1870-2R,紋別郡遠軽町丸瀬布町上武利；チマキナウシ 十三の川(丸瀬布町史・上，1994)。
   // cimakina us pira ウド・群生する・がけ。網走川筋上流 R(右)(テレケウシナイ川口の下流側右岸)。網走郡字共和。；チマキナウシヒラ(川々取調図 c1856 ； 松浦山川図 1859)；チマキナウシヒラ(道庁 20；陸仮 5)；チマキナウシヒラ(美幌分村図 1919)；チマキナウシピラ (Chimakina-ush-pira)チマキナ(うど)、ウシ(多く生えている)、ピラ(崖)。ここに昔コタンがあったので、美幌では酒宴の際はそこへ祈りを捧げる(知里網走 p305)。

cisuye チスイェ アマニュウ(マルバエゾニュウ)(セリ科の植物,食用)
   // cisuye us i アマニュウ・生えている・所。北見市端野町忠志。；シユワユウシ(間宮蝦夷図)；チアエウシ...近年迄六軒有し由、今は二軒減じて当時四軒(廻浦日記 23)；チユウシ...本名はチシユエウシなるよし。是は款冬[フキ]の如き少し赤ミ有草多く有りし処なりと。其草チシュエと云よし。是の皮をむきて干置此村は喰料にするとかや。(戊午日誌 25)；chishe ushi (cise usi)チシュエウシ「チシュエ」草アル処 今少牛[チエウシ]村ト称ス ○チシュエ」ノ和名未詳「シャク」ニ似タル草ナリ 北見国常呂郡常呂川筋(永田地名解 512)；(新)忠志[チュウシ]／(旧) 少牛、少牛原野、下常呂原野、コタン...(端野村字地番改正調書 1938(S13)

cutcup チュッチュプ　トクサ(木賊) (トクサ科の植物)
   // cutcup us nay トクサ・生えている・川。シュブシュブナイ川 4037-720-R 北見市若松。；チフシウシナイ(改正北海道図 1887)；シュプシュプシナイ(道庁 20；仮 5)［「ツュブツュブシナイ」の如き発音と聞き取って、その聞き取り表記が「シュブシュブシナイ」となったものでろうか。］：chi ush nai (ci us nay)チ ウシュ ナイ トクサ川「シピシピウシナイ」即チ「トクサ」川ナリ ト云フ 北見国常呂郡常呂川筋(永田地名解 515)；ウヌンコイサルカオマナイ[網走川水系活汲川の枝川]...ここから常呂川の枝川チッチュプシナイへ越える路があった。(知里網走 p291)［この枝川はシュブシュブナイ川のほぼ本来の形を示している。］。記. ci us nay は、cutcup us nay の簡略的慣用語か。cutcup=ci(IS)］。

***ecicar** *エチチャラ イワツツジ(ツツジ科スノキ属、実)。 (*は推定形)
   // ecicar us i エチチャルシ イワツツジ(実)・群生する・所。C 国後島泊(西) (小田富とコンブモイの間)。：エチチャル(鷹見クナシリ嶋図)；イチヤチヤロイ[岩礁](鷹見久奈志利嶋図)；エチチヤリウシ エチチャリ 土人が食す草之実之事、ウシ生シ有ル所(今村蝦夷日記)；エッチヤル(松浦山川図)。参考．§96 イワツツジ echichara...「エちイチャラ」果実《白浦[樺太]》／注1.千徳太郎治「樺太アイヌ叢話」p.23,「樺太アイヌの重要果実」の章に「エチイチャラ」名を挙げ、通称アタマハゲとしている。(知里植物 p55)。；バチェラー辞書(BIV 1938)に、イワツツジは、Echiu-chari(p103), Echuchari(p104), Itchiyara(p210), Uchishchara(p520) とあり、chikaiba(p103), Utchitchara(p103)の二つは樺太における呼称であるとしている。

ita イタ [＜日本語 ita いた(板)] いた(板)

// cipita perekep (cip ita perkep)船板破裂シタル処「チピタ」ハ「チプイタ」ノ短縮語。後志国島牧郡（永田地名解148）。

// ita takasara ne i イタ タカサラ 子 イ 台盃[ダイサカヅキ]ノ如キ岩 北見国斜里郡（永田地名解541）。

// ita ruika (ita ruyka) イタ ルイカ 板橋 日高国沙流郡賀張川筋（永田地名解268）。

// ita rasukep (ita ras-ke-p) イタ ラスケプ 木材を割る処。日高国沙流郡厚別川筋（永田地名解270）。

// ita horaki (ita horak i) イタ ホラキ 弁才船破レシ処。日高国静内郡シピチャリ川筋（永田地名解286）。

itane イタネ [＜ita（日本語, 板)-ne] いた(板)のような

// 'tane pespo ...《板のような、小さい段丘》。たたみのような岩ばかりある。'ita《板》は日本語ではなく、昔からのアイヌ語だ。《!!》［樺太西海岸, 鵜城郡鵜城村、藤山ハル］（服部四郎、カラフト西海岸北部地名の共時論的研究1969, p31）。

itanki イタンキ ツメタガイ(貝,タマガイ科)の卵塊

　室蘭市の東側の浜、ポロイタンキ、ポンイタンキのイタンキは、わん(椀)のことだが、どうしてこのわんが、ここの地名になったのかは解らなかった。久末進一さんの「謎の「イタンキ」考」（論文初出はH5年）で解明できた。ツメタガイ（ツブ貝の一種）が産卵した際にできる卵塊の干せたのが多数みつかった。産卵時には粘液状だが、潮が引いて干上がった時には、砂のお椀（イタンキ）のようになって散乱している、これが地名としてのイタンキであった。

　久末さんの、論考のきっかけをつくってくれたのは、松浦武四郎の「知床日誌」の一節だという。知床半島ウナベツ川口の海岸でのことー：
「...砂の薄く塊まりて椀の如く、また板の如く、大湖石或は佛菩薩の像の如く成りし物を見たり。[是テシホ浜のエキコマナイ辺にても見当りしが、是を土人に審に]、夷言ヲタイタンキと云、訳して砂椀也。是海底の埴土打上しが砂の上にて凍りし物也と、然るや。泥は乾て縮み、砂の所は縮ざる故に椀の如く成りし物也、と言しが、尤と思はる。色多く青黒し．．．」(文中[ ]内は、久末さんは略されておられるが、補充させて頂きました(IS))。

　そして、「それは通称「スナヂャワン」と呼ばれる巻き貝の一種「ツメタガイ」の卵塊である。産卵時期の初夏、五、六月頃に生んだ卵を砂と混ぜ、体液で帯状に固めながら一回転半して、直径が十センチ程度の底と縁の欠けたお椀のような形の砂塊を残すのである。」と。

　なお「咦言ヲタイタンキと云、訳して砂椀也」は、ツメタガイの卵塊を、単にイタンキと呼ぶ(室蘭方言)ほかに、オタ・イタンキ ota-itanki（砂・椀）、とも呼ぶことがある。これは(斜里方言)としておく。(IS)

// itangi (itanki) イタンギ 椀 小島ナリ 昔シ饉歳ニ逢ヒシトキ下場所ノ土人江鞆ニ来リ食

ヲ求メントシテ此処ニ来リ 海中ノ鯨岩ヲ見テ真個ノ寄鯨ナリト思ヒ鯨ノ流レ寄ルヲ待ツコト数日薪尽キ遂ニ椀ヲ焼クニ至ルモ鯨岩ノ寄リ来ルベクモアラズ 竟ニ此島ニ餓死セリ 因テ名クト云フ 胆振国室蘭郡(永田地名解215)。

iyokpe イヨㇰペ かま(鎌)。
// iyokpe oma nay かま(鎌)・入る・沢。美瑛川支流ペペツ川筋。;ヨツヘヲマナイ(丁巳日誌6);イヨクペオマナイ(道庁 20);iyokpe-oma-nai 鎌・入る・沢... スゲやガマなどを刈りにこの沢に入ったのであろう(知里上川 327)。

kemahure ケマフレ ケイマフリ(鳥。ウミスズメ科)
  海鳥。ケイマフリ...飛んでいるとき、朱赤色のあしが目立つので、千島や北海道ではアカアシという方言で呼んでいる。」(標準原色図鑑全集5鳥p106)。
  「ケイマフリ...kemá-hure...[kemá(足)+hure(赤い)]《ビホロ》」(知里動物p211)。
  // kemahurewaki (<kemahure ewaki) ケイマフリ(鳥)・住んでいる所。;ケマフウレワケ ケマとは足の事也。フウレとは赤き事也。故に名とす。足赤き鳥の居るといふ義也。鳥の和名分りかね申し侯。[苫前郡羽幌町, 焼尻島] (西蝦夷地名考)。

kitce キッチェ 「キチキチと鳴る」
// okechi ushi オケッチ ウシ 鳴ル処 高サ一丈計リノ岩アリテ頭太ク幹根 細ク殆ント松茸ノ如シ 風之レヲ吹ケバ鳴ル故ニ名ク 二十年前崩壊シテ今ハ無シ 北見国斜里郡(永田地名解 540)[ローマ字とカナ表記に違いがある。カナに順ずれば oketchi となる。]。;オキッチウシ (o-kitche-us-i) オ(そこで)、キッチェ(キチキチ鳴る)、ウシ(いつも…する)、イ(所)。「そこでいつもキチキチ鳴る所」の義。ここに頭が太く体から根もとにへかけて細くて恰も松茸のような恰好の岩が立っていて、風が吹くたびにキチキチと鳴っていたという(知里斜里p267)。

kitci キッチ 舟形の容器 ; ふね [<日本語] (知里小辞典・補遺)
日本語「きつ…昔の東北方言で水を入れるおけ。用水桶。...方言 ①木製の水槽 岩手県盛岡 秋田県 新潟県 ②水槽(きっち) 岩手県釜石 秋田 ③米などを入れる櫃(ひつ) 岩手県 ④牛馬の飼料を入れる桶(おけ) 青森県南津軽郡 (きっち) 北海道 青森県上北郡 ⑤魚市場などで魚を入れる長方形の板製の浅い箱 青森県津軽 ⑥木で長持ちのように小さく作った衣料を入れる箱 茨城県 ⑦米などを貯蔵する板倉(きっち) 宮城県、(きっつ)宮城県 秋田県雄勝郡 福島県」(日本国語大辞典 1974 参照)
  // pon kitchi ポン キッチ 舟ヲ作ル小川「キッチ」ハ舟ヲ作ル義 ; onne kitchi オンネ キッチ 舟を作る大川 根室国根室郡ア子ベツ東支 (永田地名解409)。

kopak コパㇰ 【位置名】の方(方面,方向)。(田村沙流方言辞典参照)
// si-pet kopak nikura 本流(佐呂間別川)・の方・のニクラ(仁倉川)。常呂郡佐呂間町字仁倉。

佐呂間別川から分かれた仁倉川の上流の枝川が本流にさかのぼって近づいている状態を表わしている。もう少し上流にはルペシペ(峠越えの筋)があり、本流右岸につながる。；シペッコパックニクラ(道庁 20；陸仮 5)。

kupitay クピタイ トドマツ林
// kupitay クピタイ[<hup-tay トドマツ・林] 美幌川中流 R(右岸)。網走郡美幌町都橋／福住。；クビタイ(髙橋蝦夷全図 c1822)；クピタイ(道庁 20；陸仮 5)；クピタイ(美幌分村図 1919；津別美幌村境界変更図 1921)；クピタイ(Kupitai) フプ(トド松)、タイ(林)(知里網走 p301)。

kusari クサリ よろい(鎧)
// kusarici クサリチ <kusari ot i よろい・たくさんある・所。よろいに見立てた柱状節理のある岩場(材木岩)。「クシヤリウシ」「クサリチポン」などともいわれる記録がある。C 千島国後島泊村(西)。；クサリチ(伊能中図；藤田良図)；クシヤリウシ 材木石産干此処(鷹見クナシリ嶋図)；クサリチポン(鷹見久奈志利嶋図)；グサリチ(髙橋蝦夷全図)；クチヤロツ 不詳：クサロツ岬 此所俗ニ材木岩ト云(今村蝦夷日記)；クサリチヘツ、クサリチ(松浦山川図)；クチヤルチ(改正北海道全図 1887)。

makayo マカヨ フキノトウ(植物)
// makayo un nai (makayo un nay) マカヨ ウン ナイ 蕗薹[フキノトウ]アル沢 日高国静内郡シピチヤリ川筋(永田地名解 288)。
// makayo (makayo) 蕗薹[フキノトウ] 釧路国白糠郡チヤロ川筋(永田地名解 356)。
// makayo ush pira (makayo us pira) マカヨ ウシュ ピラ 蕗薹[フキノトウ]ノ崖 崖上崖下蕗薹ナラザルナシ 釧路国上川郡西別川筋(永田地名解 386)。
// makayo ushi (makayo usi) マカヨ ウシ 蕗薹[フキノトウ]多キ処 根室国目梨郡(永田地名解 424)。

mecakko メチャッコ どくろ、されこうべ [「補遺」にあるが事例がないので]
// mechakkoma nai (mecakkoma nay) メチャクコマ ナイ 髑髏[ドクロ]アル川 天塩国留萌郡ポンオニシカ川(筋)(永田地名解 442)。
// mechakkoma nai (mecakkoma nay) 髑髏[ドクロ]アル川 北見国宗谷郡エレクﾄﾟッペ川筋(永田地名解 476)。
// メチヤコマナイ(伊能中図 1818)。；メチヤコナイ(間宮蝦夷図 c1817)。；メチヤツコヲマナイ(松浦山川図)。；mechatko oma nai (mecakko oma nay) メチャッコ オマ ナイ 髑髏アル沢「ドクロ」三個アリシガ今ハナシ 北見国常呂郡海岸(常呂川ヨリ東)(永田地名解 519)。

menpiro メンピロ [<日本語] ノビル(ユリ科ネギ属,食用)
参考. ノビル…(1) mempiru …[<日本語] 鱗茎…、(2) mempiro…(様似、屈斜路、美幌、

斜里、名寄)、 (3) mempuri ... (幌別)、 (4)『ウェンプリ』(蝦夷拾遺)、(5) nenpiro ... (長万部) 一蝦夷拾遺に「ニンビル」もある (知里植物 p193)。 ／の・びる(野蒜)...怒毘流(ノピル)(古事記)、発音(なまり) ネンビロ、ネンブル、ノビロ[信州風物]、ネンブリ[富山市]、ノシロ、ノノシロ[青森・津軽語彙]、ノビイ[大隈]、ノビリ[岐阜・飛騨] (日本国語大辞典 1975 より抄出、IS)

// メンピロタウシ(mempiro-ta-us-i)「いつもそこでノビルの根を掘る所」[斜里郡斜里町, 知床のオンネモイ(文吉湾)周辺] (知里斜里 p268)。

Mokoripe　モコリペ　ボラ(魚)

// mokoripe us nay ボラ(魚)・いる・川、=ru tomotuye nay 道・を横ぎって行く・川。ルートモトイエナイ川 4039-50-L 網走市能取(能取湖左岸, 北西)。；モコリペウシナイ (Mokoripe-ush-nai) モコリペ「ぼら」、ウシ「多く居る」、ナイ「川」。川口にぼらが沢山居た。モコリペは「眠り魚」の義で、この魚は夏になると水面に浮んで昼寝をするのでいくらでも手づかみすることができたという。

ルートモッ°イエナイとも云う。ルー・トモッ°イェ・ナイ ru-tomotuye-nai「路を・よこぎって行く・川」(知里網走 276)

// pon mokoripe ot/oma nay 小さい・「ボラ(魚)・沢山いる／いる・川」。ポンモエ[ママ]リペオマナイ川[エはコの誤記か] 4039-150-L、網走市能取(能取湖左岸, 西)。；ホンモコリペヲツナイ／此処小川なれども川口ふかし。其名義は鯔[ボラ]が此処に玉子をなすによつて号[名づく]るよし。モコリベは鯔の夷語進。惣て蝦夷地鯔の住る沼五ケ所有といへども、当時はトウフチ計なるよし也。(戊午日誌 23, p132)；ボンモユ[ママ]リペオマナイ[ユはコの誤記] (道庁 20-1895；陸仮 5-1897)。

nikewruru　ニケウルル　高い土手道 (地名小辞典にのっているが、地名事例が見られない)。

参考:「ni-kewruru...①(ビホロ)湿地の中に小高い山になって細くのびていて笹など生えている畝。②(ナヨロ)高台。[<ri-kewruru(高い・土手道)](地名小辞典 p65)。

// nikeur uru ohon geshi (ni-kewruru ohonkes) ニケウルル オホン ゲシ 楢林ノ下「コムニタイゲシ」ト同意。石狩国上川郡ピイェ川筋 (永田地名解 73)。

// pon nikewruru 小さい・高い土手道。湧別川中流左岸 紋別市遠軽町大通北?。；セタン子シトルコツ…また少し上り／ホンニケウルヽ／右のかた前の山の並びにして中に小沢一ツを隔てゝ有。其山少し木有るより此名有るとかや」(戊午日誌 27, p261)。

sinkep　シンケプ　ハギ(萩)[エゾエゾヤマハギ、マメ科ハギ属]

// sinkep iwor シンケピウォロ ハギ・の群落。シンケビホロ川 4046-780-R、網走郡美幌町活汲。；シンケヒホロ(松浦山川図)；シンケビボロ…シンケは萩の事也。ビボロとは小石多くある義。ビは石の事、ボロは多きと云義。此川の両岸は萩多きより号とかや。(戊午日誌 2)；shingepioro シンゲピオロ 萩中[ハギナカ]「シンゲプ イオロ」の急言、此処一面ノ大萩茂生

セル中ニ川アリ故ニ名ク 北見国網走郡アバシリ川筋（永田地名解 529）。；シンゲピオロ（道庁 20-1895；陸仮 5-1897）；sinkepiporo（シンケピポロ）シンケプ（萩）、イオロ（の群落）。この辺一帯萩原であった。（知里網走 p305）。

tukusis トゥクシシ（魚）アメマス
「ト゜クシシ・モイ（tukusis-moy）「アメマス・湾」の儀。（知里斜里 p265）［知床半島斜里側、プクシャウシタプコプ、エエイシレトゥ間］

tunay トウナイ クジラ（ナガスクジラ?）
この地名、知里小辞典にはないが、知里網走 1958 にある。
// ツ゜ナイェウシ（Tunayeushi）ツ゜ナイ（鯨）、エ（そこに）、ウシ（引つかかつた）、イ（所）。小沼沢とコタンコアンオンネナイとの間にある山で、昔大津波があった際鯨がここに引つかかったという伝説がある。（知里網走 p305）。—この地名、網走川上流の、美幌町古梅と津別町東美都の境にある山の名、戸内牛山 449.6m である。知里動物 p176 には、「§296 くじら」の項の「補注」に、つぎのように記されている。―『もしほぐさ』には次のような説が見える：…b）'ツ゜ナイ'。[tunáy は…'腹にうねり'と注してあるのを見ると、ナガスクジラ属らしく思われる。ビホロでクジラの古語に tunay という語があり地名などにも出てくる。]。『もしほぐさ』（もしほ草，藻汐草とも書かれる）は、1792（寛政 4）年、上原熊次郎によって編まれた古い日本語・アイヌ語語彙集である。日本語にない tu 音を、ツ゜で表わしている—「ツ゜ナイ」。どんどんフンペの語が広がるなかで、周辺部の山中に古語「トゥナイ」が残っていたものか。貴重な一語である。しかも，海辺にあらず、山中にあるクジラの伝説も伴っている。アイヌ語における災害地名、警告地名を調べようという声がかかっているが、その資料としても貴重。

tunnay トゥンナイ 弓を射る
// tunnai ush not（tunnay us not）ト゜ンナイ ウシュ ノッ 神ガ弓ヲ引キタル岬 紋別「アルトルコタンアイヌ、アクロー」ト云フ「ト゜ンナイ」ハ弓ヲ引クノ義 北見国紋別郡［枝幸郡／紋別郡境］（永田地名解 p489）；トンナエウシ（蝦夷闇境輿地図 1854）。

us ウシ ウグイ（魚）
// Ush nai（us nay）鯎［ウグヒ］川 土語「ウグヒ」ヲ「ウシュ」ト云フ 根室国野付 郡西別川筋（永田地名解 413）。記． 他の地域ではウグイを ウシ us という事例をみない（?）。一応地名に出てくる語ウシとしてとりあげておく。

縄文時代の言葉探しの旅

寄稿　杉　山　武　（青森県八戸市）

はじめに

　人間が言葉を使うことになったのは、かなり古い時代にさかのぼるということを意識するようになったのは、つい最近のことである。人類の歴史が200万年程であると言われていたのは昭和40年代後半のことであったと記憶している。今やその倍の400万年とも言われている。だが、いかに数字が古くなろうともびっくりするような感覚は持ち合わせていない。その人類が人間のあかしである「言葉を獲得したのはいつのことだろうか。」という自身の問いにちょっとでもいいから挑戦してみようとする気になったのは、自分の人生が終末期を迎えていることを意識し出したからである。

　考古学を学んできた自分が、研究する中で「言葉の存在の有無」を感じていても、遺跡の調査等から簡単に導き出せるものではない。しかし、私たちは人類の歩みについての研究をしているのだから、かすかな手応えからでも推し量っていく使命を帯びているはずである。文書には残せなくても、大昔の人々の生活復原を目指している同じ研究者内で言葉について話し合っていくべきであったと思っている。今回はそういったつぶやきを皆さんにぶつける機会をいただいたと思って感謝をしている次第である。

　遺跡からは発掘するたびに新しい発見があり、様々な遺物を通しながら遺跡を形成した人々の生活に触れる機会を得る。記録としての文字、書物の存在がない時代については、人々の生活が言葉のない時代であったような錯覚を持っているのか、人々に伝えるための想像力が乏しかったのか、当初は人物の服装は腰ミノしか付けていない姿でしか描けなかった。調査する者の意識が不足すると、縄文時代の人々は知識をあまり有していない原始時代人としてのイメージしか描けないことになる。そうならないためにも、縄文時代人が残した遺産から、共通する言語を持っていた集団であったことを想定しながら、各自のイメージをみんなのものに膨らませ、共通理解を持っていくことが大切なのではないかと思う。

1　アイヌ語地名研究で縄文語探しを始める

　退職を機会に縄文時代人の生活を探るために、最も関連すると思われるアイヌ語を通し

た地名研究を進めている。なぜなら、私たちの住んでいる青森県には、漢字で表記されている地名の中に、今の日本語がこの地に広まる以前からの言語が存在していた。いわゆるアイヌ語でその意味を理解することができる地名が数多く存在する。

　八戸にあるアイヌ語地名を簡単に紹介すると、
○　尻内(シリウチ)(地元にはシリナイの地名が残されている。シリ・ナイー山に向かう川)
○　蕪島(カピュー・シュマ。一海猫の岩場)鮫一蕪島の向かいにあたる生活の場。鮫は蕪島のそば　であるサムのこと。
○　種差(タンネ・エサシ―長い・岬)階上(ハシ・カムイ―灌木に覆われた山)
○　そのほか―新井田・売市・石堂・悪虫・日計・馬淵川　等

2　地名として残した言葉は今の日本語が成立する以前からのもの

　日本の各地に風土記の作成を出した大和朝廷の命令は和銅6年(713)頃のことである。地名に残るということはこの地方に住んでいた人間自身がアイヌ語を自分たちの言語として用いていたということである。縄文時代までさかのぼり、地域が全国的に広がるとすれば、アイヌ語とするよりむしろ縄文語として捉えた方がよいと思っている。将来的にそういったことも頭の中に置きながら取り組んでいきたいと思っている。アイヌ語地名というと、アイヌ民族特有の言葉というふうに捉え、「自分たちとは関係ない北海道に住む人たちの言葉」と考えてしまいがちになるが、その言語は、今は東北・北海道に深く残っているが、元々は縄文時代の日本列島を支えた言語の一部であったと考えている。

　鹿児島県以南の島々にも存在していると思っている。最南端の石垣島の川平(カビラ)地名や、屋久島、種ケ島などの島の名前はアイヌ語で理解できるものである。また、長野県諏訪郡富士見町の井戸尻遺跡は、有名な縄文時代の遺跡であり、井戸尻の地名がアイヌ語地名(イトシリ)であるという指摘は以前から知られているが、この井戸尻遺跡群の中心的遺跡に藤内遺跡がある。ここは、沼の周りに生活した人々の遺跡であるようなので学芸員の方に遺跡の名前を聞いてみたら「トウナイ遺跡です。」という解答だった。フジナイ遺跡かなと思っていた私が、「やはりアイヌ語地名でしたか。」と口に出したが、その方は意味が分からずきょとんとしていた。このとき、考古学を学ぶ人たちの教養に、アイヌ語地名の勉強も必要であると感じた。特に北海道・東北地方の発掘では、若生(ワッカ・オ・イ＝水・ある・処)遺跡等のように、遺跡やその周辺の地名でその土地の様子が理解できる場合もある。

3　世界中に散らばった人類が携えていた共通な言葉には

　人類の初源はアフリカ大陸に発すると言われている。いつの時代から地球の各地に移動し始めたのか私には知る由もない。しかし、各民族が持ち合わせている言葉の中で、基本

的ないくつかの部分の単語が共通していることに着目したい。それは、アフリカを離れる頃には簡単な言葉をつかんでいたと考えられるからである。人間は喜怒哀楽を表現できる生き物であり、それを表すことにより言葉が生まれたのではないだろうか。

　現在、あまり繋がりのない国々でも同じような音で同じような意味を表すということは、交流があっても、戦争で虐げられ支配者に命令されてしまってもなかなか自分たちが培ってきた文化を捨てることはできないはずである。つまり、アフリカを飛び出して移動する時には既に少しではあってもその集団内の共通する言葉というものを既に持ち合わせていたように感じる。次の（死ぬ・水・母・父）の４つを取り上げてみる。

　「ライ」の漢字の中の一つには、日本語で怖い病気につながるような言葉として、アイヌ語では死ぬや死を表すが、漢和辞典でのライ（癩・癘）は急性伝染病の総称でえやみのことである。言泉（小学館）には癩菌による慢性感染症のことでハンセン病とある。

　英語圏ではレイー横たえる、ライー横たわる、寝るという意味である。関連してライフは生命・人生である。ライの中国語・日本語・アイヌ語は漢字に係わって東洋の間で言葉の共用はあったかも知れないが、東洋と西洋で近似するということは直接文化が交わったとは言えない気がする。西洋のＬ・Ｒの所にある単語は基本となる重要な単語が多いことからも言えると思う。英語などの言語でラ行を構成する頭がＬとＲのところにある単語には、基本となるような重要な単語（レイ・ライ・ライフ・ルール等）が多いような気がする。

　「水」はアイヌ語の中で、ワッカ、ウォルというが、ゲルマン祖語であるドイツ語ではヴァッサ、英語ではウォーター、ラテン語を祖語にもつイタリア語ではアックア、スペイン語ではアグアという。中国語ではショイ、韓国語ではムル、タイ語ではナームというそうである。今はアクア・ウォーター（ウォル）の言葉は、ペットボトルの飲料水を通してどちらも世界共通のような言葉になっているが、古い時代から親しまれてきている言葉であった。ちなみにロシア語ではヴァダー、アラビア語ではマー（淡水—マーアザブン、塩水—マーマーリフン）というそうである。

　日本語の水は、古語辞典では「ミ」「ミヅ」「スイ」が出てくるが、古い時代の言葉ではどう使っていたのか分らない。青森県の方言辞典によると、冷水のことを「アッコ」「アコ」「ガコ」などの言葉がある。古い言葉は方言として生き残っている可能性がある。ワクカやワッカは、東北地方ではアッカの方が一般的な気がする。それはアクンにつながり、ウォルはウォーターに似る。

　「母」は、ハハ、オカアサンと言ってきた私たちにとって、英語の勉強でファザー・マザーが父・母を表す英語だと言うことを知ったが、それ以前に終戦後にパパ・ママという言葉が飲屋街や上流階級の間ではやり、簡単に日本語の中に入ってきたようだ。

「父」は、お父ちゃんの意味で使われていたダダはアメリカでもダッドである。また韓国・中国ドラマの会話を音声(母国語)を通して見てみると、漢字を日本と同じような音で話している韓国ドラマから、日本の漢字文化は朝鮮半島を通して日本に伝わったのだと言うことがよく分かる。その中で、母・母親は中国語でムーチンというが、身内に対してのお母さんをマーマというようだ。父はフーチンである。韓国語では、母はオモニ、オンマー、父はアボジという。オは私たちも付けて言う「御」のことだろうか、モは母のことなのではと感じる。英語ではマザー、ママ、父はファーザー・ダッド、イタリア語では母はマードウレ、父はパードウレ、アイヌ語では母はハポ、父はイヤポ・ミチ・アチャという。アチャは私たちのまわりでも使っていた人たちがあった気がする。ロシア語でも、母はマーチ、父はアチェーツというそうだが、父ちゃん・母ちゃんとい言うときは「マーマ」「パーパ」というそうである。母はマ行が多く、ママのように連続して呼ぶ場合は、家族内の親しい仲での交わす愛称であり、ダッドも同じ音の連続のようだ。父もパ音やF音が多いがPとFは近接した音である。日本語でも地方によってダダともいう。幼児言葉の名残なのかも知れない。

今まで4つの単語について、近代以降の交流のもたらしたものではなく、各民族で固有にもってきたものであろうことが推測できる。

お断りしておくが、私は語学が苦手であり、簡単な辞書を基に拾って都合のよいものを紹介しただけであるが、自分の「言葉の始まり」についてのことを考えるきっかけにできるかも知れないと感じている。各民族が大昔から携えてきた言葉であるとするならば、言葉の起源もさかのぼれる可能性があると考えてみた。

4　他の世界遺産と違う特色は？

世界遺産登録を目指す東北・北海道の遺跡群にあるもの。それは「津軽海峡をまたいだ文化の交流とそれを支えた言語の存在である。」と考える。登録を目指しながら数年間経つ。遺跡調査の成果としては素晴らしい内容のものではある。しかし、東北地方と北海道を結びつける「海峡」という障害とも考えられる海がどのような役割を果たしていたかという点については、語られてこなかったのではないだろうか。もっと簡単に言えば、津軽

図1　海峡にこぎ出すためには

海峡を挟んで形成された大きな遺跡群を単に考古学の成果だけをならべていってもそれは点の集合でしかない。これらの素晴らしい遺跡が一つ一つの輝きではなく、互いの遺跡同士が結びつき合ってさらに大きな輝きを発するものにできるようにすることが可能であると考える。2つの地域には「大きな海峡—津軽海峡」が横たわっている。この海峡を往来し、交流し続ける二つの地域は、どんな目的を持ちどのような方法や手段を持ち、何を伝えようとしたのだろうか。単に、黒曜石・ヒスイ・アスファルト・漆・などの物の流通や土器の文様の共通性が分かるだけの関係であろうか。今は単に物の交流だけの「海峡」ととらえられても仕方がない。

　津軽海峡という海が二つの地域を結びつけるためにどのような役割を果たしたのか、もっと探ってみてその価値を高め合うことが重要である。

5　日本に渡来した人々を通して

　つい先日、3万年前の日本列島への航海実験の成果についてテレビの映像で流れ、「当時の人はもっと高度な航海技術を身につけていた。‥」と、再挑戦への意欲が語られていた。

　この航海にしてもいえることであるが、成功の影には大海にこぎ出すことに耐えうる舟の建造技術があり、幾度も海を航海するためには航海技術に裏付けされた体験の積み重ねがある。

　また、それを仲間に伝達させながら信頼を高め合うための言語があったということにほかならないと考える。

6　「交流している」と報じた青森県

　「言葉の存在」は口に出さなくても青森県教育委員会刊行の「ふるさと青森の歴史」（総括編）の中で、縄文時代早期以降からは北海道南部と東北地方北部の土器形式の内容・比較を通して互いに「交流」していたとある。

　「交流」という言葉を辞書で引くと大辞林では「異なる地域・組織・系統に属する人や文物が互いに行き来すること。」とある。心と心のつながりを通して交流をするということだが、互いの土器文化を比較しあっても、数千年に及ぶ時間的な経過を通しながら大部分で共通している。そのことから考えても「津軽海峡」という海（水の流れがあっても）が妨げになることなく互いに交流し、続けていたということになる。

　しかし、考古学を研究している人たちの間では、発掘で出土する遺物が、その製作について言葉が存在しなくては成り立たない場合でも、言葉の存在は実証できないからか触れられたがらないのが現状である。「縄文時代に言葉があった」ということを想像も論議もせずにきたツケが「遺物として出てこないものについては語れない。」というような風潮を当

たり前のようにしている気がする。

7 海を渡る技術と体験を高めるには、言葉が不可欠。

このことは、大きな海を渡ることに耐えうる舟を作り出し、その技術を伝え・広げるだけでなく、航海の体験に裏づけされた航海術を身につけていたことを意味する。もし、失敗していれば、その体験を周囲に伝えることなど出来得ないはずである。そして、この培ってきた技術や体験を「親・子、兄弟、一族」に伝えていかないとならない。海の向こうにいる交流する人々とも互いに理解できる言葉が必要である。海は自分たちの生活に必要なものを得るための場であり、危険を伴う場でもある。

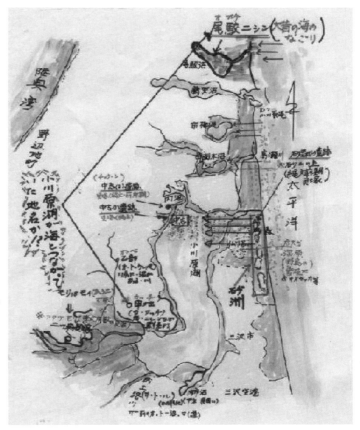

図2　小田原湖周辺の地名と海進当時の様子

私は、たとえ、今のような高度な言語ではなくても、縄文時代早期の頃からこの日本列島には言葉が存在していたものと考えている。先日、3万年前を想定した沖縄の航海体験にしても、当時の人たちが航海する場合、必ず仲間や家族に「これから何を行うのか」ということの意思を伝えていたと思う。仲間同士が運命共同体として命を預け合おうとする信頼感がなければ航海はできなかったと思う。

北海道のアイヌ民族の祖先は縄文人であり、東北地方と北海道の縄文人は共通し合える言語を携えていたことを意識して考えてみたい。東北地方北部には、弥生時代以降北上してくる漢字を伴った言語（日本語）が国家の誕生を目指し北上してくる以前から、アイヌ語という言語で生活していたことが地名を通して確認できる。伝えたいことを記録することがない世界にとって、高度に発展してきた各地の縄文人が互いに交流し合うことはごく当たり前のことである。

しかし、海を渡るということには長年培ってきた体験が物をいうが、海洋での漁撈を生

業にしていた者にとっては難しいことではない。実際には、特色ある遺物の交流を通して交流していたことを私たちは知っている。東北地方と北海道をつなぐ津軽海峡は、東西約130km、南北20～50kmあり、北海道の亀田半島の汐首岬から青森県下北半島の大間崎までが最短距離で約18kmである。竜飛崎から対岸を臨むと北海道の渡島市庁の白神岬を始めとする山並みがすぐそこにある。「こんなに近いのだ。やはり行ってみたいと思うだろうな。」と感じるのは私だけではない。つい最近まで、北海道と津軽半島や下北半島の沿岸部に住む人たちは、昔から互いの結婚の相手探しを対岸に求めていたものだという。

8　小川原湖周辺から縄文海進の足跡を追う

　私はアイヌ語地名の中で、5千年以上古い時代にさかのぼると思われる縄文海進の足跡を追って見ることにした。そして、その地名が縄文海進を示す言葉につながり、そのような地名が他でも認めることができるとすれば、アイヌ語地名の古さの認識にもつながるのではないかと考えてみた。六カ所村や三沢市周辺には小川原湖という日本で面積11位（約63平方km）の汽水湖（塩水と淡水が混じり合っている）がある。その六ヶ所村・三沢市・東北町・七戸町を舞台にした大昔の小川原湖周辺に残った地名について考えて見たい。

　私は教師となった昭和50年代の夏休み中に、下北郡東通村教育委員会から発掘依頼を受け、下北半島で発掘を行った。その発掘現場に向かう途中の三沢市の小川原湖東側の道路を通行中に、土取りされている近くの砂山から縄文時代前期の遺跡を発見した。観察している中で、5m以上にもなる砂丘の上に焼土が確認され、採集された土器は円筒下層式土器の時期である。砂森(1)遺跡という名前で貝塚でもあったようだが現在は消失しているそうである。発見当時、こんな高い砂山の上でどんな生活を送っていたのだろうか。砂丘となっているこの場所は、周りは海のはずであり、舟できたとすれば目的は漁撈であろう。・・・そんなことを気にしたことを記憶している。

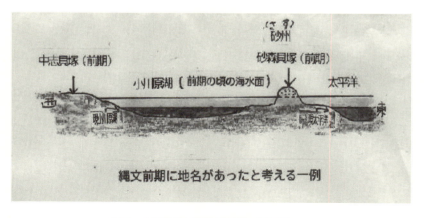

図3　小川原湖と砂森(1)遺跡の断面図

9　砂丘上の遺跡と縄文海進の様子

　小川原湖の北側には、東に砂州上に砂森(1)遺跡があり、その西隣にあたる小川原湖東岸の湿原はオオセッカ等の貴重な鳥類の繁殖地である。相対する小川原湖西岸には同じく縄文時代の前期の中志(1)遺跡がある。図1の中志（チュウシ）は、小川原湖の最北端の西岸にある地名であり、六ヶ所村大字倉内字中志にある。ここも縄文時代前期の貝塚が形成されていた。（写真2　中志遺跡のある丘陵風景）

　話は変わるが、岩手県のアイヌ語地名研究家の菅原進氏による「中志」地名の意味について、この場所より北側にあたり奥の方に入り込んでいる所を内沼と呼ぶ。そこに蝦夷館（チャシ）があることから、チュウシ→チャシになったのでは、と説明している。しかし、私はこの二つの遺跡と縄文海進の頃の環境が地名と結びつくことを感じた。小川原湖の北西の岸周辺が中志である。私は、チュ・ウス・イ（ｃｈｉｗ─水流・潮流・波）・ウス（多くある）イ（所）という音に沿った解釈をしてみた。砂森(1)遺跡と中志(1)遺跡は縄文時代前期の縄文海進の頃に形成された遺跡であり、貝塚もあったと記録にある。三沢市側の砂森(1)遺跡は、砂州の上に形成されており、砂州自体は部分的に途切れ、途切れになっている。縄文時代前期の海進は今の海水面から5m前後であり、当時の10mあたりまでは海進の影響下にあったともいわれる。従って、その頃の小川原湖は、砂州はあっても海水が直接入り込んでいた所であったことが想定される。そのように考えると、今は穏やかな湖岸である中志の縄文時代前期は、外海の波が直接入り込み、打ち寄せる所だったのではないかと考えられる。砂森には、外海での漁などのためのキャンプサイトに適した夏期の集落がつくられていたことが考えられる。（写真1、現在残っている砂山）

10　小川原湖と周辺の地名から沼・海に関連する地名が

　小川原湖の南西には、東北町の甲地（カ・アッチ・イ＝岸・ニシン等が群来する・所）がある。ニシンと書いたのは、北海道の地名-勝納が掲載されている永田地名解を参照したのだが、小川原湖の北10kmに当たる六ヶ所村役場のある尾駮沼の特産品として淡水産の沼ニシンがある。尾駮沼もまた、太古の海であった証拠としての尾駮ニシンがあり、甲地に群来するものがニシンでもおかしくはない。ここは、白鳥や、シギ・チドリ・カモ・ガン・オジロワシなどの繁殖地や渡来地でもある。

　甲地の北側には、乙部という集落がある。この乙部はオ・ト・ウン・ペ（川尻に・沼が・ある・もの（川））であり、沼はもちろん小川原湖である。

　甲地のすぐ西側には、七戸町の二ツ森（フタツモリ）貝塚がある。東北有数の貝塚であり、世界遺産登録を目指す遺跡の一つである。貝塚のある台地には貝塚という集落がある。遺跡は縄文時代前期から中期末まで営まれ、鯨骨製青竜刀型骨器等も出土している。この

丘陵の近くまで海が来ていたようである。小川原湖の南端には、姉沼という名の通り（アネ沼―細い沼）がある。その西側には、小川原湖に流れ着く砂土路サトロ川がある。砂土路川（サ・ト・ロ　川―前浜・沼・ロはルの変化で道のことでは）この川道の前方に沼―小川原湖がある。

　縄文時代前期から中期にかけて、海進で海が内陸部に入り込んでいた頃の小川原湖は、海の恩恵をたくさん受けることができた地域である。そして、この周辺にはまだまだアイヌ語地名と思われるものがあるが、今回は、おもに小川原湖の西側岸付近について取り上げてみた。

11　縄文海進の時代ある地名かも（オコッペ、オコッツナイ）

　アイヌ語地名の多くを占めるのは、地形語としての役割である。例えば、オコッペ・オコッツナイのように、（川尻が・互いに・くっつく・川）という意味になるが現在は、その一方の川が見えない場合がある。現地にいって確認しなければならないが、もしかして海水面を5m位上げてみたときに、昔のいっしょになっていた川が発見できるかも知れない。東北・北海道に残っている数多くの意味の分からない地名について解決の糸口をさがしていきたいものである。

写真1　砂森遺跡の砂丘の高さ　　　　　写真2　東岸から中志側を撮影

おわりに

　東北地方のアイヌ語地名が、この地方に住んでいた蝦夷により名付けられたものとか、弥生時代以降に北海道から南下してきたアイヌ民族によって付けられたと考えている方々もいる。その中で、もっと古い時代から言語があり、その古い時代から地名という意識はなくても、土地の特色について理解し合い呼び合っていた地名の原型があると思うことを一つの例を基に書かせていただいた。ただ、砂森(1)遺跡は今はなく、中志(1)遺跡もしっかりした調査が行われたかどうかは分からない。しかし、40年ほど経過した今でも鮮

明に引きずっている記憶である。このような、自分の未消化なものを皆さんに伝えていき、教えていただきたいと思っている。東北地方の一部の地名でしか扱わなかったが、アイヌ語地名が縄文時代からあるのだという意識を持って地名の吟味を行っていけば、縄文時代早期・前期の文化を形成した人々の豊かな会話を通した生き生きとした生活が見えてきそうな気がする。

　縄文時代の海峡を挟んだ交流が、会話を通して心と心を通い合わせたものであっただろうと考えていきたい。

参考・引用文献

山田秀三　北海道の地名　1984　北海道新聞社

知里真志保　アイヌ語地名小辞典　1956　北海道出版企画センター

田村すず子　沙流方言　アイヌ語辞典　1996　草風館

菅原進　―エミシのクニの―アイヌ語地名解（2巻）2011　熊谷印刷

大友幸男　日本縦断アイヌ語地名散歩　1995　三一書房

アイヌ語と英語 —— 遠い言語間の比較
鳴海 日出志（札幌市・会員）
Ainu Language and English — A Study in Distant Linguistic Relationship.
NARUMI Hideshi (Sapporo)

はじめに

　筆者は、アイヌと日本語（和語）や、和語と我らが祖語について、出版したり、本誌にも書かせていただきましたが（参考文献参照）、比較言語学的方法でアイヌ語と英語について論じたことはありません（網羅的にアイヌ語と印欧祖語を対比したことはあります）。

　この小論は、専門家の方々以外にも比較言語学にうとい読者に、アイヌ語と英語には、無視し得ない関係があることを示そうとしたものです。

　本来比較言語学は、「数学的な法則性を求める」といわれたりしていますが、アイヌ語と英語のように遠い言語間には、ある誤差を含む「自然科学的な規則（法則）」でがまんしなければなりません。この点を考慮して読んでいただけましたら幸いです。

1) 実例　まず始めに実例を示します。

　アイヌ語と、英語が広い意味で共通の源から派生したと考えられる実例を地名にみてみましょう。

　札幌（sapporo）は sat 乾いた・poro 大きい　というアイヌ語に由来することは、一部異論はありますが広く受け入れられています。

ア（アはアイヌ語の略）　sat　乾く［Ｔ・Ｎ・Ｋ・Ｈ］（参考文献(5)参照）。[to be dry]。これに対応すると考えられる PN（我らが祖語）は、PN168 番 *saw-/*s∂w- 乾いているです（*は、推定された祖形を表わします。祖形とは、色々な現実の文献に残った形から推定される原初の形です。　は母音の一つを表わす音声記号です）。上記アイヌ語では後に -t が付いたと考えます。ボムハルトとカーンズ（B & K）が、この PN に対応しているとする Watkins の印欧祖語は、*saus- 乾いた　です。PN にない -*s が付いています。英語 SEAR　を枯らす　はこれに由来します。「枯れた」状態は、「乾いた」状態です。

ア　poro　大きい、大きくなる、かさが多い、（川の水が）増える［TH］に対して、Watkins の印欧祖語　*bhreus を祖語とする BREAST 胸（膨らんでいる）；BROUSE 新芽（膨らんでいる）が英語として対応しているでしょう。

　以上から　アイヌ語　sat-poro（札幌）を起源を同じくする現行英語で表せば、SEAR-BROUSE(BREAST)　枯らす・新芽（胸）となります。

　音声・形態の変化に較べて意味がかなり変わっていることに注意しなくてはなりません。

2) 何について論ずるか：

　アイヌ語は、古来大きな変化をこうむらず祖語として扱えるとする大胆な仮定をしま

す。このアイヌ語と比較言語学者たちによって確立された、ユーラシア大陸及び北アフリカにあったと想定される「我らが祖語」（Proto-Nostratic）とを比較します。そしてそこに音韻的な法則性をさぐります。その際当然意味論的な考察もします。この「我らが祖語」から、英語までたどる道筋は、ボムハルト、カーンズ、ワトキンスらの比較言語学の業跡を使います。[*という星印の記号は、推定された祖形を示します]。

3）どのような結論が得られたか：

非常に遠い言語間ではあるけれども上記 2 者の間にある程度法則性がみられました。この小論では、対応という言葉を使いますが比較言語学上の厳密な意味ではありません。

4）音声記号の簡略化：

拙著「日本語の起源と我らが祖語」（2014）では、音声記号をそのまま使いましたが、ここでは声門音（ʕ, ħ, ʔ, h）を全て ℏ で表しています。ʕ は正確ではありませんがパソコンのフォントの関係上このままとします。

5）抱合語であるアイヌ語を、意味素（意味を表わす最小の単位）にまで切断して比較しています。又、全てのアイヌ語を網羅しているわけではありません。比較する語を増すのは今後の課題になるでしょう。

6）参考文献

[1]

a) 鳴海　英之（日出志）「日本語とアイヌ語の起源」中西出版（2007）。

b) アイヌ語地名研究　5　鳴海　日出志「アイヌ語とインドヨーロッパ祖語」
　　---地名語を中心として---124-131（2002）。

c) アイヌ語地名研究　10　鳴海　日出志
　　「アイヌ語と日本語の起源----若干の地名語から」163-166（2007）。

d) アイヌ語地名研究　11　鳴海　日出志
　　「アイヌ語と日本語の起源----一つの試み」165-173（2008）。

[2]　A.R.Bomhard and J.C.Kerns "The Nostratic Macrofamily-----
　　　A Study in Distant Linguistic Relationship, Mouton de Gruyter（1994）。
　　　ボムハルト＆カーンズ「我らが大言語家族---遠い言語関係についての研究」。
　　　　[2]はユーラシア大陸と北アフリカで話されている多くの言語が長い年月をかけて一つの祖語から分かれたことを実証的に示しています。150 ページにわたる文献が載っています。

[3]　鳴海　日出志「日本語の起源と我らが祖語」中西出版（2014）。［この本は間もなく日本の大学のほとんどの文系学部の図書館などに 1 冊ずつ送られる予定です］。この本は[2]の本を日本語（和語）に当てはめた試みで[2]の内容が充分反映されています。本小論は、[3]で扱った日本語（和語）の代わりに、アイヌ語を対象にしたものです。

[4]　C.Watkins　"The　American　Heritage Dictionary of Indo-European Roots "Hougnton Miffin Company（1985）。
　　　C.ワトキンス「印欧語根のアメリカ遺産又は米語遺産辞典」。

[5]　土田　滋・福井　玲・中川　裕「世界音声記号辞典」三省堂（2003）。
　　　なお、アイヌ語辞典については次の文献があります。[　]内は略称。

［T］　田村すず子「アイヌ語沙流方言辞典」草風館（1996）。
　　　［H］　服部　四郎（編）「アイヌ語方言辞典」岩波書店（1964）。
　　　［N］　中川　裕「アイヌ語千歳方言辞典」草風館（1995）。
　　　［K］　萱野　茂「萱野茂のアイヌ語辞典」三省堂（1996）。
　［なお、アイヌ語の英文訳は主に［T］によります。］
　以下梵語などを引用している箇所が何ヵ所かありますが、参考までに引用したものです。直接対応する英語を見出すのが難しい時、このようにしました。英語も梵語も同じインドヨーロッパ語の仲間だからです。

1．アイヌ語a　—：我らが祖語a　—対応

（参考）ア　a　座る［T］。［to sit］。PN（我らが祖語）434番では　*has-。h は声門摩擦音。
　この434番から、印欧語 *hees-/*hoos- が派生し、更にこれから**梵語** aaste「座る」が発生しました。梵語は、仏教経典のもととなった言語です。
　PNから、*h- と *s- が脱落してアイヌ語 a となったと考えられます。

ア　a-　［包括的一人称複数］　「相手を含む私たちが」［T］。一方 PN（我らが祖語）433番では *ha-「わたし」。これより印欧祖語 *he- を経由して *eg- から**英語** EGO「自我」が発生しました。
（参考）ア　an　「私たちが」［T］

ア　aca　アチャ　おじ［T・N・K］、父［H］。［an uncle, a father］
　一方　PN（我らが祖語）430番からは *hat［h］父。h は声門音です。この h が脱落した形がアイヌ語 aca となったのでしょう。
　PN430番に対応する Watkins らによる印欧祖語 *atto- は「父」です。これよりラテン語を経由して派生した**英語**は、ATAVISM　先祖返り　です。

（参考）ア　ak　アイヌ語　弟　［T・H］。［a younger brother］。
（参考）PN427番 *haw-ar「男」。頭音である声門音 *h を除けば、母音 a は一致しますが k の説明はつきません。　*haw-k から派生したものでしょうか。このPN427番から派生した印欧祖語は *hwers- でこの祖語に由来するのは**梵語** vrsa-h　男　です。

ア　ar-　《接頭》一方の［T］。
　このアイヌ語に対応する我らが祖語は、PN464番　hal-/*h∂l-「別なふうに、違ったやり方で」でしょう。この PN から派生した印欧祖語は、*hel-「他の」です。これから、**英語** ELSE「その外に」が派生しました。

ア　at　（虫や魚が）沢山出る；（煙が）立つ；（においが）する。［T・H］。［for there to be a lot of; to rise; to smell］。
　このアイヌ語に対応するわれらが祖語は、PN421番 *has-/*h∂s-　「集まる」でしょう。

— 106 —

（*h* は声門音）。この PN から派生した印欧祖語は **hes /*hos*　です。
　この印欧祖語に由来する英語は「給料として受け取る」より：EARN　もうける。

ア　*atce*　アッチェ［位名］よそ（他人の家）。［T・H］。［another person's house］。
　これに対応する PN は、PN464 番　**hal-/*h∂l-*「別なふうに」「違ったやり方で」でしょう。
　-*l- が、アイヌ語では *-t-* に変化したのでしょう。声門音　**h-* は、脱落したと考えます。
　この PN から派生した印欧祖語は　**hel-* 又は　**alyo-* です。この後者の印欧祖語に由来する英語は ELSE その外に。

ア　*atu*　「吐く」［T・K・H］［to vomit］。
　（参考）PN369 番　*han-ah-/*h∂n-ah-*　息をする。PN の第2子音 **n* が、*t* になればアイヌ語と関連するでしょう。

ア　*atuy*　海［T］［the sea］。
　このアイヌ語に対応する PN は、PN483 番　**wat-/*w∂t-*　水でしょう。この PN から派生した印欧祖語は、**wet-*　水、ぬれた。この印欧祖語から英語 WATER　水、WET　ぬれた、WASH を洗う、WINTER　冬　が生じました。

　（参考）ア　*aw*　舌。舌には「食べる」のと「しゃべる」の両方の働きがあります。このうち「食べる」に注目すると、このアイヌ語 *aw* には次の PN420 番　**hak-∂/*h k-*「食べる」が対応するかもしれません。アイヌ語では *-k* が脱落してこん跡として *-w-* が残ったと考えます。この PN から、印欧諸語の一つとして梵語 *asnati*　食べる　が派生しました。*h* は声門音。

ア　*aw*　（名詞語根）内、家の中［T］。［within a house］。
　このアイヌ語には、PN 336 番　**kʷarb-/*kʷ∂rb-*　内。PN 338 番　**kʷalb-/*kʷ∂lb-*　内が対応しそうです。右肩の *w* は口唇化を示しています。
　（PN336 番からは印欧祖語　**kʷerb*　内　が派生し、これは梵語では *garbha-r*　子宮、内部。英語については、下記参照）
になりました。
　PN338 番からは印欧祖語　**kʷelb*　子宮が派生し、これから英語 DOLPHIN イルカ　が派生しました。イルカは形が子宮に似ているからです。

ア　*apto*　雨　［T・H］。［rain］。to ほらそこに。
　（参考）ア　*apa*　雨もりする［T・H］。
　「雨もりする」は、「室内に雨が降る」とも言えるでしょうから、このアイヌ語には、次の PN382 番　**haw-/*h∂w-*「雨が降る」が対応するでしょう。*h* は声門音です。この PN

— 107 —

に由来する印欧祖語は *hew-on- 泉、井戸ですが、これより**梵語** *avata-h* 井戸　が派生しました。

ア　*apa*　親戚 [T]。[a relative]。
　PN416 番　*haw-*　母方の親戚。h は声門音。PN の方は「母方の」と限定されていますが、アイヌ語の方は一般化しています。印欧祖語は、*awo-* 自分の父以外のおとなの男の親戚　です。これよりラテン語を経由して**英語**の ATAVISM 先祖返り、UNCLE おじ　が派生しました。

ア　*ape*　火 [T・H] [a fire]。
　PN43 番には、*pah-w-/*p∂h-w-* 火　があります。ここで h は声門音。又、アイヌ語には、*ipe*「食べる」[T・H] という語があります。(後出参照)。PN52 番には *pah-/*p∂h-* 食べる　があり、PN としては形態はほとんど同じ音です。
　PN から、アイヌ語に移るときに語頭 a- 又は i- を付して、同一音の衝突を避けたのでしょう。
　上記の PN から、印欧祖語 *pur-*「火」となり、**英語** FIRE 火、**ギリシャ語** PYRO- 火の意が派生しました。
[参考]　アイヌ語地名　*apoi* 岳　[*ape-o-i* 火・ある・処　山田秀三・北海道の地名]

ア　*apkas*　歩く [T・H]。[to walk]。*kas* の上。
　このアイヌ語は、PN392 番 *hap-*「行く」、「流れる」に対応するでしょう。h は声門音です。この PN から派生した印欧祖語 *ap-* で、この祖形に由来する英語は、ペルシャ語を経て JULEP 水薬　です。この場合、形態は大きく変化していることになります。できれば WATKINS の辞書を参照して下さい。

2. アイヌ語　c――：我らが祖語 s, t に対応
アイヌ語 *ca, ci, cu, ce, co* は [チャ] [チ] [チュ] [チェ] [チョ] と発音します。

(参考) ア　*ca* [チャ]　…を切りとる　[T・H]。[to cut off]。
　これに対応する PN (我らが祖語) は PN183 番 *t^{s}ar/*t^s∂r-* 切る　でしょう。右上の s は副次的な音です。(参考：この PN から印欧祖語ではなく、アフロアジア祖語 *t^{s}ar -* 切る　などが生まれ、**ヘブライ語** *saram* 傷つける　が派生しました。ヘブライ語は副次的音 s を受け継いだのでしょう。)

ア　*cari*　チャリ　…を散らかす　[T・N・K・H] [to scatter]。
　これに対応する PN (我らが祖語) は PN113 番 *t^{s}ar-/t^s∂r-* 散らかす　でしょう。この印欧祖語は、Watkins によると *ster-* 散らかす　とも表わされ、これより**英語**（子孫の意で）STRAIN 種族　が派生しました。

— 108 —

ア　cirir（滴が）たれる　[cir 擬態（重複）　小刻みに継続[T]]。[to drip]。
　cir が擬態語でないとしたら次の PN（我らが祖語）が対応するでしょう。
　PN118 番 *tul-/*tol-　　滴る。PN の-*l-は、アイヌ語の表記で-r-となります。又、PN の母音は　*-u-/*-o-は、アイヌ語では-i-になっています。
　この PN から印欧祖語 *del-が派生しています。この Watkins の祖語 *del-から**英語** TALLOW 獣脂　が派生しました。獣脂を熱するとしたたります。

ア　ciw　チウ　・・・を刺す　[T・N・H][to thrust]。
　これには下の PN（我らが祖語）が対応するでしょう。アイヌ語では-*r- が-w-に変わったと考えます。これとともに母音 *u/*o が i になったのでしょう。
　PN110 番　*tur-/*tor-　突く、押す。これから印欧祖語　*trend -が生じ（Watkins）、これより**英語** THRUST を突く、THREAT　脅し　が派生しました。

ア　ciw　流れ　[T・K]、水流[N]、潮[H]。[a flow]。
　これには、PN157 番　*t ʸ ur-/*t ʸ or-　流れる、走る　が対応するでしょう。右上の y は、副次的な音変です。この場合も ciw　を刺す　の場合と同じく　*-r-がアイヌ語では-w-に変わったと考えます。この PN から派生した Watkins の印欧祖語は *der-　走る、歩くで、**英語** TREAD　歩く、TREADLE（自転車などの）ペダル　が派生しました。

（参考）ア　cuk チュク　秋。[autum]。秋を、夏から冬への過渡期ととらえるとすれば、次の「我らが祖語」に対応するかもしれません。アイヌ語の-k は後で付いたのでしょう。
　PN171 番　*daw-/*d∂w-　過ぎる、（時が）たつ、進む、去る。確かな印欧語はありません。

3.　アイヌ語 e ———：我らが祖語 a, i/e 対応
ア　e ・・・を食べる　[T・H]。[to eat]。
　このアイヌ語に対応する我らが祖語は、PN418 番 *hit-/*het- 食べる　です。[h は声門音]。声門音はアイヌ語で現れないことがあります。この PN に由来する Watkins による印欧祖語は　*ed- 食べる（噛む）　です。この祖語から派生した**英語**は EAT 食べる、EDIBLE 食用の　です。アイヌ語では、*h と* t が脱落したのでしょう。

ア　e　その頭、その顔、その端　[T]。
　このアイヌ語に関係しそうなのは、次の PN310 番でしょう。PN310 番　*kal- 頭；はげた。　頭子音 *k-と第 2 子音 l がアイヌ語では脱落したと仮定すれば関係するでしょう。アイヌ語では　はげた　の意味は無いようです。この PN から派生した Watkins による印欧祖語は *gal- はげた、はだかの　です。この *gal-に由来する**英語**は、CALLOW まだ羽毛の生えていない　です。

ア　ek　（一人が）来る　［T・N・K・H］。［to come］。
　　このアイヌ語に対応するPNはPN442番　*hay-/*h∂y-　来る、行く　でしょう。hは、声門音でPNからアイヌ語になると落ちることがあります。-*y-は、半母音ですが、喉（頭）音kに変わることがあります。
　　このPN442番に対応するWatkinsによる印欧祖形は　*ei-　行く　です。この　*ei-からラテン語経由で英語EXIT 出ていく、ギリシャ語を通ってION イオン　などが派生しました。

4.　アイヌ語　h ──── ：我らが祖語　k-、h-　対応

ア　he　顔、頭、端　［T］。［head;top］。
　　このアイヌ語に対応するPN（我らが祖語）は、上と同じくPN310番　*kal-　頭、はげた　でしょう。PNの喉（頭）音kは、アイヌ語で声門音 h になる例でしょう。第2子音 l は、消失しています。このhが消失するとアイヌ語 e　その頭、その顔、その端［T］となります。
　　上記のPNに対応する印欧祖語は　*gal-　はげた、裸　です。この印欧祖語に由来する英語は、CALLOW　まだ羽毛の生えていない　です。アイヌ語では、はげた　に特殊化しなかったのでしょう。印欧語で「はげた」に特化したのは、この言語をつかう人々には、若はげが遺伝的に多いせいかもしれません。

ア　hem・・・も又　［T・N・K・H］。［also］。
　　このアイヌ語に対応するPN（我らが祖語）、PN464番　*hal-/*h∂l-　別なふうに　でしょう。
　　ここでは、PNの語頭声門音 h-が、アイヌ語でも h のままになっています。又、第2子音は l でなく m です。長い年月ではこのようなことも起きると考えます。
　　このPN464番に由来するWatkinsによる印欧祖語は　*alyo-　2人（つ）以上の他の者（もの）　です。　この　*alyo-から英語ELSE その外に　が派生しました。

（参考）ア　hemanta　何か　［T・N・K・H］。［what］。an ある、ta ここに。
　　このアイヌ語の hem-に対応するPNは、PN467番　*hay　疑問代名詞語幹　でしょう。
　　h は声門音です。*hay-/*hey-となりアイヌ語の-m-は後で付いたと考えます。このPNから派生した印欧祖語　*hyo-関係代名詞語幹から梵語　yo-h どれ　が派生しました。梵語では語頭の h が脱落しました。

ア　hene　なおいっそう　［T・N・K・H］。［even;more］。
　　このアイヌ語に対応するPN（我らが祖語）は、PN326番　*kal-/*k∂l-　後置強結合詞。アイヌ語声門音 h-は、PN 口蓋音 *k-に由来したのでしょう。-*l-は、-n-に変化したのでし

ょう。第2子音は第1子音に比して変化しやすいと言えます。このPNから印欧祖語 *-ke 更に が派生しました。Watkinsの祖形は、*kʷe そして です。*kʷe の w は quich の qu のような音です（Watkins p.xiv）。この祖形から派生した**英語**は SESQVI 一倍半 です。

ア　*heri* つや、光沢 ［T］。［gloss］。
　このアイヌ語に対応する PN（我らが祖語）は、PN457番 **hal-/*h∂l-* 灯をつける でしょう。アイヌ語の表記は -*l -が-r-になっていて、母音 *a/*∂ は、e に変わっています。この PN に由来する印欧祖語は、Watkins によると **albho-* 白 です。
　この祖語 **albho-* に逆上る**英語**は、ELF 小妖精、ALBUM アルバム などです。
　「白い妖精、白いアルバム」ということでしょうか。

（参考）ア　*ho-* 《接頭》尻、下の端 ［T］。*hokus* 倒れる［T・H］ *ho* 下の方、*kus* 通る と分けられると考えます。
　この *ho-* というアイヌ語に対応する PN（我らが祖語）は、PN315番 **kʷul-/*kʷol-* が終わりになる でしょう。Watkins による英語はありません。

ア　*hokanpa* むずかしい［T］。［to be difficult］。*an* ある：*pa*・・・を見つける（T）。
　この前半の *hok* が「困難」の意味を持つとすれば次の PN234 番が対応するでしょう。
　PN234 番 **gah-/*g∂h-* 空である、欠けている。*g-* はアイヌ語の語頭 h に対応し、PN の第2子音（声門音）*h がアイヌ語の第2子音 k になったと考えます。
　手段が「無い」、「欠けていれ」ば、「むずかしい」ことになります。PN234 番から派生したと考えられる Watkins の印欧祖語は、**ghe-* 放つ です。これは意味が音に比して変化しやすい一例です。
　この Watkins の印欧祖語から派生した**英語**は GO 行く です。
　（今回の紙数はつきましたが、今後機会があればアイヌ語を増したいと考えています）。

アイヌコタンの集団移住

渡辺 隆（札幌市北区・会員）

はじめに

　元来のアイヌは、川もしくは沼の岸近くの小高いところに、同族が6〜7戸程度の小集落（コタン）をつくるのが一般的で、大きな集落はつくらなかった。その理由は、同族の生活に必要な鮭鱒、山菜、海草などを、その土地で確保できる量に見合う戸数を集落の規模としていたからであった。その集落は先祖代々引き継がれてきた。しかし、19世紀の頃からこの集落が集団で移住するという事例が多くみられる。

　蝦夷地におけるアイヌの集団移住の多くは、船付きのいい海岸へ和人が出張所を設けたところへ半強制的に行われたと言える。その記録をたどると、アイヌの苦難の歴史であったことがみえてくる。

　アイヌは文字を持たない、文字を必要としなかったのであるが、アイヌに関する主な記録は、幕府の役員や和人の商人などが書いたものである。それらは和人の立場から書かれたものであることは言うまでもない。ただし、松浦武四郎の日誌などにみられる記録については、アイヌの立場をほぼ忠実にとらえていると思われる。しかしこれは19世紀半ば以降のことである。

　本稿はコタンが集団で移動した理由を考察しようとするものである。まず始めに、アイヌと和人の衝突事件について、その概要を把握し、その原因は何だったか、それに関わる幕府と松前藩のアイヌ政策を整理してみた。つぎに集団移住の具体的事例17件について、古い記録を調べ、場所と時期、アイヌの人数、アイヌ語地名の語源などを取り上げた。

1 蝦夷アイヌによる三つの決起

　先住民族のアイヌが住む蝦夷地に和人が進出し始め、和人らが鮭鱒などの漁業資源を大量に捕獲するようになると、アイヌの生活を脅かす状況は深刻になった。そして、以下に述べるコシャマインの決起、シブチャリの乱、クナシリとメナシの乱と言われる大事件に繋がってくる。この戦いにおいて、アイヌ側が大敗したことが、アイヌの立場を弱体化する要因になってしまった。このため後にアイヌコタンの半強制的な集団移住に追い込まれてゆく。まず、この三つの決起について、概要と原因を考えてみた。

1-1 コシャマインの決起と和人の勝利

　「新羅之記録」[1]によると、長禄元年（1456）の春、志濃里（しのり）（函館市志苔）の加治屋職人にアイヌが注文したマキリ（小刀）の出来具合について、両者の諍いになり、加治屋の

職人がそのマキリでアイヌの少年を殺害するという事件が起きた。この和人の横暴に対しアイヌの大酋長コシャマインの指導によって、東西蝦夷各地のアイヌが決起し、和人との覇権争奪が繰り返された。2年後の1458年に七重浜で、コシャマイン父子が武田信広[2]の軍に弓矢で射殺され、和人の勝利に帰した。

従来、蝦夷地の産物の贈答交換は、和人とアイヌが対等の立場で行われていたが、この和人の勝利を契機に、アイヌ側に不利な物々交換の取引へ変貌してゆく。和人はアイヌを臣従させ、蝦夷地を植民地として開拓する立場を得ることとなった。蝦夷地における和人の支配権が確立し封建制の基礎ができたのである。

武田信広は、この蝦夷乱の平定後、蠣崎(かきざき)家に入り松前藩として覇権を握ることになる。松前藩の家臣の列に加わる者、浪人が召抱えられ、百姓から抜擢され士籍に上がる者なども加わって松前藩の勢力は拡大していった。そして、松前地および蝦夷地の漁場（商場[3]）を61ヶ所に分割して、藩士に支配させたのである。この支配地は知行地と呼ばれ、始めの頃は知行主が自ら交易に赴いていたが、次第に代理者を派遣するようになり、殆どが商人を仲介する形に変わっていった。

和人による植民地支配は、アイヌ民族との交易権を拡大し、アイヌを漁業労働者として使い、様々な搾取へ及ぶことになる。

17世紀後半になるとアイヌ社会は、以前の自給自足の小集団が点在する形から、数戸から数十戸で構成される地域を統括する「乙名(おとな)」、さらにこの乙名たちを束ね統率する大勢力者も現れた。これらが支配階層としての位置を高めることは、アイヌ社会における交易経済の拡大を背景にして行われた。

1-2 シブチャリの乱-アイヌ民族の勢力抗争と松前藩への反抗

静内川下流域から東方地域を代表するカモクタイン、シャクシャインの勢力と、これと対立する静内川上流域から西方に勢力を張るオニビシの勢力が、約20年間におよび勢力間抗争を繰り返えしていた。松前藩の仲裁で抗争は一時収まったが、寛文8年（1668）にシブチャリ（静内）川を挟んで、対立がきびしくなり、再び抗争が繰り返されていた[4]。この勝者がさらに強力な勢力となることは、幕府や松前藩にとって見過ごすことができなかったが、抗争の一方を支援することはできないという態度しか示していなかった。そしてたまたま、松前へ支援の要請に来ていたアイヌのウタフがその帰路に病死することがあった。このことが彼は和人に毒殺されたという風説になって広がった。シャクシャインはこの風説を利用して、反和人反松前藩の大蜂起を呼びかけたと云われる。

蜂起の背景には、和人に有利な交易体制をとる松前藩への不満があった。例えば、干鮭5束（100本）と米1俵（2斗）とする交換比率は長い歴史をもって行われていたものであるが、この頃、1俵を7〜8升入りに減ずるという米の値上げが行われていた。また、和人が河口で大網による鮭漁を始めたため、中上流への遡上が少なくなった。これを和人が一方的に行っていることにアイヌの不満が蓄積されていたのである。アイヌ勢力と場所を請け負う和人が蝦夷各地で衝突することになり、翌年（寛文9年）、東西蝦夷各地で和人がアイヌ勢に襲撃され、355人[5]が殺害されるという大蜂起となった。

アイヌ勢は松前へ向かって進撃したが、松前藩は「くんぬい」で迎えうち、鉄砲の威力で撃退し難局をきりぬけた。同年10月にシャクシャインを和議の場へ呼び出した。この和議がまとまったとみせかけ、その夜に行われた祝いの場で彼は謀殺された。この蜂起は終わったのである。その後、和人は各地のアイヌ勢から「つくなひ」を徴していたとされる[6]。

1-3　クナシリ、メナシの場所請負人を襲撃

松前藩はシブチャリの戦いが沈静化すると、元禄14年（1701）、ネムロ（根室）に「場所」開き、更に宝暦4年（1754）、クナシリ（国後）に「場所」を開いた。それぞれの地へ大船を遣わし交易を行うようになった。松前藩が進めた場所請負制による生産量の拡大政策[7]は、和人のアイヌへの虐待と強制使役に拍車をかけていた。

寛政元年（1789）5月の乱は、アイヌ民族の立場を弱体化させる決定的な事件であった。クナシリ島の各地と対岸にあたる北海道側のメナシ地方で、和人がアイヌに襲撃され71人が殺害された。ロシアの千島列島南下の情勢が知られていたので、アイヌ勢の後方でロシア勢が侵入の体制をとっているという風説もあって、5月の乱の報告を受けた松前藩はきびしい緊張感を持っていた。アイヌの蜂起は、場所請負人飛騨屋久兵衛の雇人の過酷さによるもので、アイヌの松前藩への訴えはこうだった。

> 支配人や番人のアイヌ女性への「蜜夫」乱暴がひどく、子どもをうませるものさえいる。（アイヌは）雇い賃が安く、長期間暇なしに使われているので、「自分働」で越冬用の食料を集めることもできないほどだった。働きの悪いものは殺してしまって和人の土地にしてしまうといっておびやかし続けていたし、薪でたたかれて死んだものもいたし、このままでは本当に皆殺しの目にあうと思って、やむなく支配人・番人らを殺してしまった。

松前藩は、アイヌの首謀者38人（クナシリ14人、メナシ24人）を処刑し、飛騨屋はアイヌ蜂起の責任を負わされクナシリとメナシの請負場所を没収された。また、ツキノヘ酋長は、苦渋の選択として松前藩への恭順を指導したことが、裏切り者として徒党に狙われる事態に苦しむのだった[8]。

この抗争の影響は大きかった。松前藩は落着のために出兵を繰り返し、商船の渡来の激減も影響して和人社会は大混乱に陥る。アイヌ社会も交易の途絶で苦しんだ。このため商船の派遣を求め訴え出るアイヌもいたという。

2　江戸幕府と明治政府のアイヌ政策

2-1　蝦夷地の幕府直轄化

幕府は、寛政11年（1799）から文政4年（1821）にかけて、知内川以東の和人地と東蝦夷地を幕府の直轄とした。つまり幕府の箱館奉行が直接立ち会う直捌きの政策である。これよってアイヌ搾取の元凶でもあった場所請負制を廃止した。運上屋の名称を会所と改めている。幕府はアイヌに和語を使用させるなどの和風化を推し進めた。この政策に踏み切った背景は、アイヌの懐柔策が北方の防備につながると考えてのことであった。

この政策によって、アイヌは自分で稼いだ漁獲物を和人と対等の立場で交易すること

ができなくなる。生活の基盤を根こそぎ失って、コタンは川上から川下へ移動せざるを得なくなる。アイヌは和人が設けた漁場で、雇いの労働者になった。

文政4年（1821）に幕府は、この直轄政策をやめ東蝦夷地を松前藩に返還したが、34年後の安政2年（1855）に再び松前藩から取り上げ幕府の直轄とした（後幕時代と呼ばれる）。その対象地域は松前とその周辺を除き蝦夷地全域とした。幕府は安政6年（1859）に「日露通好条約」を締結すると、エトロフ島までを日本領（今の北方領土）[9]に、サハリン（樺太）は日本とロシアの雑居地になった。

2-2 アイヌ共有地を没収

明治2年（1869）7月、新政府は蝦夷地を北海道、北蝦夷地を樺太と改める。この時、場所請負制を廃止している。

同5年（1872）、開拓使は「北海道土地売貸規則」と「地所規則」を制定、北海道全域の深山霊谷や人跡隔絶の地を除いて、あらゆる土地の私有権を確定した。蝦夷地はもともとアイヌ民族のものだった。アイヌ民族に土地の所有権という考え方はなかったが、それぞれの同族が共有する土地の範囲が守られていた。問題は、両規則を移住してきた和人に限って適用し、アイヌが除外されていたことである。

さらに開拓使は同10年（1877）に「北海道地券発行条例」を制定した。これは所有者が明らかな土地には地券を発行し、そうでない土地は国有地にするものであった。アイヌの土地については、「其種類を問わず当分総て官有地に編入すべし」と規定した。1881年当時のアイヌの戸数は3768戸、このうち土地を確保できたアイヌは724戸で、全道平均で19％でしかなかった。確保できた土地は1戸平均310坪に過ぎなかった。

この条例で国有地とされたアイヌの土地から広大な御料地がつくられ皇室財産とされている。代表的なところは、上川の神楽村と日高の新冠牧場などがある。

同32年（1899）3月に「北海道旧土人保護法」が公布されている。アイヌに対する和人からの保護を大義名分としていた。この法律に基づき、漁業[10]と狩猟の禁止、固有習慣風習の禁止、日本語使用の義務化、日本風氏名による戸籍へ編入などが行われた。さらに、アイヌ民族の共有財産は取り上げられ、北海道庁長官が管理することになり、土地は公売によって日本人に売却された。つまり、先住民族であるアイヌの土地をアイヌに断りもなく一方的に取り上げたのである。

この法律第一条
> 北海道旧土人ニシテ農業ニ従事スル者又ハ従事セムト欲スル者ニハ一戸ニ付土地一万五千坪以内ヲ限リ無償下付スルコトヲ得

この定めに基づき、アイヌ民族に給与された土地（旧土人給与地）は、アイヌ民族を農耕民化させることによって和人への同化を推し進めようとするものであった。しかし、賃貸権は有していたものの、質権、抵当権、永小作権などの設定はできず、相続以外での譲渡を禁止し、あくまでも農民として土地を利用することが想定されていた。しかも、分配された土地は、入植者の和人を優先したため、アイヌの給与地は、大木の林立するところ、大雨になると洪水になるようなところ、高地で雪解けが遅いところなど、農耕に適さない

不毛の土地が多かった。
　結果として農民として定着したアイヌは少なく、後には土地を手放すことになっている。
　この項は「ウィキペディア」の「北海道旧土人保護法」「旧土人給与地」『北海道の歴史60話』(11)および『アイヌ近現代史読本』(12)を引用させていただいた。

3、アイヌコタンの移動事例

　さて、「アイヌコタン集団移住」の本題に入りたい。以下にあげる16の事例は、アイヌコタン全体が集団で移住した記録である。江戸時代後期から明治・大正期におけるアイヌ史の一端がみえてくる。
　コタン移動の要因と背景は、和人の都合によるものであり、アイヌにとって極めて深刻な事態であったことが分る。そしてこれらの多くが、強制的あるいは半強制的に行われたとみられる。
　本稿のアイヌコタン所在地の配列は、道南→日高→網走→オホーツク→樺太→南千島の順とした。

3-1　朱太(しゅぶと)から寿都(すっつ)へ
　松前藩が幕府に提出した「元禄郷帳(げんろくごうちょう)(13)」に「六条間」の地名が載っている。今の寿都町六条町で、南隣りに岩崎が続く。
　新井白石の「蝦夷志(14)」は「六条間の下にスツツ」、「東海参譚(15)」は、ロクゼウマのつぎにスツツ船渡を書き、「スツツは川名なるが未だ文化二年寿都場所と称せず」とみえる。『竹四郎廻浦(かいほ)日記(16)』は、「先年は蝦人小屋此両岸に有し由が、当時は皆運上屋元へ引越したる故此処にはなし」と書いている。
　このことは『永田地名解(17)』(28頁)つぎの記述を読むとよく分る。
　　往時アイヌ此川ニ住居シタリシガ、場所ヲ「シュマテレケウシ」和名岩崎ニ開クニ及ビ「シュプキペッ」ノアイヌヲ此處ニ移シアイヌ出所ノ地名ヲ用テ「シュプキ」場所ト稱ス後チ訛リテ「スッツ」ト呼ブ（後略）
　ここに書かれたシュプキペッは今の朱太川で、後志支庁の南部より北流し寿都湾に注いでいる。今もカワシンジュガイの生息量が日本一で有名。往時、岩崎に運上屋を開設するにあたり、朱太川下流の両岸に住んでいたアイヌを岩崎に移住させ、アイヌが以前に住んでいた地名をとって「シュブキ場所」と呼んだ。この名が後に「寿都」となったのである。岩崎は朱太川の河口より北北西へ3.5km離れている。
　〔アイヌ語地名解〕
　寿都について『永田地名解』(27,28頁)はつぎのように書いている。
　　壽都ハ「シュプキ」(Shupki)」ニ充テタル文字ニシテ、原名ハ「シュプキペッ」(Shupki pet)ト云フ川名ナリ、今、朱太川或ハ壽都ト稱ス並ニ訛謬ナリ。「シュプキ」ハ茅ノ一種、アイヌ用テ矢筒トナス。熊ヲイルニ適スト云フ此草アルヲ以テ「シュプキペッ」ト名ク茅川(ちがや)ノ意ナリ（後略）
　アイヌ語八雲方言で、スㇷ゚キsupkiは「ヤチガヤ、ヨシ」の事、他の地方ではサㇻキsarki

— 116 —

「ヨシ、葦」と云う。

3-2　余市市街地の外、モンガク

　余市川河畔は、明治になる前から鮭鱒や鯡がたくさん捕れ、密林には鹿など鳥獣の群れが棲んでいた。この地は余市アイヌの漁労や狩猟に適す地域で、今の大川橋付近はアイヌの住居が並んでいた。

　明治5年（1872）開拓使は、狩猟民族を農耕によって生活設計を進めてゆく段階まで高めようという目的で、余市アイヌにモンガク地区を開拓させるため、第一次入植は同7年ころ、第二次入植は同10年ころ、1戸に3町歩ずつ割り当て、約20戸を開墾に当たらせた。大川橋付近から赤井川村に通じる道を6kmほど行くとモンガク地区（今の余市町登町）がある。アイヌの住居は大川橋付近に置いて、モンガク地区まで通いであったから、生活は二重になって非能率的であった。畑作では食べるのにも事欠くというので、その後モンガク地区に近隣する70町歩の山林の払い下げを受け、薪炭や造船の材料をつくる作業を始めたが、能率が上がらず、和人もこれに加わることになった。和人はまず賃金を高く要求した。そして私潤の多くは和人の方に吸い取られていったのである。『余市農業発達史[18]』
〔アイヌ語地名解〕

　『余市農業発達史』は、コンガラウス→モンガクス→モンガクと転化したもので、「フキ・ワラビの沢山ある岡」と書いた。コロ・カラ・ウシ・イ kor-kar-us-i「葉・を摘む・いつもする・ところ」のような解釈が考えられる。ただし、フキは korko-ni が用いられ、kor は、korham「フキの葉」、korcise「フキ葺きの家」など、合成語の要素としてのみ見出される。動詞の kor は「〜を持っている、〜を持つ、〜を所有する、〜を連れ（てい）る」で用いられる。us は「生えている」のような意味もある。

3-3　オタルナイからクッタルウシ（小樽市入船町）へ

　『竹四郎廻浦日記[19]』（上－437頁）に、「ヲタルナイ川近くにあった運上屋が西方（20km）のクッタルウシに移された」との記述がある。

　山田秀三は『北海道の地名[20]』で、つぎのように解説している。

　　オタルナイは手稲の裏山から星置川の下流に出て日本海に注いでいた川で、往時の川筋は砂浜の中を東に向かって横流れしていた。その川筋が後志国（小樽郡）と石狩国（札幌郡）の境界であった。今は札幌の方からの新川が入り、河口は新川口となって海に直流させてある。その川筋に住んでいたアイヌを、18世紀後半にクッタルシ（今の小樽市入船町）に移し、オタルナイの名をもって小樽場所と称した。それが今の小樽のもとになった。

　移されたことについて、『竹四郎廻浦日記[21]』（上－438頁）に「是は全く商估[22]の為に引越しされし也」と。また『永田地名解[23]』（24頁）はつぎのように書いている。

　　松前藩「オタルナイ」ノ支流「マサラカオマプ」ニ住居スルアイヌヲ今ノ小樽郡入船町ノ内字「クッタルシ」ノ地ニ移シテ小樽場所ヲ置キタルヲ初トス」（中略）

　移された理由について、白山友正[24]は、つぎのように推測している。

　　当場所も最初ヲタルナイの鮭を目標として開かれたものが、のち川に大きな変化があって、鮭

がとれなくなり、船つきもよくなかったので、クッタルシに移り、鰊を主とするに至ったと思う。
アイヌが住んでいた「マサラカマフ（マサラカオマㇷ゚）」について、

> マサラカマフ、此川ヲタルナイ川の支流なり。此川爰より卅丁も下にて、ホシオキと合してヲタルナイ川え落るよし也。『松浦戊午日誌』中-418p

「松浦山川図(25)」にも「マサラマヽ」がみえる。オタルナイの支流とすると、マサラカオマㇷ゚は今の星置の滝のあたりだろうか。

〔移された時期〕つぎの記録から①1702年と②1786年の間と思われる。

① 元禄15年（1702）の「元禄郷帳(26)」と「元禄国絵図(27)」に
場所の名「一、かつち内、一、おたる内」がみえる。
かつち内は今の小樽市勝納町南端部の川名である。かつち内の東隣りにおたる内が書かれており、この頃はオタルナイに運上屋が存在していたことになる。

② 天明6年（1786）の「蝦夷拾遺(28)」に「オタルナイ運上屋一戸、七里余」の記述がある。七里余はオタルナイよりイシカリまでの距離で、今の小樽市入船町より石狩市弁天町までの海岸付近の距離に相当する。したがってこの頃には既に、オタルナイの運上屋はクッタルウシに移っていたことになる。クッタルウシは今の小樽市入船町で、海側に「史蹟オタル運上屋跡」の石柱が建てられている。

〔アイヌ語地名オタル〕
本来の名称はどうであったか、いろいろの説がある。

① 「上原地名考(29)」は、

> オタルナイ、ヲタとは砂の事、ルーとは解ける又は道、ナイは沢の事にて、砂の解ける小川と訳す。此川常に砂の解け流るゝゆへ此名ありといふ

オタ・ル・ナイ ota-ru-nay「砂・道・川」か。

② 「永田地名解(30)」（106頁）は「オタナイ」としている。

> Ota nay オタ ナイ、砂川、石狩郡ト小樽郡ノ境ニアル川ナリ 元禄郷帳既ニ「オタルナイ」ニ作ル其ノ誤謬ノ久シ殆ンドノ元名ヲシテ沙中ニ埋没セシム危イ哉

しかし、多くの旧記(31)に場所の名称としてオタルナイ、ヲタルナイが書かれており、その名称が用いられていたと思われるので、永田方正の「オタナイ」説の根拠が分らない。

③ 山田秀三は『駅名の起源(32)』に「オタ・オル・ナイ（砂浜の中の川）から転かしたもの」と書いている。これはオタ・オロ・ナイ ota-or-nay「砂・所・川」か。

〔アイヌ語地名 マサラカオマㇷ゚〕
山田秀三の『北海道の地名』は、masar-ka-oma-p「海浜草原の・上・にある・もの（川）」の意で、松浦山川図にあるオタルナイの支流マサラマヽはこの形の川のこと」と書いている。

〔アイヌ語地名解〕クッタルウㇱイは、kuttar-us-i「イタドリ・群生する・ところ」の意。

3-4 阿武多から虻田・豊浦・礼文華へ

つぎの例は文政5年（1822）の臼岳噴火で、洞爺湖の南西方、内浦湾（噴火湾）の北東海岸にあったアブタとオコタンへのコタンと運上屋が消滅したものである。

〔アブタの地名〕
「虻田」の元名である場所名とコタン名についてつぎの記録がある。
「アプタ」（1790年）「蝦夷草紙別録」
「アフタ」（1797年）「蝦夷巡覧筆記(33)」
「此所（アブタ）浪静にして舟着よし、東西北山うけて南一方開き暖地なり故に夷居も多し。家数も凡八九百軒も有よし」（1799）「谷元旦紀行」
「アフタ」「阿部田」（1799年）『木村謙次・蝦夷日記(34)』
「安武多」（1807年）『西蝦夷地日記(35)』
「アプタ」（1808年）「東蝦夷地名考」
「阿武多　觸内ヘ三拾丁、此間阿武多川　ヲムナイ川何れも歩行渡り。会所　御雇支配人　番人拾六人（中略）蝦夷家六拾五軒　此人数三百三拾四人　乙名役三人　小遣役弐人」「此処会所附元場所にて、前浜酉の方を受船掛り宣敷、…（後略）」（1809）「東蝦夷場所大概書(36)」
これらの記録から阿武多川の川口に、会所と規模の大集落があったことが分る。

〔有珠山噴火〕
近世初期以降における有珠山噴火は、寛文3年（1663）、明和5〜6年（1768〜9）、文政5年（1822）、嘉永6年（1853）、明治43年（1910）、昭和18〜20年（1943〜4）、昭和52〜53年（1977〜8）、平成12年（2000）8回記録されている。このうち文政5年の噴火が最も大きい被害が出ている。
『松浦東蝦夷日誌(37)』に、「文政五壬午正月九日臼岳焼時之人夥く死す。」とみえ、『永田地名解(38)』（34頁）はつぎのように書いている。
　　元名「アプタペッ（中略）往時ハ大川ニシテ鉤ヲ作リ魚ヲ釣リシガ臼岳噴火ノ時埋没シテ今ハ小川トナリ魚上ラズトアイヌ謂フ所ノ噴火ハ蓋シ文政五壬午年正月十五日ノ噴火ヲ言フナラン虻田ノ會所此時噴火ノ害ヲ蒙リ後「フレナイ」ニ移シタレモ舊名ヲ稱シテ虻田會所ト云フ
この臼岳噴火の際は、南西麓のアブタに向けて大規模な火砕流が発生し、被災者のほとんどがアイヌだった。『虻田町史』は、「当時のアブタ会所を含む入江の集落住民約300人のうち、死者83人、負傷者多数を出している」と書いている。
この有珠山噴火後、アフタの会所は、フレナイに移転しあとは空き地となって「漁小屋」が一軒残るのみとなっていたようである。「玉虫・入北記(39)」

〔オコタンヌベッの地名〕
イタヤ川（今の板谷川）とアブタペッ（アブタ川）との中間にオコタンヌベッあった。つぎの記録も残されているので、ここにおこたらへ（オコタンペ）のコタンと運上屋があったと思われる。このオコタンヌベッも文政5年（1822）の臼岳噴火で消滅し今はない。
　　おこたらへ　同（家）十四　五間斗「狄蜂起集書(40)」（1670）
　　おこたらへ　「元禄郷帳(41)」（1702）
　　おこたらべ　ツヤシヤイ持ち分家十五軒　「津軽一統志(42)」（1731）

〔虻田会所移転先フレナイ〕
臼岳噴火後におけるアフタ会所の移転先について、

虻田ノ会所此時噴火ノ害ヲ蒙リ後フレナイニ移シタレ共旧名を称シテ虻田会所ト云フ
　　『増訂松前蝦夷地場所請負制度の研究(43)』白山友正著（343頁）
　ここに書かれたフレナイは、今のＪＲ洞爺駅附近である。
　つぎの記録から、フレナイの住人が有珠山噴火前より減少していることが分る。
理由は、被災したアイヌは今の豊浦と礼文華へ移住したためと思われる。
　　（噴火前）觸内「二拾三軒・此人数百拾人　内乙名役壱人　小使役壱人」此処西南を請、東北に山を受番家有（後略）（文化6年、1809）「東蝦夷場所大概書」
　　（噴火後）フレナイ「二十九軒・九十六人」（安政3年、1856）『竹四郎廻浦日記』
　虻田居住蝦夷人の義はベンベより礼文華へ退去の為致置候右には手当として米酒煙草等年々春秋両度に遣置候。「蝦夷処理置取調調書」、『蝦夷風俗彙纂』後編二
　〔アイヌ語地名解〕
①アブタについて、「上原地名考(44)」は、「夷地アブタとは鉤針を作るといふ事」、この説を　永田方正、山田秀三も踏襲している。
②オ・コタン・ウン・ペッは、o-kotan-un-pet 「川尻・に村・がある・川」であろう。
③フレナイの語源と由来について、いずれも「赤い川」でつぎの三者とも同じである。今の赤川の上流に鉄鉱床があって、鉄分を含んだ赤い水が流れていたのである。hure-nay「赤い・川」
　・フレは赤き事を云。紅の転音。此辺、海岸山渓すへて赤きゆえに名とす『秦東蝦夷地名考』
　・夷語フレナイとは赤き川と申事。…ナイは沢の事にて、此川、鉄気ありて常に水色赤きゆへ地名になすと云ふ「上原地名考」
　・本名フウレナイなるべし。当所に赤也崖有、下に小流有によって号るなるべし『松浦廻浦日記』

3-5　受乞村から厚別川河畔へ
　受乞と元神部村（今の新冠町字東川）は、新冠郡の西部に位置し、元神部川が西から厚別川に合流している。
　近世の史料に、つぎのように記されており、アイヌコタンがあった。
　　「夷人家六軒のウクルカフ村」、「東蝦夷地場所大概書(45)」
　　「ヲン子ウクルカフの河畔に三戸十七人のコタン」、『松浦戊午日誌(46)』
　明治4年の「稲田家静内郡支配取調調書」（『新冠町史』掲載）に、受乞村のうちとして「元神部村」がみえる。4戸17人（男7、女10）すべてアイヌである。この村は同5年の用地撰定以来、新冠牧場（後の新冠御料牧場）内に取り込まれた。同18年から札幌県下で始められたアイヌに対する農業授産事業に関連して、受乞村のアイヌ4戸が強制移転させられた。アイヌは、厚別川沿い河畔のわずかな低地に移転し、ここの給与地を開墾し農耕を行ったが、同31年の水害で大きな被害(47)に遭っている。農耕に適する土地は和人が所有しており、アイヌの給与地は条件の悪いところであった。
　同30年以降、御料牧場の小作農業者として和人の入植者があり、同43年にアイヌの子弟教育のため道庁立神部尋常小学校が開設している。
　アイヌ語地名、ウクルカプ、モトカンブ、モトカンビはアイヌ語に由来するものと思わ

れるが、語源は不明である。

3-6 滑若（ぬめわっか）から姉去（あねさる）、さらに上貫別（ぬきべつ）へ強制移住

　明治4年（1871）の「稲田家静内郡支配中取調書」（『新冠町史』掲載）に「滑若村」と記され、この地域の一番組に10戸、49人（男23、女26）のアイヌが住んでいた。

　同5年、開拓使は北海道産馬の改良を目的として、新冠、静内、沙流の三郡にまたがる約7万町歩（約2億坪）を設定し新冠牧馬場(48)と称した。同10年、アイヌの土地を官有とし自由売買を禁止している。

　同28年、高江～滑若間の道路が開通し、御料牧場用地の滑若村に住んでいたアイヌの一部を新冠川沿いの万揃村（まんぞろい）と姉去村に移転させた。ここでアイヌを御料牧場の小作人として農業を行わせ、牧柵造りなど御料牧場の仕事に従事させている。しかし数年を経て、和人から借金をしていたアイヌが、その代償に貸付地を差し押さえられ、和人が耕作するという問題に発展した。その後アイヌ貸付地は牧場直営の飼料用地となり、大正5年（1916）、滑若村の全アイヌ70戸、300人が沙流郡郡貫気別村（今の平取町）上ヌキベツに代替地を与えられ強制的に移転させられた。（『新冠町史』）

　新冠郡の新冠川を隔てて北に滑若村、東に姉去村（今の新冠町大富）がある。姉去村もこの新冠牧場の用地に取込まれており、村民は牧場からの貸付地を耕作して生計を立てていた。

〔アネサラ〕古い地名で、つぎの記録がある。

　文化5年（1808）の調べは、ニイカツフ川の夷人住居地名の一つとして

　「アネサラ村、夷人家四軒ソリハラエより弐拾五丁」。「東蝦夷地大概書(49)」

・安政3年（1856）の調べは

　「ニイガツプ川」上流のアイヌは「六所に散住」し、「三（所）をアンネサラと云」「協和使役(50)」

　「往時は四軒なりし由、今は十六軒」「其家サルも川すじとはちがゐて、一所に聚来せずして、此処彼処に散乱せるなり」『竹四郎廻浦日記(51)』

・安政4年の調べは

　「十八軒、八三人（男五、女三八）」「島・入北記（にゅうほく）(52)」

〔アイヌ語地名解〕

①ナムワッカは、nam-makka「冷たい・水」だろう。

②アネ・サㇻane-sar「細い・葦原」、沙流方言aneは、「（主にものや植物が）細い、とがる、とがっている」、sarは「葦原、ヨシ原」。

　・「アネイサラ、細長く尖りし蘆萩多くあるが故に号とかや」『松浦戊午日誌(53)』

　・「アㇴ サラ、細茅、姉去村」『永田地名解(54)』（273頁）

③ヌㇷ゚キベッは、nupki-pet「濁り水・川」

3-7 元静内と静内

　今の静内の市外から東方へ10km、春立市外のはずれから小岬を東方に回ったところの小さな入江に小流が流れ込んでいて、今の5万分に1図は名前も書いていない。ここが元来の静内で、昔は会所があった。

寛政3年（1791）の「東蝦夷道中記」にシツナイが記されている。
「シツナイ　直領」「シブチヤリ　知行主、蠣崎十郎左衛門・太田伊兵衛、請負人、阿部屋伝吉」
8年後、幕府が東蝦夷地を直領とした年、寛政11末年（1799）の様子が「東蝦夷場所大概書(55)」につぎのように残されている。

> 寛政十一末年御用地に相成候。東北山、西海岸、海岸通会所、前浜少し、澗有といへ共大船は掛難し、五、六百石目迄の船を限り末申の風にて入津し、卯辰の風を以出帆す。会所壱ヶ所。「シツナイ　夷家七軒有　此所会所有。

同じ寛政末年の調査として「休明光記(56)」は「スツナイ百両」「シブチヤリ三十両」の場所名と運上金を書いている。シブチャリは今の静内川である。したがって寛政年間には、シツナイ（元静内）とシブチヤリ（静内）の双方に会所と運上屋が存在していたことになる。

天保5年（1834）の「天保郷帳(57)」では、「シツナイ持場之内、シツナイ」とある。

安政5年（1858）調べの『松浦戊午日誌(58)』は、当地からモンベツ会所へ会所が移転し、これ以降は「元シツナキ」および「元静内」と記している。

〔アイヌ語地名解〕
シツナイについてはつぎの諸説がある。

・「シツナイ。シユツネなり。…シユツは曾祖母の事、ナイは澤の事にて、昔時和の婦人此処澤に住居せしゆへ地名になすといふ」「上原地名考(59)」

・「静内郡　元名シ・フッチ・ナイ、大祖母ノ義「アイヌ」ノ始祖居リシ澤ナリト云ヒ又「フッチナイ」トモ云フ祖母澤ノ義ナリト雖モ然レドモ其實ハ「シュト°ナイ」ニテ葡萄澤ノ義ナリ」『永田地名解(60)』（37頁）

・岬山の下の処なので、shut-nai「山の裾の・川」ぐらいの名から出たのかもしれない」山田秀三(61)

フッチナイは、昔、貴婦人が流れついて、土地の犬がその婦人に奉仕したが、その間から子供が生まれ拡がって、後のアイヌになったという。有名な伝説の場所である。

3-8　元浦川と浦河

浦河の名の元であった元浦川は、今の浦河市街の中心部から西方へ20kmくらいのところに位置する大きな川で、ウラカワと呼ばれていた。この川の最下流部の右岸にウラカワ場所の運上屋が置かれ、その一帯の地もウラカワと呼ばれていた。寛政11年（1799）4月から東蝦夷地の場所は幕府の直捌となっており、幕府は文化4年（1807）にウラカワの運上屋をモコチに移し、名称を浦川会所とした。

移転させた理由について、白山友正は「浦川は西に偏していたので、場所中央に変更したのであろう。」とみている。モコチは今の浦河市街で昌平川の川口で、ここにも運上屋が置かれていた。

アイヌ語ウラカワの語義について二つの説がある。

「腸（？）」：「上原地名考(62)」

「霧濠の立上る処」と「禽獣の腸」：『松浦戊午日誌(63)』

アイヌ語のurar-pet「霧・川」は考えられる。沙流方言の「腸」は、ossikeopやkankanであるが、ウラカワがなぜ腸の意に結びつくのか、これらは類例をみない解釈であり、分

らない地名である。

3-9 釧路から雪裡へ移住

釧路村モシリヤ（茂尻矢）のアイヌ27戸が、阿寒郡セツリ川上流へ移住している。モシリヤは今の釧路市大川町・城山町。城山にはアイヌが築いた砦跡が残るお供山がある。

移転の理由について、『鶴居村史』によればつぎの事情があったようである。

　明治15,16年ころを境として、従来原住民生活の唯一の資であった鹿領が、ほとんど皆無になったばかりか、釧路海浜における昆布も流氷にさらわれ、非常の困幣に陥り、最早殆ど安住する能わざるに至る。

移転地の選定にあたって、釧路郡役所は、アイヌ有志にセツリ川上の現地を調査させ、報告書と連名の移住願いを提出させている。

同18年7月、出願者41戸のうち27戸が、セツリ川上流の「フシココタン」と「ベラカイサヌニ」に入植した。今の鶴居村下雪裡古川の東側で鶴居村の発祥の地点とされている。

移住にあたり一戸あたり平均五反部（4,960㎡）の土地が割り当てられた。出願の2町歩（19,834㎡）に対し4分の1であった。それに馬1頭、農具、種などが支給されたが、出願していた食料給与は「聞届け難し」とあって何等の施策もなかった。

ここで、土地を開墾し馬鈴薯、大麦、栗、大豆、小豆など作付けさせる農耕生活を指導された。移転地の雪裡川（釧路川下流に西から入る支流）で鮭漁も認められていたが、8年後の同26年にこの川は鮭の天然孵化場設置のため毎年5月から11月中旬まで禁漁とされ、これまで自由であった薪木に税金が課せられ、アイヌの生活は立ち行かなくなった。アイヌの多くは釧路のハルトリなどへ出稼ぎに行き、逃げ帰るか死亡者も出たという。移住して13年目の同31年には、フシココタンが7戸、ベラカイサヌニ（移住後、ピラカコタンと称したようだ）も7戸と、半数に減少した。『鶴居村史』（昭和60年9月22日）、「根室県旧土人資料」、『北海道の地名』（平凡社）

〔アイヌ語地名解〕

①モシリ・ヤ mosir-ya「島・の岸」

②「セツ チリ ウシ、巣鳥多キ處。又「シチリウシ」ト云フ蒼鷹（クマタカ）多キ處ノ義」『永田地名解(64)』（370頁）。setは「寝台、クマの檻、鳥の巣」の意であるが、ここは「set-chir 巣・鳥」

③ husko-kotan フシコ・コタン「古い・集落」

下雪狸地区には、縄文、擦文、続縄文、アイヌ時代の遺跡が23ヶ所確認されており、このうちアイヌ時代のチャシなどが5ヵ所ある。

④ pira-ka- kotan ピラ・カ・コタン「崖・の上・集落」

3-10 山網走各地から美幌へ

文政年間（1820）の頃、今の網走市外付近を浜網走、美幌と津別地方を山網走と称していた。山網走の地域は美幌村、古梅村、杵端辺村（きねたんへ）、活汲村（かつくみ）、達媚村（たつこぶ）、翻木禽村（ほんききん）がある。豊幌川と栄森川などの流れを集めながら北流する網走川の流域にあり、北部で南東から流入する美幌川が合流している。

明治22年から23年に、山網走の各地に居住していたアイヌの27戸、95人が、美幌村アシリペツクシ（今の元町付近）に強制移住させられた。『状況報文(65)』（北見国）移住の理由は不明である。

　〔アイヌ語地名解〕美幌はつぎの二説がある。
　①「ピホロ　川端に出り。（中略）転太石急流。こへて東岸に到る。人家三軒計山の間の十丁計し有平目に住す。是を即、アシリコタンと云。アシリは新き義、コタンは村と云儀也。ビホロは前に云ごとく小石多く有ると云り。」『松浦戊午日誌』340～341頁
　②ペ・ポロ「水・多い」から転化したもので、当地は多くの清流が合流して水量が豊富であるから名づけたものだという」『網走市史』
　また、アシリペツクシについて『美幌町史』は、「新しい川の流れ、網走川の一部が、流れを替えて新しい川筋が出来た所と考えられ、元町附近を指している。」と書いている。asir-pet-kusアシㇼ・ペッ・クシは、「新しい・川・の向こう側」の意だろう。

3-11　網走東部の海浜へ移住
　北見町は近代にアバシリ場所の大番屋が置かれていた地で、明治14年（1881）1月、網走川右岸域が分離し北見町が成立している。今の網走市の南1条～南10条の東西および桂町1丁目～5丁目である。
　当時の北見町はアイヌ30戸、和人の家は大地主藤野家ら数戸であった。同14年に市街地が区画され、同15年から土地の払い下げが行われた。『網走市史』。同19年にはアイヌの家屋30戸が市街の東部の海浜に移されている。『状況報文(66)』
　〔アイヌ語地名解〕伊藤せいち氏(67)は、網走について、アパシリ、チパシリの語源紛々としているとして、つぎの記録を紹介している。
　①アパシリ…アパは網の浮に付たる木の事、シリは島也。「秦西蝦夷地名考」
　②アパは漏る、シリは地。漏る所＝洞窟。「上原地名考」
　③霊鳥チパシリが「チパシリ、チパシリ」と鳴いたことからアパシリになった。『松浦戊午日誌』
　④apa-shiri　入口の地。「バチェラーアイヌ語地名考」
　⑤チパシㇼ、ぬさ場のある島。『知里　網走市史』

3-12 旭川の近文へ強制移住
　明治27年（1894）殖民地開放政策がとられ、その対象がアイヌの多数居住する土地に及ぶと、保護地を官有地のまま1戸当たり1万5千坪を賃下げることになった。上川郡鷹栖村近文（今の旭川市近文）および千歳、渚滑（今の紋別市）のアイヌに割渡しが行われた。アイヌに土地の所有権はなく、保護地台帳に利用権が記載されるのだが、農業に不適な土地が多かった。
　同27年、旭川村の河川沿いに3集団で居住していたアイヌ36戸は、北海道庁の指示によって村の北西部の給与地近文へ集団移住するよう強制された。そして給与地が15年間未開

墾の場合は没収されることになっていた。こうしたなか、2年後に上川鉄道が開通し、鉄道用地として一部が取り上げられている。
　アイヌは漁労・狩猟を主たる生業としていたため、開墾は進まなかった。アイヌは土地の利用権を担保に、和人から融資を受けたが返済できず、その利用権を失い困窮する状況となった。
　同39年、北海道の指令により旭川町は、近文アイヌの各戸に土地1町分を、同40年から40年間無料で転貸した。
　ところが大正11年（1922）、この貸付期間を短縮し、昭和7年（1932）までの10年間に変更された。危機感を抱いた近文アイヌは、部落開放や労働・農民運動と連携し、土地の自主管理や民族の解放を求めた。
　昭和7年、近文アイヌは全道のアイヌとの連携し、北海道に保護地全域の無償下付と財団による自主管理を要請するとともに、上京し、旧土人保護法の改正などの陳情活動を行った。
　昭和12年、北海道議会は、土地処分制限の緩和、農業以外従事者への助成、アイヌ学校の廃止などをきめた。『北海道史事典(68)』
　〔アイヌ語地名解〕
　『永田地名解(69)』（66頁）は、「chikap-un-i チカプニ　鳥・居ル・處。此山ノ川ニ臨ミタル處ノ山面ニ大岩アリ鷹常ニ来テ此岩上ニ止ル故ニ名ク」と書いた。

3-13　元紋別から紋別へ
　紋別市街から東方へ約2kmのところに藻鼈川が流れていて、川筋一帯も藻別で呼ばれた。寛政5年（1794）の「西蝦夷地分間(70)」は「ソウヤ番小屋」の所在地を「モンベツ」（現の紋別とみてよい）とするとともに、その南に位置する河口を「モンベツ番小屋セマキ澗ナリ」（藻鼈川河口＝現在の元紋別とみてよい）と記している。これが現在の紋別をモンベツと称する初見である。」
　5年後の記録、寛政10年（1798）の「谷口青山沿岸図(71)」は、トマリとモンベツをつぎのように区別している。
○「トマリ…此所番屋アリ　止宿也　大舟掛ル　舟付宣シキ澗也」。この「トマリ」は、現在の紋別市街で弁天岬がある。当時「夷ヤ」はみえない。
○「モンヘツ　夷ヤ三十　川アリ　六七間舟渡シ」。ここでいう「モンベツ」は戸数30戸、現在の元紋別である。
　弘化3年（1846）の『松浦蝦夷日誌(72)』二編に、「元紋別6～7軒、紋別6～7軒、とほぼ同じ規模、」と書かれている。この頃すでに、元紋別が衰退しアイヌ集落は紋別へ移動がすすんでいたことが窺える。場所請負人（柏屋藤野喜兵衛）の交易の拠点が置かれていた時期にあたる。
　10年後の記録『竹四郎廻浦日記(73)』によると、紋別22軒、元紋別3軒で、元紋別と紋別のアイヌ人口は逆転している。
　〔アイヌ語地名解〕

『永田地名解(74)』(494頁)は、「モ・ペッ（静・川）、流早カラズ、古ヨリ疫疾ナシ故ニ名ク、」また、山田秀三(75)は、「トマリは日本語からアイヌ語に入った言葉で、「泊地」の意味で諸方の地名に残っている」と説明している。

上記は、谷本晃久氏(76)の論文「移動する地名」より引用させていただいた。

3-14 元沢木から沢木へ

雄武市街から海岸を南東方へ10km弱のところに元沢木の集落があり、元沢木川が流れている。そこからさらに南東方へ約1.5kmで沢木に至る。

サワキよりホンナイへアイヌの移住について『松浦蝦夷日誌(77)』二編（365頁）は、つぎのように記録している。

> 番屋有、近年迄は通行人皆サワキニ而泊りし由なれども、いつとなく彼地は漁事さびしきが故、此処え番屋も多(く)引移、夷人いつとなく此方へ引越したるが故ニ皆此処え止宿もうつりし也。蔵々有。夷人小屋九軒、弁天社有　ホンナイ。訳而小さき沢と云義也。

〔アイヌ語地名解〕沢木はつぎの諸説がある。

①「サワキ　ヲコツベツまで二里。本名はサンワキなり、サンは出崎、ワは助語、キは石なり、此所の出崎少しはなれて石あり、故に名とす。」「西蝦夷地名考(78)」

②「夷語シャワキなり。即、海岸の岩崎と云ふ事、亦はシャーイワキ（中略）姉を葬ると云ふ事。扱、シャーとは姉の事。イワキとは祭る所と申す事なり。両様未詳。」「上原地名考(79)」

③「サラキプ　鬼茅アル處、濱近キ處ニ鬼茅アリ故ニ名ク」『永田地名解(80)』（491頁）」

3-15 鶴沼から石狩川下流へ

松浦武四郎は安政4年（1857）5月21日に、石狩川を北へ向かう途中で、カバトに止宿している。そして『松浦丁巳日誌』につぎのように書いている。

> 昔しはカバトには土人多く有し由也。此処より下をツイシカリまでを下カバトと云、文化七年（1810）改の時は百廿人人別も有し由なるが、（中略）今は一軒も無、有丈け浜え下げ有。

浦臼町にある山田農園の、大きなビニールハウス前に看板が建っていて、平隆一氏（元会員）の資料提供による説明文と概略図が載っている。

浦臼町の鶴沼公園の上はチャシのあったところで、焚き火の跡が確認されている。この辺りに多くのアイヌが住んでいたが、強制的に石狩の番屋付近に移されたとのこと。鶴沼周辺の土の中からたびたびアイヌが使用していた品が見つかったそうである。3㍍くらいの崖の奥にアイヌの住居跡らしいところがいくつかあって、昭和20年代の初めころに畑を掘り起こしていたら、アイヌの首飾りや袢纏などが出てきたことがあった。ある人の畑から頭蓋骨が出てきたときは、お寺に預けたそうである。明治の終わりころから昭和初期にかけて見つかった刀などは、ある人が保存していたようで、現在、北海道立埋蔵文化センター（江別市西野幌）に保存されている。昭和の初めころも、ある人の畑から刀（刃渡り25cmくらい）が出てきた。これは浦臼郷土資料館に寄贈され現在展示されている。

3-16 樺太から対雁へ強制移住

明治8年（1875）5月7日、日本とロシアは樺太千島交換条約を締結した。これにより日本の国籍を望むアイヌは3年以内に国籍を選択することがきめられた。それで樺太組が北海道の石狩へ、北千島組は南千島の色丹島へ強制的に移住させられた。当時の樺太の全人口は2372人であった。

樺太のアニワ（亜庭）湾一帯のアイヌ108戸、841人は、ひとまず対岸の宗谷地方に留められた。開拓史は、アイヌをあまり近くに置くと再び帰島するおそれがあるとし、翌年、北海道の石狩川下流左岸の対雁（江別太）に半強制的に移住させた。対雁は石狩川の南岸、江別市街から少し下ったところである。

移転地での施策は、衣食住の保障、漁業生活の資金支給、女性への製網指導、勧農教育などであった。同12年、各戸に500～1000坪の耕宅地が渡されたが、農業は不振だった。健康な者は、春は厚田でニシン、夏にかけて来札などでマス、秋は石狩川河口のサケの漁場に働きに出てしまい、土地の開墾は残された老人と幼児では手に負えなく、耕作は惨憺たるものだった。

同12年3月、九州や関西方面でコレラが大流行し、秋にはこれが北海道に伝染してきた。対雁で74人の患者が出て30人が死亡している。さらに、同19年コレラが発生、年末から翌年にかけて天然痘が大流行、対雁で388人が死亡している。これによるアイヌの死亡数は公表されていないが、いずれにせよ800人余移住したアイヌの半数近くが亡くなったと云われる。

同15年樺太アイヌ移民の直接保護が期限切れとなり、139戸が参加して「対雁旧樺太移民共済組合」が組織され、石狩浜稼が恒常化した。『江別市史』

同19年（1886）に対雁に残っていたアイヌは約30戸、100人ほど、さらに樺太に出稼ぎに行きそのまま帰還する者も出て、次第に離散していった。

アイヌは生活に困ると、和人からお金を借りた。その際、アイヌが持っていた土地を和人に賃貸したことにする。和人はその土地に小作権を設定していた。お金持ちの和人はアイヌへの土地の賃貸期間を長期化し、賃料を一括前納する。この前納金に高利の利息を賦課したので、利息の延滞や未納が長期化すると、アイヌはその土地を巻き上げられたという。

上ツイシカリ場所（江別川が石狩川に合流する地点）は、1799年からの幕府の東蝦夷地直轄化の影響で、それまで入会漁をしていたイザリが幕府領と松前藩領の境となり、飲料漁権を失ったアイヌ38戸が四散している。また、「遠山・村垣の西蝦夷日記」（文化3年）によると、下ツイシカリ（ツイシカリ川＝今の世田豊平川の石狩川合流点）も、享和2年（1802）頃の大水害で、「サッポロ川」が「ツイシカリ川」に流路を変え、サッポロ川河口はツイシカリになった。

〔ツイシカリの位置〕

①トイシカラ 回流沼。此沼ハ「ヌプロチペッ」（野幌川）ト「ハシウシュペッ」（厚別川）ノ間ニアリテ清水湧出回流セリ『永田地名解』（49頁）

②元来はイシカリ川（津石狩川）の川口であったからの名であろう。札幌川の川筋が変わり、ツイシカリ川筋を流れ下るようになったが、今は切り変えられて福移の方に流された。：山田秀

三「北海道の地名」
〔アイヌ語地名解〕ト・エ・シカリ to-e-sikari「沼が・そこで・回る」の意。

3-17　北千島諸島から色丹島(しこたん)、さらに北海道へ

　明治18年「樺太千島交換条約」の結果、千島の住民が「日露いずれかの国籍に属することは自由だが、発効後1年後の国籍に属すること」になった。アイヌたちは、元来北千島の各島を転々と移動しながら主として海獣の捕獲によって生活し、風俗・習慣・言語・宗教などはロシア化していたが、ロシア領に移動する時期を失い、日本の国籍に属することになった。

　明治17年(1884)7月、日本政府は北千島のアイヌ(ロシア国籍の9人を除く)ほぼ全員97人を色丹島に強制移住させた。具体的な場所は不明である。この島に19世紀初期は100人以上のアイヌが住んでいたが、ネモロ場所に強制移住させ、漁業のための季節的な往来のみで無住[81]の島となっていた。島の周囲は険しい崖で、漁場に乏しいところであった。

　移住当時は物資を貯蔵すること少なく、冬季は青物が切れて壊血病に罹って死亡したもの多数、5年半後までに49人が死亡している[82]。その後、昭和45年8月の太平洋戦争の敗北直前に、色丹島のアイヌは北海道へ引き揚げている。

おわりに

　本稿は、アイヌコタンの集団移住について、僅かな記録をたよりに纏めてみた。

　コタンの集団移住話しは全道各地拡がっている。それに比べて分っている事例が少ないのはなぜだろうか。アイヌが住んでいた場所、戸数や人数や名前、時期などの公的な記録が極めて少ないのである。『新北海道史』や各市町村史には(一部の市町村史を除いて)ほとんど載っていない。町や村の役場に記録があったはずである。意識的に記載しなかったのでなかろうか。

　先住民族のアイヌが蝦夷地に住んでいた確かな記録は、アイヌの歴史上極めて重要である。家族の一部を移住させた事例もたくさんある。松浦武四郎の著書を読むと、川上に住んでいたアイヌのうち、働き盛りの大人を河口で働かせるため半強制的に集め、子供・老人・病人はコタンに残している。

　ここに収録したアイヌコタンの集団移住事例は、ほんの一例であろう。アイヌの強制移住事例について、アイヌ語地名研究会へ情報の提供をお願いしたい。

参考文献

(1) 松前景広編、嘉永20年(1643)に松前家が幕府に提出した記述を元に編纂された松前藩最古の記録。『新北海道史』
　　第七巻史料一
(2) 「松前家記」(『松前町史』史料編一)によると、上ノ国の蠣崎季繁(かきざき)の許に身を寄せていた武田信広は、その後、蠣
　　崎季繁の養女(安東政季の娘)を妻とし、勝山館に居を定めたとある。そしてコシャマインの戦いの勝利を契機に、

渡島半島の諸豪を糾合し、和人層のリーダー的存在を築いた。
(3) 蝦夷地を知行所として割当てられた知行主（藩士）は交易船を派遣してアイヌと交易を行った。その交易地は商場と呼ばれていた。
(4) 寛文7年(1667)の樽前山噴火で、苫小牧から日高地方に厚く積もった火山灰により、河川や土壌の汚染があり、土地の境界をめぐる抗争につながったことも、要因になっていた指摘されている。
(5) この和人のうち、士分は6人のみであとはすべて商人であった。『津軽一統志』巻第十
(6) 『県史1北海道の歴史』平成12(2000).9、山川出版社
(7) 場所の収入が増えればそれだけ松前藩の財政が潤う。以前は年間2000両ほどの藩の運上金収入が、天明4年(1784)の『赤蝦夷風説考』によれば、15260両と約8倍に記録されている。『赤蝦夷風説考』「蝦夷地一件」巻一に収録（脚注8）
(8) 「蝦夷地一件」（五）天明4(1784)～寛政2(1790)『新北海道史』第七巻史料一
(9) 現在、日本が固有の領土と主張している歯舞群島、色丹島、国後島、択捉島は、当時から幕府が支配していた。文化4年(1807)幕府はクナシリ、エトロフなどに、東北の諸藩に出兵と警備を命じている。
(10) 営利目的で魚介類を捕獲し養殖すること。
(11) 木村尚俊ほか編、平成8(1996).3、三省堂
(12) 小笠原信之著、平成13(2001).7、緑風出版
(13) 江戸幕府は全国の藩に命じ、郡ごとの村名と石高を記録し国絵図とともに作成させた。慶長、正保、元禄15年(1702)、天保5年(1834)の4回提出させている。
(14) 享保5年(1720)成立（内閣文庫本複写本）、蝦夷地（現在の北海道、サハリン、千島諸島）の山川、風俗、産物を漢文で体系的に著したもの。
(15) 志鎌万輔著、私立函館図書館所蔵本、文化3年(1806)、幕府の勘定吟味役村垣佐太夫（定行）の一行に随行していた目付遠山金四郎が、松前から宗谷までの西蝦夷地巡検の折の日記と風土、産物などを記したもの。
(16) 松浦竹四郎著、高倉新一郎解読『竹四郎廻浦日記』上、巻の五、安政3年(1856)調、昭和53(1978)初版、北海道出版企画センター
(17) 永田方正著『北海道蝦夷語地名解』明治24(1891)、昭和59(1984)、初版復刻版、草風館
(18) 余市郷土史第2巻、昭和43(1968).4、余市教育研究会編
(19) 前掲16『竹四郎廻浦日記』上 参照
(20) 『北海道の地名』昭和59(1984).10、初版、北海道新聞社
(21) 前掲16『竹四郎廻浦日記』上 参照
(22) 商估は「商人・あきんど」のこと
(23) 前掲17『北海道蝦夷語地名解』参照
(24) 『増訂松前蝦夷場所請負制度の研究』昭和46(1971).4、慶文堂書店
(25) 松浦竹四郎著「東西蝦夷山川地理取調圖」昭和63(1988).2、草風館
(26) 前掲13「元禄郷帳」参照
(27) 元禄国絵図（別名・松前嶋絵図）元禄13年(1700)作、『新撰北海道史』通説一
(28) 天明5～6年調、佐藤玄六郎等著、北海道、南千島、カラフトの地理・人物・風俗・産物・言語・ロシア人・山丹人に関する情報を記したもの。『北門叢書』一

(29) 上原熊次郎著「蝦夷地名考幷里程記」文政7(1824)調、佐々木利和編『アイヌ語地名資料集成』昭和63（1988).2、草風館
(30) 前掲17『北海道蝦夷語地名解』参照
(31) 「蝦夷草紙」「蝦夷拾遺」「西蝦夷地分間」「休明光記」「東夷周覧」「伊達家蔵書」「蝦夷地上書」「再航蝦夷日誌」など
(32) 『北海道駅名の起源』昭和48（1973).3、日本国有鉄道北海道総局
(33) 高橋壮四郎ら4名が、幕命により蝦夷地を調査し編纂した地理書、別名「松前東西地理」
(34) 木村謙次著、東蝦夷地よりクナシリ、エトロフまでの詳細な日記
(35) 田草川伝次郎著、近藤重蔵とともに西蝦夷地の調査に派遣された折の日記
(36) 「東蝦夷地各場所様子大概書」（仮題）山越内よりエトロフ島までの東蝦夷場所の状況について、その地の会所もしくは詰合が松前奉行所に報告したもの。『新北海道史』第七巻史料編一
(37) 『新版蝦夷日誌 上 東蝦夷日誌』明治11(1878)松浦武四郎著、吉田常吉編、昭和59年(1984) 初版、時事通信社
(38) 前掲14「蝦夷志」参照
(39) 安政4年（1857）箱館奉行堀織部正の東西蝦夷地及び北蝦夷地の廻浦に随行した仙台藩士玉虫左太夫著の道中日記。「北海道郷土研究資料」13
(40) 寛文10年(1670)調、即田安右衛門著、海保嶺夫翻刻『北方史史料集成』第四巻、平成10(1998).6.、北海道出版企画センター
(41) 前掲13「元禄郷帳」参照
(42) 享保16年(1731)編、相坂兵右衛門・伊東八右衛門ほか著、『新北海道史』第七巻史料一、寛文9年(1669)に蝦夷地で起きたシャクシャインの蜂起に際し幕府から後詰めを命じられ、松前・蝦夷地に赴いた弘前藩の出兵や隠密の落士たちによる状況探索、アイヌの有力者たちから聴取した事件の真相、漂流のふりをして東蝦夷地の状況を探った報告などが収められている。
(43) 前掲24『増訂松前蝦夷場所請負制度の研究』参照
(44) 前掲29「蝦夷地名考幷里程記」参照
(45) 前掲36「東蝦夷地各場所様子大概書」参照
(46) 松浦武四郎著、秋葉実解読『戊午東西蝦夷山川地理取調日誌』下、1985(昭和66).10、北海道出版企画センター
(47) 『北海道殖民状況報文』明治28年(1895)以降に北海道庁が実施した全道各地の移民入植地の現況報告
(48) 明治19年(1886)「新冠御料地」、明治21年(1889)「新冠御料牧場」、大正11年(1992)「新冠牧場」、昭和17年(1942) 再び「新冠御料牧場」、昭和22年(1947)「新冠種畜牧場」
(49) 前掲36「東蝦夷地各場所様子大概書」参照
(50) 安政3年(1856)記、佐倉藩士たちの蝦夷地道中日記、『近世庶民生活史料集成』四
(51) 前掲16『竹四郎廻浦日記』参照
(52) 島義勇（佐賀藩士）安政4年(1857)、箱館奉行堀部正の東西蝦夷地、北蝦夷地の廻浦に随行した際の道中日記。
(53) 前掲46『戊午東西蝦夷山川地理取調日誌』参照
(54) 前掲17『北海道蝦夷語地名解』参照
(55) 前掲36「東蝦夷地各場所様子大概書」参照

(56) 文化4年(1807)序、羽太正養著、幕府の蝦夷地経営およびロシア対策等を文書にもとづいて叙述『新撰北海道史』第五巻史料一

(57) 前掲13「天保郷帳」参照

(58) 前掲46『戊午東西蝦夷山川地理取調日誌』参照

(59) 前掲29「蝦夷地名考幷里程記」参照

(60) 前掲17『北海道蝦夷語地名解』参照

(61) 前掲20『北海道の地名』参照

(62) 前掲29「蝦夷地名考幷里程記」参照

(63) 前掲46『戊午東西蝦夷山川地理取調日誌』参照

(64) 前掲17『北海道蝦夷語地名解』参照

(65) 前掲47『北海道殖民状況報文』参照

(66) 河野常吉著『北海道殖民状況報文』北見国、昭和50(1975)翻刻、北海道出版企画センター

(67) 『アイヌ語地名Ⅰ 網走川』1997.11、北海道出版企画センター

(68) 北海道史研究協議会編『北海道史事典』平成28(2016).6、北海道出版企画センター

(69) 前掲17『北海道蝦夷語地名解』参照

(70) 函館市立中央図書館所蔵手稿本

(71) 「日高島至舎利 沿岸二十三図」『網走市史』上巻、翻刻掲載

(72) 弘化3年(1846)記録、松浦武四郎著、秋葉實翻刻・編『校訂蝦夷日誌』二編、平成11(1999).12、北海道出版企画センター

(73) 松浦竹四郎著・高倉新一郎解読『竹四郎廻浦日記』昭和53(1978)、北海道出版企画センター

(74) 前掲17『北海道蝦夷語地名解』参照

(75) 『北海道の地名』昭和59(1984).10、北海道新聞社、441頁

(76) 『アイヌ語地名研究14』平成3(2011).12、北海道出版企画センター

(77) 前掲72『校訂蝦夷日誌』二編 参照

(78) 秦　檍麿(はたあわきまろ)の「東蝦夷地名考」の記載内容と類似していることから、「西蝦夷地名考」の仮題で呼ばれる。文化5年(1808)頃の調べで西蝦夷地の最も古い地名解。西蝦夷地のうち天売・焼尻両島および浜益より斜里までの各地のアイヌ語地名の語源を考察したもの。小樽・石狩の地は書かれていない。『北方史料集成』第1巻、平成3年(1991)、北海道出版企画センター

(79) 前掲29「蝦夷地名考幷里程記」参照

(80) 前掲17『北海道蝦夷語地名解』参照

(81) 夷人小屋も三十年以前までは三十軒の有り由。今(1849年)は壱軒もなし。『校訂蝦夷日誌』二編、51p

(82) 高倉新一郎著『新版アイヌ政策史』昭和47年(1972)、三一書房

談話室

未調査のタプコプ地名

伊藤 せいち（北見市・会員）

　本稿は、アイヌ語地名研究大会2017(H29).7.2開催のパネルディスカッション「タプコプ地名を考える」の中で伊藤が述べた記述（『本誌』73頁）を詳しく解説したものです。

1. 常呂川筋仁頃のタプコプ

　『北見市史』1957(S32)に、常呂川筋の「先史時代の北見／海底時代」の頃に、「<u>仁頃およびタツコブ</u>の頁岩中から魚鱗の化石が発見されている...」とある（下線伊藤、以下同様）。ここにある「タツコブ」、この位置は、仁頃川口か。私にとっては、地質、地理にはうとい方で、ひとわたり読んですませていたところであったが、「タツコブ」の名があったことも忘れていた。

　この「タツコブ」は、『端野町史』1965(S40)にも書かれている。
「自然環境／地質・地形」の項に、
「かつては端野近辺が海岸であったのが幾万年かの後には、今に見る網走や常呂に海岸線が後退したのである。従って吾々の端野も大昔には海底であった。海底であった証拠として、<u>仁頃タツコブ</u>の頁岩中から魚の鱗の化石や、忠志の頁岩中から二枚貝や魚の化石の発見により、又もっと永い年月の間に、魚類の骨等が海底の変動と水の圧力で岩石化して出来る石灰石が端野忠志の奥や北見地方各地に発見されている事実から証明される。(p1)」
　文中、忠志の「二枚貝」については、『端野町史』編さん者・鈴木三郎氏が、現地で貝の化石をひろい、「オオノガイ（二枚貝）だよ」と見せてくださったことがある。この鈴木氏は「仁頃タツコブ」の位置を知っているはず、お聞きしたい...、しかしお亡くなりになって久しい。

　以上、「タツコブ」は、上記『北見市史』と『端野町史』にのみ見られる地名である。

　『端野町史』には、現在の陸地が、その昔も陸地（黒）であった所と、海（白）だった所の対比図がある（『本誌』79頁 図-2 「仁頃川口新旧対比図」 以後「対比図」と略す）。
海だった所の主な地点に地名が書かれている。常呂川筋川口から、常呂、豊川、日吉、とつづき、川口（仁頃川口）、少し奥の仁頃川筋には、三号、八号、北登と記載されている。仁頃川口から上流には、忠志、端野、北見、とある。仁頃だけ川口の他、川筋の3地名が

ある。
　海底の化石の分布で重視された所であろう。「仁頃タツコブ」といわれたのは、仁頃川筋、とりわけ川口（仁頃川口）であろうと想像される。
　従来、タプコプは山の名称と言われていたので、仁頃川口周辺にそれらしい山はないものか、一応調べてみた。
　オシュイコツネイ山336.8m．川口左岸。（「対比図」のB）。オ・シ・コツネ・イ　川尻・大きい・くぼ地になっている・所。山の名ではなく、山の南東にあるくぼ地（「対比図」のC）を指している地名が山の名に転用されたもの。もともとはこの山にアイヌ語名はなかったようだ。（もしかしたら、これがタプコプだ、とみたいがしかしそれをうらづける記録や口伝もない）。山のタプコプではないと判定した。
　さて、本論のタプコプはどこか。仁頃川口左岸、ここは概して平地である（「対比図」A）。仁頃川口が東に寄り、少しさかのぼって西にもどる、その湾状の中の平地である。昔はアイヌの人家もあった（松浦山川図にエのマーク（蝦夷屋））。

2.　網走川筋上流のタッコプ川（津別町最上）について

　網走川筋の大きな支流「タツコプ川」、川の名である。「タッコブ」という「小山」という記録はあるが、その現地はどこなのか。

　松浦武四郎の『戊午日誌』9(1858　上　p328)に、
「タツコフ…タツコフは小山の事也。此処（川口）に小山は無けれども、此うしろの川すじに有るによつて、其川名を今村名に用ゆ。」とある。
　「うしろの川すじ」は、タッコブ川筋一つ上手右岸支流のヨコシナイと思われる。この筋に「タフコフ」があるという。

　永田地名解（p529）には、
「tapkop　タプコプ　小山　達媚村ト称ス　網走郡アバシリ川筋」
とあるが、「小山」（つまりタプコプ）の明確な位置が示されていない。

　以後、「知里網走」（『網走郡内アイヌ語地名解』）、「山田北海道」（『北海道の地名』）においても、単に「小山」とだけ書いてあるが、明確な位置は示されていない。
　伊藤せいち『アイヌ語地名Ⅰ　網走川』1997でも、明確なタプコプの位置がわからず、上記資料に出てくる「小山」の紹介にとどめた。

　ヨコシナイ川筋に「土盛」があったという情報
　ある時、所用でタッコブ川筋を通った時のこと、タッコブ川口から1kmほどの右岸に、ヨコシナイという川がある、この川尻で車をとめた（1996.6.7.）。
　近くの農家の方（男性）にお会いでき、この辺の様子をお聞きすることができた。「タッコ

ブという名の山、どこにあるか知りませんか」、「さあ...」。「小山とか、たんこぶ山とか、丸山とか、そんな感じの山ですが」というと、「ここの畑に、ほら、ここのまん中あたりに、土盛りのような小山がありましたよ。今はすっかりならして、見ることができませんが」とのこと。

「土盛りのような小山」は、タプコプか。
　所用で出かけた折なので、現地の地図等の用意もしていなかった。帰宅して、地図に書き込んでみたが、「土盛」の場所が、ヨコシナイ川の左岸か、右岸か、不明であった（国地2.5万分図 S55）には、ヨコシナイの川筋が描かれていない。また陸仮5万分図には地名ヨコシナイは記載されていない）。不十分な調査となったのは残念だが、ヨコシナイ周辺に「土盛」があったという報告は貴重である。

『津別町史』1954の「タッコブチャシ∩」

　『津別町史』を、再度見直していたら、図版「コタン・チヤシ・アイヌ地名」（p36）（『本誌』78頁 図-3 「コタン・チャシ・アイヌ語地名」参照）に、「タッコブチャシ」と書かれ、∩のマークが付されていた。私の『アイヌ語地名I網走川』1997 では、「タッコブチャシ」は確認していたが、∩のマークは見落としていた。武四郎のいう「タツコブ、仏飯の如き一ツの山」（『戊午日誌』10）はこれではなかったのか。そして「土盛のような小山がありましたよ」という農家の方のことばも、∩のマークの所を指していたと思われる。
　「タッコブチャシ∩」は、今のところ、『津別町史』にしか出てこない。小山としてのタプコプと、チャシとしての機能もあったために、タプコプ・チャシという語があったものか。単にタッコブでよかったのに、調査者が「土盛」を、チャシと見立てて、タツコブ（川筋にある）チャシとした？。（この件は今後の検討課題としておく）。

　以上、タッコブ川口から、1.5km さかのぼった右岸支流ヨコウシナイ筋までの間の辺にあったタプコプで、概して平地であり、そこに「小山」（土盛）があった（近くにコタンもあった）ことがわかった。
　なお、単なる「タッコブ」でなく「タッコブチャシ」の記録、自然の山でなく「土盛」であること等、検討課題が残されている。

資　料　紹　介

秋山秀敏、豊頃町のアイヌ語地名、『大津勝川研究』11号、大津・十勝学会 2013(H25).3.31.

秋山秀敏、松浦武四郎の十勝調査、『大津十勝川研究』15号、大津十勝川学会、2017(H29).3.31.

大竹　登、松浦武四郎の生い立ちと足跡－簡約　松浦武四郎自伝をベースに－、『創立三十周年記念誌　辿古三十年』、由仁町郷土史研究会、2014(H26).6.30.

岡本武雄、松浦武四郎の足跡　由仁の夕張川筋アイヌ語地名の考察、『創立三十周年記念誌　辿古三十年』、由仁町郷土史研究会、2014(H26).6.30.

中野克良、地名「由仁＝ユーニ」の由来再考、『創立三十周年記念誌，辿古三十年』，由仁町郷土史研究会、2014(H26).6.30.

中野良宣、長沼町幌内から由仁町古川までの道筋の変遷、『文化情報』350号、2017(H29).1.1.

井口利夫、石狩川のアイヌ語地名(1)－花畔－、『いしかり暦』28号、石狩市郷土研究会、2015(H27).3.

井口利夫、石狩川のアイヌ語地名(2)－マクンベツ－、『いしかり暦』29号、石狩市郷土研究会、2016(H28).3.

井口利夫、石狩川のアイヌ語地名(3)－志美－ピラカウアウシ、『いしかり暦』30号、2017(H29).3.

井口利夫、石狩川沿いのアイヌ地名(4)ピトイ・美登位－ピトイは堆砂の出来る場所だった－　ピトイ（＝小石原）の語源および地形、関連地名について

井口利夫、伊能忠敬と間宮林蔵のウス測量(上)、『伊達の風土』35号、伊達郷土史研究会、2016(H28).12.

井口利夫、「キウシト湿原」という地名について（未発表）2017.10.8

高橋靖以、北海道新冠地方におけるアイヌ語地名の調査と分析　北海道大学アイヌ・先住民研究センター、2016(H28).3.20.

高橋靖以、『アイヌ語浦河方言語彙集』、北海道大学アイヌ・先住民研究センター（札幌）、2017(H29).3.20.

「アイヌ民族の概説」「アイヌ民族の歴史（概要）」公益社団法人啓発パンフ、2016(H28).3.31

『Arctic Circle』69号、北海道立北方民族博物館友の会季刊誌、2016(H28)3.18.
　　特集　サハリン8　サハリン島における言語関係史：日本語を中心に

川上淳、千島通史(15)戸長役場期の千島國国後郡、色丹郡、根室国花咲郡宛珸瑤瑁村他浜

離島、『根室市歴史と自然の資料館紀要』28号、根室市歴史と自然の資料館、2016(H28).3.

『釧路川』No.73、釧路川流域史研究会、2016(H28).9.5. 豊原煕司・川口克紀・篠塚満香・土佐良範、釧路川水紀行－糖路湖元村駅から細岡カヌーボート駅－（その1）

『釧路川』No.74、釧路川流域史研究会、2016(H28).9.15. 豊原煕司・川口克紀・篠塚満香・土佐良範、釧路川水紀行－糖路湖元村駅から細岡カヌーボート駅－（その2）

『釧路川』No.75、釧路川流域史研究会、2016(H28).10.15. 豊原煕司・川口克紀・二柄保、篠塚満香・土佐良範、釧路川水紀行－糖路湖元村駅から細岡カヌーボート駅－（その3）

『釧路川』No.76、釧路川流域史研究会、2016(H28).10.25. 豊原煕司・川口克紀・二柄保、篠塚満香・土佐良範、釧路川水紀行－糖路湖元村駅から細岡カヌーボート駅－（その4）

小林絃一、岩手県北のアイヌ語地名を探る　一戸二戸地方のアイヌ語地名、東北アイヌ語地名研究会秋の研究会（レジュメ）、2016(H28)10.29-30.

太宰幸子、沓逢－発音も採集－大崎市岩出山上にて、『日本地名研究所通信』86号、2016(H28).11.1.

「加越能の地名」48号　2016.11.1. 坂の名と地名－そのはざまで考える　一神秀光／地名「笠野」の由来考（後）宮森俊英／若子村考　室井浩一／地名人（遺跡発掘）後藤朗

「加越能の地名」49号　2017.4.1.　宿駅の町松任　眞山武志／朝倉駅と橘宿　室井浩一／地名人：芳斉町の誕生　笠原慎治

「加越能の地名」50号　2017.11.1.　金石之交（きんせきのまじわり）、村本外志雄／金沢城下「角場」考、一神秀光／松任平木町の炎、真山武志／曾祖父が作った七つの町名、笠原慎治（十八代藤太）／地名人「蟹谷」の地名から、牧野潤／第二十回総会・研究発表会、現地探訪報告。

森美典、アイヌ語地名余滴(2)、『伊達の風土』35号、伊達郷土史研究会、2016(H28).12.

『くしろ地名考』55号、釧路地方の地名を考える会、2016(H28).12.1.第35回全国地名研究者伊那大会（平成28年5月28.29日）に出席の感想と報告（中江記）　本能寺の変431年目の真実［講演：明智憲三郎］（山本記）／第20回アイヌ語地名研究会大会報告（坂下記）／釧路地方の地名を考える会　第20回探索会に参加して（松尾記）

『れら rera 東北』24号、東北アイヌ語地名研究会、2016(H28).12.30.　秋の研究会・探訪会、二戸市で。1日目　海上（かいしょ）探訪と研究発表／2日目　地名探訪会

『れら rera 東北』25号、東北アイヌ語地名研究会、2017(H29).7.30.総会及び研究会　鬼頭と推子そして松原山内探訪と研究発表（新谷）／サンナイという地名について、村崎恭子（御講演収録）／秋田県におけるサンナイ地名、土肥稔

今野淳子、櫛風沐雨［しっぷうもくう］をついて－松浦武四郎の蝦夷地探検、『ほっかい新報』2030号、2017(H29).1.1.

池澤夏樹、天はあおあお　野はひろびろ　美唄,美深,美瑛,美々　美しく根拠あるアイヌ語地名、北海道新聞 2017(H29).1.9.

資料紹介

『ユカラ辞典－ユカラやウェペケレを読むために－』、編・発行：白老楽しく・やさしいアイヌ語教室（代表：大須賀るえ子）。『アイヌ関連総合研究等助成事業研究報告』第16号、2016(H28).2.28.

『日本地名研究所通信』87号、2017(H29).2.10. 地名と季節、関和彦／川崎市長との会談、菊地恒雄／「地名を守る会」から「日本地名研究所」へ－その生い立ちの記、荒竹清光／鴻巣地域の地名調査(大字小字) 柏崎伸夫・田嶋茂／球磨人の誇り 豊な隠れ里、住吉献太郎／初めての東京大会第三六回全国地名研究者武蔵野大会への誘い、小田富英。

林英明、伊能図と北海道、『モヨロ』51号、網走市立郷土博物館友の会、2017(H29).3.31.

『北海道の文化』89号、北海道文化財保護協会、2017(H29).3.1. 佐藤京子、中野良宣、木村仁、新川寛、卜部信臣、橋本とおる、山田大隆、山田雅也。

『アイヌの昔話 キノコが生えた男の子』、アイヌ文化振興・研究推進機構－アイヌ民話撰集企画編集委員会、2017(H29).3.1. 語り；砂沢クラ・平賀サダモ・平賀エテノア・栗山国四郎・二谷国松。文：寮美千子、絵：鈴木隆一。

『くしろ地名考』56号、釧路地方の地名を考える会、2017(H29).3.10. 坂本竜馬記念館・前田由紀枝さんを迎えて(柴田記)

『くしろ地名考』57号 釧路地方の地名を考える会、2017(H29).9.20. アイヌの昔話を中心に過去を探る、坪丘始／第36回全国地名研究者大会に参加して 角田憲治／因縁めいた宣教師シドッチの発掘 谷川章雄／『地名と風土⑧』児島恭子教授「アイヌ語地名の始まり」を読んで(山本記)／聖公会と永久保秀二郎頌徳碑(佐藤寿子記)／地下の悪霊を祓う・反閇[ヘンバイ]について(山本記)

『ところ文庫』33号、常呂町郷土研究同好会、2017(H29).3.31. 佐々木覚、常呂歴史物語Ⅱ－入殖編－

『北海道立北方民族博物館資料目録 12・民族資料目録 6』、道立北方民族博物館、2017(H29).3.31.

『第36回全国地名研究者武蔵野大会〈武蔵野の地名と風土〉』、日本地名研究所、大会実行委員会、2017(H29).5.27.28. 第1日目 武蔵野公会堂(武蔵野市) 第2日目 武蔵野地名探訪コース

『地名と風土』11号、日本地名研究所、2017(H29).3.31.特集1．災害地名と町つくり 地名研究者としてどうかかわるか／特集2．武蔵野の地名と風土／（地名研究の先達4）郷土と地名－都丸十九－の地名研究、高橋治／（アイヌ語と地名4）チャシ地名について、児島恭子／（地名学習のすすめ4）国語学習のなかの「地名」小田富秀。

林包昭、鴻之舞100周年記念 鴻之舞遺産を語り継ぐ。鴻之舞鉱山閉山100周年記念行事委員会、編集：紋別市立博物館。2017(H29).7.31.

『日本地名研究所通信』88号、2017(H29).7.31. 第36回全国地名研究者武蔵野大会．大

会報告、田中弘倫、説田武紀、飯坂慶一、大窪文代、相場紀子。

尾崎功、『東西蝦夷山川地理取調圖』を読む－20万分の1地勢図との比較－、北海道出版企画センター、2017(H29).

田村将人、オホーツク海岸の津波に関する地名、『第25回環オホーツク海文化のつどい 2017(H29).8.26.』(要綱)、於 紋別市

「山の名前はアイヌ語の知恵(記事) 北海道の山岳名を調査 山辞典やアイヌ語辞典をまとめる 寺口一孝」 日本経済新聞、2017(H29).8.10.

『会報久摺』376号、釧路アイヌ文化懇話会、2017(H29).10.13. 2018年2月例会(予告)「アイヌの人たちにとっての植物とは？～春採湖畔の植物をアイヌ語地名で表すなかで見えて来るもの(春採湖畔 花ごよみの中から)」、講師：大川哲子

『アイヌ語地名研究会会報』65号、アイヌ語地名研究会、2017(H29).10.24. 青森県の青森という地名の謎、杉山武／タプコプの解釈、山下栄光／資料紹介『北海道新冠地方におけるアイヌ語地名の調査と分析』(編：高橋靖以2016)戸部千春。

『松浦竹四郎研究会会誌』73号、松浦武四郎研究会、2017(H29).9.30. 北海翁著 梅嵯峨誌、三浦泰之／松浦武四郎記念館所蔵「蝦夷屏風」に貼り交ぜの領収証類について(4)－安政四年(一八五七)分(3)－、三浦泰之／アイヌ人別帳の所在 松浦武四郎が記録したアイヌの人別(3)-2、編集部

中塚徹朗、アイヌ語の魅力、『北海道新聞』(「朝の食卓」らん)、2017(H29).11.4.

「北海道図繪」一曜齋國輝・画、甘泉堂版 国立国会図書館（寄別7-4-2-5）
全16景から成る錦絵 函港着帆 北海道新道切開 落部村 山越内 訓縫 訓縫其二 歌棄 雷電越の危難 餘市早發 餘市小樽之間求棨徑到海岸難虚 小樽ゼニバコ鮭魚の奇異 新道切開其二 札幌本府（明治三年） 札幌本府其二 本府御酒被下之圖 函館帰港 ＜高倉新一郎著『挿絵に拾う北海道史』に解説掲載＞

秋田地名研究年報 第31号 2017（H29）.5
出羽国と陸奥国とを結ぶ伝馬道-地名で探る払田柵跡への道-木村清幸
払田柵跡は郡家、名称の変遷は波瀾万丈-木村清幸

アイヌ語地名研究会
20年の歩み

『アイヌ語地名研究』バックナンバー

北海道出版企画センター　発行

第1号　1998.12.15　□榊原正文／豊平川を中心とした石狩川水系の河道変遷とその周辺のアイヌ語地名について　□平隆一／「北村」におけるアイヌ語地名について　□戸部千春／能取岬西方踏査雑感－網走市のアイヌ語地名－実地調査註解(2)　□亀井喜久太郎・池田実／厚真町の旧地名1　□村上啓司／日高の山名について　□伊藤せいち／天売島のアイヌ語地名　□髙木崇世芝／正保日本総図の北方図地名　Ｂ５判88頁、定価：1,500円＋税

第2号　1999.12.15　□榊原正文／石狩管内海岸部のアイヌ語地名－「Ｄ．Ｂアイヌ語地名2・石狩」中間報告2　□平隆一／岩見沢、栗沢、三笠におけるアイヌ語地名検討の試み　□亀井喜久太郎・池田実／厚真町の旧地名2　□伊藤せいち／羽幌町のアイヌ語地名　□戸部千春／フチ達が回想する阿寒イベシベツ　□清水清次郎／黙認できないアイヌ語地名否定論　□秋山秀敏／トムラウシの地名について　□髙木崇世芝／寛文８年前後の国絵図系蝦夷図に見える地名　Ｂ５判109頁、定価：1,600円＋税

第3号　2000.12.15　□池田実／地名になった犬の墓・セタノカ　□秋山秀敏／戦いの地名トミタヒラ　□榊原正文／アイヌ語地名3題　□伊藤せいち／雄武町内幌内川のアイヌ語地名　□榊原正文／静内町のアイヌ語地名1－海岸線、布辻川～真沼津　□平隆一／浦臼町のアイヌ語地名－新十津川の待根山とピンネシリ　□清水清次郎／試論・アイヌ語の祖語は東日本縄文語である　□髙木崇世芝／享保3年の国絵図系蝦夷図に見える地名　□切替英雄／頻出するアイヌ語地名の形態論的構造　Ｂ５判144頁、定価：1,800円＋税

第4号　2001.12.15　□扇谷昌康／アイヌ語地名マカウシ覚書　□高橋基／「旭川」の地名起源考（その1）　□伊藤せいち／紋別市藻別川のアイヌ語地名　□池田実／陸地にある群来場・ヘロキカチウシ　□地蔵慶護／認知されたユウフのソウ　□清水清次郎／アイヌ語「湾・入江」の意の「ウシ・モイ」が語源と考えられる本州方面の地名研究　□渡辺隆／消えてしまったアイヌ語の山名　□髙木崇世芝／幕府調査隊作製の蝦夷図に見える地名　Ｂ５判128頁、定価：1,600円＋税

第5号　2002.12.15　□平隆一／数値地図を利用しての無意根山形態検討　新十津川町における樺戸川の検討　□扇谷昌康／北海道におけるニナヵ(ninar)地名－特に沙流地方を中心として－　□池田実／マクンベツとマコマナイを歩く　□伊藤せいち／湧別町内のアイヌ語地名　□地蔵慶護／恵庭市ラルマナイ川の滝群　□渡辺隆／明治の地図に記された北海道の山名　□清水清次郎／地名から判断されるアイヌ語シト起源の地名分布　□真尾秀幸／写真と地図で見る東北のモヤ山　□鳴海日出志／アイヌ語とインドヨーロッパ祖語－地名語を中心として－　□髙木崇世芝／享保12年『松前西東郷幷蝦夷地所附』に見える地名　□高橋基／「旭川」の地名起源考－その(2)－　□中川裕／言語学がア

イヌ語地名研究に寄与できること　□須藤隆仙／函館のアイヌ語地名に関する疑問　Ｂ５判182頁、定価：2,000円＋税

第６号　2003.12.15　□秋葉實／北大北方資料室蔵の仮題北海道河川図、文化14年間宮林蔵図と判断　□平隆一／松浦武四郎描画記録における空知のアイヌ語山名　□池田実／漁労と地名－「胆振の山立て」から－　□井口利夫／厚岸の「モイワ」について　□清水清次郎／地形から判断されるアイヌ語起源の地名考　□伊藤せいち／興部町のアイヌ語地名　□髙木崇世芝／寛政3年『絵図面方角道規地名控』に見える地名　□渡辺隆／蝦夷地名解のルーツを辿る－その1－　□高橋基／「旭川」の地名起源考－その3－　Ｂ５判193頁、定価：2,000円＋税

第７号　2005.1.10　□扇谷昌康／豊頃町の旅来と遠別町の歌越の語源－北海道のタㇷ゚コㇷ゚地名を追って－　□井口利夫／山田秀三からの宿題－室蘭のアイヌ語地名3題－　□池田実／有珠沿岸の地名　□平隆一／空知におけるuray地名　□三好勲／樹木名の名付くアイヌ語地名「キキン」－木禽原野、津別町恩根・本岐－　□伊藤せいち／利尻町のアイヌ語地名　□清水清次郎／本州の「舞台」地方の語源はアイヌ語プト－関東地方の舞台地名とその立地地形－　□髙木崇世芝／『蝦夷巡覧筆記』に見える地名　□渡辺隆／蝦夷地名解のルーツを辿る・その2　［談話室］◇鳴海日出志／談話室　◇髙木崇世芝／伊能忠敬実測大図の展示　◇伊藤せいち／実在形と推定形　Ｂ５判203頁、定価：2,000円＋税

第８号　2005.12.15　□尾崎功／知床半島のアイヌ語地名－知床・世界自然遺産登録記念　□戸部千春／十勝湖沼群海岸夏、松浦武四郎に習い歩む　□井口利夫／試論「モイワ」考－全道の地形図に「モイワ」を探す－　□平隆一／空知におけるtapkop地名　□榊原正文／アイヌ語地名3題　□池田実／胆振の旧道を訪ねる1　□伊藤せいち／貫気別川筋のアイヌ語地名　□横平弘／難読アイヌ語地名を考える「弟子屈」と「手師学」を事例として　□清水清次郎／本州の「舞台」地名の語源はアイヌ語プトか（その2）－中部地方の舞台地名とその立地地形－　□髙木崇世芝／『東蝦夷地屏風』と『東蝦夷地名考』　□佐藤知己／アイヌ語地名研究と言語学　［談話室］◇鳴海日出志／言語漫談　Ｂ５判186頁、定価：2,000円＋税

第９号　2006.12.15　□平隆一／松浦武四郎文献における空知の「アイヌ古道」－第1報　石狩川右岸　前遍－　□榊原正文／胆振管内海岸域のアイヌ語地名について　□戸部千春／松浦武四郎弘化二年初航の十勝海岸を歩む　□池田実／胆振の旧道を訪ねる・2　□清水清次郎／本州のアイヌ語（起源の）地名研究－コッ・オウコッ・オコッペ・地名－　□地蔵慶護／本州のアイヌ語地名　□宮崎耕太／樺太・能登呂村のアイヌ語地名　□三好勲／アイヌ語地名の魅力・その分類（その1）－海岸・山・川・湿地のアイヌ語地名－　□井口利夫／19世紀の室蘭図に見るアイヌ語地名　□村崎恭子／日本の中のアイヌ語地名－北海道をモデルに本州以西を探る－　［談話室］◇鳴海日出志／言語漫談　Ｂ５判198頁、定価：2,000円＋税

第10号　2007.12.15　□井口利夫／伊能間宮蝦夷図の石狩－勇払横断線の地名(1)－　□秋山秀敏／十勝のアイヌ語地名1　帯広市　□宮崎耕太／稚内半島のアイヌ語地名　□榊原正文／洞爺湖周辺のアイヌ語地名　□平隆一／松浦武四郎文献における空知の「アイ

ヌ古道」(2)　□横平弘／難読地名「生田原」と「砂原」　□三好勲／アイヌ語地名の魅力・その分類(その2)－交通・地形形状・形容語のアイヌ語地名－　□清水清次郎／和歌山県・高知県のアイヌ語系地名－クシ・クシル・ルクシ(ルークシ)－　□本田克代・吉田千萬／クナシリ島の地名－安政四年佐倉藩士による記録－　□髙木崇世芝／『西蝦夷地行程』に見える地名　□渡辺隆／北海道山川番付　□伊藤せいち／北海道における日本語地名事例　□鳴海日出志／アイヌ語と日本語の起源…若干の地名語から　[談話室]◇渡辺隆／年表「アイヌ語地名研究会」の10年　◇アイヌ文化奨励賞を受ける　ほか　Ｂ５判173頁、定価：2,000円＋税

第11号　2008.12.15　□小野有五／アイヌ語地名の平等な併記に向けて－アイヌ語地名研究の目的と意義－　□榊原正文／白老川本流流域のアイヌ語地名　□宮崎耕太／稚内声間(幕別)川流域のアイヌ語地名　□井口利夫／伊能間宮蝦夷図の石狩勇払横断ルートの地名(2)　□吉田千萬・本田克代／続クナシリ島の地名－クナシリ場所東西里数并川ミ所ミ小名漁場、安政四年佐倉藩士による記録－　□平隆一／松浦武四郎文献における空知の「アイヌ古道」(3)　□渡辺隆／松浦武四郎文献の特色と山の呼称　□伊藤せいち／南サハリンにおけるsian(本流)とmoan(支流)　□三好勲／アイヌ語地名の魅力・その分類(その3)－動物・鳥・草・樹木の名のついたアイヌ語地名－　□清水清次郎／熊本県のアイヌ語系地名「田子山(タゴヤマ)」について　□横平弘／難読現有地名「梅花都」と旧地名「潮路」「咾別」　□鳴海日出志／アイヌ語と日本語の起源…一つの試み　[談話室]◇伊藤せいち／山の名ヌプリとシリ　Ｂ５判181頁、定価：2,000円＋税

第12号　2009,12,25　□髙木崇世芝／天保国絵図「松前嶋図」に見える地名　□井口利夫／伊能間宮蝦夷図の石狩勇払横断ルート(3)　□平隆一／松浦武四郎文献における空知の「アイヌ古道」(4)　□榊原正文／小樽内、銭函、樽前－タオロの概念について－　□宮崎耕太／稚内・増幌川流域のアイヌ語地名　□横平弘／現有地名「留寿都」と難読旧地名「御卒別」　□高橋慎／チライのつく地名　□伊藤せいち／色丹島のアイヌ語地名　□渡辺隆／幕末・明治の山名探索－資料編(国後・択捉・北海道)－　□清水清次郎／南九州の古代「隼人(ハヤト)語」の必志(ピシ)の語源は和語か、それともアイヌ語系の言葉か？　□高橋基／旭川の「神楽岡」のアイヌ語地名について－上－　[談話室]◇伊藤せいち／魚無し川で魚を釣り　◇髙木崇世芝／古地図雑感　◇渡辺隆／ソーランはアイヌ語？？　Ｂ５判181頁、定価：2,000円＋税

第13号　2010.12.25　□工藤義衛・渡辺隆／船越長善「札幌近郊の墨絵」について　□伊藤せいち／タライカと敷香周辺のアイヌ語地名　□平隆一／松浦武四郎文献における空知の「アイヌ古道」(5)　□横平弘／難読旧地名「御卒別」に対する新たな考察　□狩野義美／新冠・静内に語り継がれたアイヌ語地名　□早田国光／ピパはカラスガイかカワシンジュガイか　□戸部千春／訓子府の世界　[談話室]◇伊藤せいち／アンチ(黒曜石)のつく地名　◇髙木崇世芝／古地図雑感　Ｂ５判121頁、定価：1,800円＋税

第14号　2011.12.25　□谷本晃久／移動する地名－オホーツク海沿岸における場所請負制の浸透とアイヌの地名認識－　□早田国光／マクンペッ『幕別』は道草川である　□秋山秀敏／十勝のアイヌ語地名　２　芽室町　□伊藤せいち／アイヌ語地名サハリン１　東海

岸－北知床半島－　□平隆一／松浦武四郎における空知の「アイヌ古道)(6)　□清水清次郎／まかり通る日本語（誤説）と危機にある縄文語（アイヌ語）残存地名　□横平弘／難読アイヌ語地名「輪厚」を「輪ッ津」に　[談話室]　◇伊藤せいち／「ヘ」は縄文式土器、「カ」は弥生式土器　◇髙木崇世芝／『近世日本の北方図研究』を執筆して　Ｂ５判132頁、定価：1,800円＋税

第15号　2012.12.25　□小野有五／東北アイヌ語地名と考古学　□因幡勝雄／地名と伝承ばなしからみるコタン　□早田国光／コイドイエ（声間・恋間）とオウコッペ（興部）　□秋山秀敏／十勝のアイヌ語地名 3 中札内村　□横平弘／難読アイヌ語地名「厚 別」（アシリベツ）を「あしりべつ」に　□伊藤せいち・本田克代／アイヌ語地名 千島 クナシリ その1　□打田元輝／今井八九郎の北海道測量原図(和人地部分)　[談話室]◇伊藤せいち「トバ」（乾魚）アイヌ語地名に登場　◇三好勲「おもしろアイヌ語地名かるた」作成に向けて　Ｂ５判172頁、定価：2,000円＋税

第16号　2013.12.25　□早田国光／オペレペレケㇷ゚から帯広へ　□秋山秀敏／大雪山系のアイヌ語地名－特に東大雪を中心にして－　□横平弘／アイヌ語地名「厚別」の呼称と語源　□伊藤せいち・本田克代／アイヌ語地名 千島 クナシリ その2　[談話室]◇渡辺隆／アイヌ語ですか？　◇伊藤せいち／異分析事例 ri kun pet は rik unn pet か　◇伊藤せいち／「ない」「知らない」から出たまこと　Ｂ５判90頁、定価：1,600円＋税

第17号　2014.12.15　□高橋基／旭川市のアイヌ語地名掲示板と町内会記念誌について　□高橋慎／栗山のアイヌ語地名考　□岡本武雄／由仁の夕張川筋 アイヌ語地名の考察－松浦武四郎の足跡－　□早田国光／『愛国駅』と『幸福駅』の原アイヌ語地名　□秋山秀敏／十勝のアイヌ語地名4 更別村　□伊藤せいち／Ｊ・バチェラー辞典の「kunna 黒キ」について　□伊藤せいち／アイヌ語表記 アコロイタㇰ　[談話室]◇鳴海英之／サクシュコトニ川とアイヌ語　◇伊藤せいち／怪鳥フーリ（ペシュイの伝説）　Ｂ５判110頁、定価：1,800円＋税

第18号　2015.12.15　□秋山秀敏／アイヌ民族とフンペ地名　□早田国光／『イタラタラキ』は『十勝坊主』である　□渡辺隆／アポイ岳の由来と語源　□伊藤せいち／カッチ（Katci）「発火棒」のつくアイヌ語地名　□清水清次郎／四国・高知県のアイヌ語地名考　[談話室]◇伊藤せいち／アイヌ語地名辞典（未定稿）2014について　Ｂ５判104頁、定価：1,800円＋税

第19号　2016.12.15　□明石一紀／タツコブ像の再検討 －夕張郡のタツコブをめぐって－　□中野良宣／タプコプ地形を再考する －タプコプは双頭の山－　□渡辺隆／タプコㇷ゚地名（資料）　□早田国光／まぼろしの村 迫別（せまりべつ）と鵺抜（ぬえぬんけ）　□西谷榮治／利尻島史にみるアイヌ語地名　□伊藤せいち　頓別川筋のアイヌ語地名　[談話室]　◇伊藤せいち／地名解 試行錯誤 1　◇渡辺　隆／地名探訪うらばなし　Ｂ５判128頁、定価2,000円＋税

「アイヌ語地名研究会会報」バックナンバー

村上啓司代表　伊藤せいち副代表

　　　　発行年月日　　総頁数

1号　1997(H9).11.17　4頁　「アイヌ語地名研究会発足」。伊藤せいち著『網走川アイヌ語地名Ⅰ』出版。榊原正文著『データベースアイヌ語地名　1　後志』出版。

2号　1998.(H10)01.15　4頁　戸部千春「霊界に通じる網走の洞窟群」。岩瀬義明「霊を持った民具たち」

3号　1998(H10).04.08　4頁　「藤村久和副代表出演のイベント（紹介）」

4号　1998(H10).08.10　8頁　「会員懇談会が開催されました」「会員の著作一覧」

5号　1998(H10).12.17　6頁　「アイヌ語地名講演会について」「アイヌ語地名研究会第1回巡検」

6号　1999((H11).03.25　10頁　［特集号］伊藤せいち「村上啓司代表を偲んで」。渡辺隆「村上啓司氏の著作」

7号　1999((H11).08.25　10頁　「アイヌ語地名講演会開催」。「榊原正文氏が日本自費出版文化賞の奨励賞を受賞」。「会員の著作6点紹介」　総会で二代目代表に藤村久和氏を選出

8号　1999((H11).12.20　10頁　〔書評〕伊藤せいち『身近な歴史機構（地蔵慶護著）』と『北海道地名分類字典（本多貢著）』

9号　2000(H12).04.29　6頁　『蝦夷日誌』（秋葉實編）の完成を祝う会が開かれた。榊原正文著『私のアイヌ語地名調査』出版。

10号　2000(H12).07.25　4頁　「アイヌ語地名研究会講演会が開かれた」

11号　2001(H13).01.16　4頁　平隆一「文献を引用する場合の注意」

12号　2001(H13).05.17　4頁　「会員のみなさまの研究テーマは？」

13号　2001(H13).07.15　6頁　「アイヌ語地名研講演会が開かれた」。「アイヌ語地名研究会のマークができました」製作者：高木崇世芝

14号　2002(H14).03.11　4頁　「ＩＴ時代の地名へのとりくみ」。「アイヌ語地名が北海道遺産に」

15号　2002(H14).08.22　6頁　「アイヌ語地名研講演会が開かれた」。「会員の出版6点紹介」

16号　2003(H15).04.25　4頁　榊原正文著『データベースアイヌ語地名 2 石狩Ⅰ』『同 3 石狩Ⅱ』出版。秋葉實著『松浦武四郎上川紀行』出版。渡辺隆著「蝦夷地山名辞書原稿」出版。松田義

章著「神保小虎の明治期における北海道の地質調査とアイヌ語山名」出版。

17号　2003(H15).08.05　8頁　扇谷昌康著「穂別町のアイヌ語地名」出版。切替英雄著『アイヌの地理的認識』『アイヌ神謡集辞典』出版。高木崇世芝著『松浦武四郎関係文献目録』出版。

18号　2003(H15).12.03　4頁　西尾良一「アイヌ語地名について（感想）」

19号　2004(H16).04.12　8頁　池田実氏、平林記念賞を受賞。榊原正文著『データベースアイヌ語地名4 日高1』出版。

20号　2004(H16).07.17　8頁　鳴海英之「会誌の英文試案」。貫井進「チャシの里にアイヌ語地名をたずねて」

21号　2004(H16).11.22　10頁　秋葉實編『松浦武四郎選集　四　巳手控』出版。尾崎勲著『道の駅地名めぐりの旅』出版。「高木崇世芝氏神山茂賞を受賞」。秋葉實「新市名・東知床は再考を」

22号　2005(H17).01.25　8頁　由良勇著『上川郡内石狩川本支流アイヌ語地名解』出版。「合併時の新市町村名に配慮しよう-全道の市町村長へ要望」。

23号　2005(H17).04.30　8頁　井口利夫「初心者の工夫」。「会員の関連図書会誌会報6点の紹介」

24号　2005(H17).07.30　8頁　由良勇著『旭川市近郊のアイヌ語地名30』出版。平隆一「松浦武四郎の記念碑が浦臼町に建立される」。「佐藤知巳氏の著作と論文紹介」。

25号　2005(H17).11.30　8頁　「地名アイヌ語辞典・編集に関わる討議内容の報告」。宮崎耕太「アイヌ語地名が大好です」。「道内町村合併前半戦が終わる」

26号　2006(H18).03.01　8頁　「地名アイヌ語辞典・編集勉強会開催」。井口利夫「今井八九郎の海岸明細図縮尺について」。地蔵慶護「シャモの子」。伊藤せいち著『アイヌ語地名Ⅱ紋別』出版

27号　2006(H18).07.10　8頁　平隆一・松尾睦子「アイヌ語地名研究大会in旭川」に参加して」。地蔵慶護「えにわ地名小史(1)」。鳴海日出志「母の比較語彙」。山下弦橘「ばくりっこ（交換）して食べた弁当の味」

28号　2006(H18).11.30　8頁　「地名アイヌ語辞典・編集勉強会報告」。井口利夫「今井八九郎図の縮尺について-補遺」。地蔵慶護「えにわ地名小史(2)」。秋葉實編『松浦武四郎知床紀行』出版。尾崎功著『北海道海岸線地名めぐりの旅』出版。榊原正文著『アイヌ語地名釣歩記』出版。

29号　2007(H19).05.10　8頁　三好勲「背負い石から名付いた抜海の地名」。平隆一「栗山町はヤムニウシ由来？」。地蔵慶護「えにわ地名小史(3)」。鳴海英之著『日本語とアイヌ語の起源』出版。由良勇著『アイヌ語地名と伝説の岩（改訂版）』出版。伊藤せいち著『アイヌ語地名Ⅲ北見』出版。因幡勝雄著『アイヌ伝承ばなし集成』出版。

30号　2007(H19).07.30　8頁　深畑勝広「新参会員の心境大会感想そして御教示のお願い」。渡辺隆『江戸明治の百名山を行く-登山の先駆者松浦武四郎-』出版を終えて。地蔵慶護「えにわ地名小史(4)」。

31号　2007(H19).11.16　10頁　藤村久和「アイヌ文化奨励賞の授賞式に臨んで」。渡辺隆「平成19

— 145 —

年度アイヌ文化奨励賞を受賞」。平隆一「近藤重蔵・蝦夷地図におけるカバト山麓の本陣屋位置」。由良勇「松浦武四郎蝦夷地六航と蝦夷国号撰定」。秋葉實編『松浦武四郎選集 五 午手控』出版。

32号 2008(H20).03.01 8頁 渡辺隆「アイヌ語地名研究会 10年のあゆみ」。平隆一「北海道における日本語地名事例・論文の重要性についての最確認」。「地名アイヌ語辞典編集・勉強会議事録」。〔書評〕井口利夫「豊浦町・洞爺湖町・伊達市のアイヌ語地名（森美典著）待望の出版を喜ぶ」。

33号 2008(H20).08.28 10頁 平隆一「近藤重蔵・蝦夷地図における小樽付近の本陣屋位置」。三好勲「メナシクシュは東側を通る川、地名の変更なるか」。

34号 2008(H20).12.25 8頁 「アイヌ語地名の話題、新聞の一面を賑わす」。〔書評〕井口利夫「早田国光著・十勝アイヌ語地名手帖の紹介」。「アイヌ語地名かるたを作成します」。「岩尾別？岩宇別？（北海道新聞記事）。別当賀２つの読み方（北海道記事）」。平隆一「会報33号における斎藤和範会員の記載について」。由良勇著『旭川市近郊のアイヌ語地名30 第２輯カムイコタン』、早田国光著『十勝アイヌ語地名手帖』、秋葉實編『松浦武四郎選集 六 午手控』出版。

35号 2009(H21).03.30 8頁 「伊能忠敬作成日本図の完全復元展示が始まる」。井口利夫「母恋富士のアイヌ語地名(上)」。尾崎功「アイヌ文化尊ぶ学校教育を」。豊原熙司著『クマと黒曜石』出版。

36号 2009(H21).07.21 8頁 井口利夫「母恋富士のアイヌ語地名(下)」。

37号 2009(H21).10.20 8頁 伊藤せいち「アイヌ語の表記について１」。渡辺隆「キロロの謎」。「ざりがに探偵団（代表斎藤和範）が北海道新聞社の北のみらい奨励賞を受賞」。

38号 2010(H22).02.20 10頁 渡辺隆「永田地名解の謎解き」。「第１回アイヌ語地名サロンの開催」。斎藤和範「津軽平野に見られる蝦夷系由来の不思議な地名」。佐藤淳子現代語訳編『松浦武四郎佐渡日誌』出版。

39号 2010(H22).04.30 4頁 アイヌ語地名関連論文集（平成11～18年度）。

40号 2010(H22).09.20 8頁 寺口一孝「道内三角点５千ヵ所冊子に」

41号 2011(H23).05.16 4頁 榊原正文著『データベースアイヌ語地名５胆振中東部』出版。清水清次郎『残存していた縄文語地名』。

42号 2011(H23).09.01 10頁 平隆一「津軽平野に見られる蝦夷系由来の不思議な地名・への質問」。渡辺隆「ありし日のアイヌ地」。尾崎功著『北海道地名めぐり湯浴み旅』出版。

43号 2012(H24).01.20 10頁 伊藤せいち「地名アイヌ語辞典、編集の中間経過」。斎藤和範「平隆一氏からの質問についての回答」。平隆一「アイヌ古道解明に情熱」。藤村久和「北海道文化財保護協会創立50周年記念式典に参加して」。高木崇世芝編著『近世日本の北方図研究』出版。

44号 2012(H24).05.15 6頁 斎藤和範「北海道に産するからす貝と呼ばれる貝類について」。「『北

海道の文化』掲載アイヌ語地名関係記事の紹介」。

45号　2012(H24).08.01　6頁　「会員アンケートの集約」。事務局長交代（渡辺隆→打田元輝）

46号　2013(H25).03.27　6頁　三好勲「おもしろアイヌ語地名カルタ作成に向けて」。戸部千春「常呂、本当はトゥコロ」なんだよ」。

47号　2013(H25).06.12　8頁　打田元輝「伊能（間宮）・今井・松浦の三図による地名比較」。戸部千春「北海道の古地図展〜伊能大図と蝦夷地古地図の変遷」。渡辺隆「山の履歴簿編集うらばなし」。渡辺隆編著『山の履歴簿第一巻』出版。

48号　2013(H25).10.25　10頁　渡辺隆「円山のこと（探訪資料）。藤村久和「円山地区の植物とアイヌ語」。加藤昌彦「大阪からの新入り会員です」。渡辺隆「武四郎の由仁足跡をたどる」。事務局長交代（打田元輝→渡辺隆）

49号　2014(H26).03.05　6頁　会員アンケートの集約。

50号　2014(H26).05.20　6頁　「会則変更の承認について」。「新しい会則」「山も背くらべ全国87の山標高変更」

51号　2014(H26).06.07　10頁　藤村久和「日本地名研究所の役員会と研究大会に参加して」。高橋基著『秋月町内会創立45周年記念誌』出版。「アイヌ語教室のご案内」。「地名読みクイズ」

52号　2014(H26).07.26　18頁　「第18回研究大会・定期総会・役員会の開催内容」。藤村久和「アイヌ語とはどのような言葉なのか？(1)」。

53号　2014(H26).10.30　22頁　「アイヌ文化を読む会（第1回・第2回）の開催報告」。「古文書を読む会（第1回・第2回）の開催報告」。鳴海英之著『日本語の起源と我らが祖語』出版。「くしろ地名考第48号の内容紹介」。藤村久和「ショツプ由来地名の再考と聚冨（シップ）箱地形の場所特定（寒河江洋一郎著）の要約」。「創立三十周年・由仁町郷土史研究会」。「新入会員への会誌残部のご案内」。

54号　2014(H26).11.10　18頁「アイヌ語地名研究者懇談会（神戸市）の開催状況」。

55号　2015(H27).03.20　20頁　加藤昌彦「本州以南のアイヌ語同源地名の研究の歩み年表（未完）」。「アイヌ語地名現地探訪、アイヌ語地名サロン、おもしろアイヌ語地名かるた、アイヌ文化を読む会、古文書を読む会の実施状況」。「早田国光さんの論文が十勝毎日新聞に紹介される」。

56号　2015(H27).07.01　20頁　「地名から知る先人の暮らしと歴史〜東北地方に残るアイヌ語地名〜「日本地名研究所通信」（第80号・第81号）の紹介。「くしろ地名考」（第49号・第50号）の紹介。「加越能の地名」（No.45）の紹介。

57号　2015(H27).11.24　16頁　「田村すず子先生死去」。「秋葉實さん死去」。「故由良勇さんの蔵書が旭川中央図書館に寄贈される」。「髙橋慎さん（会員）「博報賞」を受賞」。「西谷栄治さん（会員）の紹介記事が北海道新聞に大きく掲載される」。「アイヌ語勉強会などを紹介」。渡辺隆編著『山の履歴簿第II巻』出版。

58号　2016(H28).03.17　14頁　西谷栄治「利尻島史にみるアイヌ語地名(その1)」。明石一紀『続

由仁町開拓史資料』作成。「日本地名研究所通信(第83号)」紹介。『地名と風土』⑨出版。「イタラタラキは十勝坊主（早田国光さん会員の論文）十勝毎日新聞に紹介される」。

59号　2016(H28).05.10　14頁　児島恭子「アイヌ語地名と神話伝説その2」。西谷栄治「利尻島史にみるアイヌ語地名(その2)」。「故池田実氏の著作目録」。

60号　2016(H28).08.11　6頁　高橋基「旭川のアイヌ語地名」新聞連載100回」。寺口一孝著『イランカラプテ』出版。

61号　2016(H28).10.27　10頁　西谷栄治「利尻島史にみるアイヌ語地名(その3)」。佐藤良子「百聞は一見にしかず」。戸部千春「アイヌモシッたること疑いなし」。「清水清次郎さん（会員）逝去」。

62号　2017(H29).03.06　6頁　戸部千春「アイヌ語地名を歩く-山田秀三の地名研究から」。瀬川拓郎「動のアイヌ民族史ササ葺き住居の秘密」（新聞記事）。

63号　2017(H29).04.28　8頁　戸部千春「アイヌ語地名を歩く（網走）山田秀三の地名研究から」。村崎恭子「神津島のタプコプ」。「北海道のアイヌ文化関連施設」

64号　2017(H29).08.15　8頁　「北海道史編さん事業に関する要望書を提出」。「西信博さん（会員）逝去」。永田良茂「兵庫にアイヌ語ゆかりの地名」。「研究大会アンケート」。寺口一孝「山の名前はアイヌの知恵」（日本経済新聞記事）

65号　2017(H29).10.24　12頁　杉山武「青森県の青森という地名の謎」。山下栄光「タプコプの解釈」。戸部千春〔資料紹介〕「北海道新冠地方におけるアイヌ語地名の調査と分析」。「アイヌ語地名研究会の業務と担当役員」

アイヌ語地名研究会3回総会　1999.6.19

　　会報掲載記事のうち、『アイヌ語地名研究（会誌）』の発行内容、および「アイヌ語地名研究大会（講演会）」の開催報告は、別掲としました。

アイヌ語地名研究大会（講演及び研究発表）

発会記念　1997(H9).10.04　13名　札幌市民会館　「北海道の山名」村上啓司

1回　1998(H10).01.17　札幌かでる2.7　伊藤せいち「アイヌ語地名の戸籍簿」。榊原正文「データベースアイヌ語地名」。

2回　1998(H10).10.10　札幌高等学校教職員センター　約60名　藤村久和「アイヌ語の楽しさ」。高橋基「近藤重蔵のテシヲルート考」。高木崇世芝「北海道の古地図」。榊原正文「アイヌ語地名巡検を前に」。

3回　1999(H11).06.19　札幌市教育文化会館　約100名　秋葉實「松浦武四郎著作とアイヌ語地名」。伊藤せいち「アイヌ語地名の表記法」。

4回　2000(H12).06.18　札幌かでる27　約70名　切替英雄「頻出するアイヌ語地名の形態論的構造」。伊藤せいち、切替英雄、藤村久和、扇谷昌康「討論・アイヌ語地名研究のこれから」。

5回　2001(H13).06.24　札幌市教育文化会館　55名　田村すず子「神謡や昔話のアイヌ語をテープで聴こう」

6回　2002(H14).06.16　函館市民会館　63名　中川裕「言語学がアイヌ語地名研究に寄与できること」。須藤隆仙「函館のアイヌ語地名に関する疑問」。

7回　2003(H15).06.22　くりやまカルチャープラザEki　56名　伊藤せいち「北海道遺産としてのアイヌ語地名」。高橋慎「栗山町周辺夕張川筋のアイヌ語地名」。

8回　2004(H16).06.20　浦臼町農村センター　65名　藤村久和「浦臼地方のアイヌ文化について」。平隆一「武四郎の見た樺戸の山と川」。

9回　2005(H17).06.19　札幌かでる27　116名　佐藤知己「アイヌ語地名研究と言語学」。（写真左下）

10回　2006(H18).06.11　旭川市大雪クリスタルホール　104名　村崎恭子「日本の中のアイヌ語地名－北海道をモデルに本州以西を探る」。

11回　2007(H19).07.14　札幌北海学園大学　80名　三好勲「アイヌ語地名にみられる道」。貫井進「出雲国風土記の地名をアイヌ語で解く」。鳴海英之「日本語とアイヌ語の起源」。

近藤由紀「地名の中に現れる teyne」。高木崇世芝「北方圏の変遷－地名研究の視点から」

12回 2008(H20).07.19 札幌・北海学園大学 133名 平隆一「松浦武四郎文献における空知のアイヌ古道」。渡辺隆「松浦武四郎と蝦夷の山－各種文献と著作の特色を考える」。羽田野正隆「ポロナイという地名－分布図からの考察」。小野有五「アイヌ語地名の平等な併記に向けて－アイヌ語地名研究の目的と意義」.

13回 2009(H21).09.12 札幌・北海学園大学 73名 高橋慎「チライのつく地名」。藤村久和「アイヌの生活とイトウ」。伊藤せいち「アイヌ語地名発掘の旅」。

14回 2010(H22).08.21 札幌・北海学園大学 80名 早田国光「ピパはカラスガイかカワシンジュガイか」。戸部千春「止別と訓子府の歴史的広がり」。狩野義美・藤村久和「新冠静内に語り継がれたアイヌ語地名（対談）」。

狩野義美氏と藤村久和会長

15回 2011(H23).6.18 北海道クリスチャンセンター 83名
石原誠「19世紀のアイヌ語文献」。谷本晃久「移動する地名」。

16回 2012(H24).07.08 北星学園大学 77名 因幡勝雄「地名と伝承ばなしから見たコタンの暮らし」。小野有五「東北アイヌ語地名と考古学」.

17回 2013(H25).09.08 北海道クリスチャンセンター 36名 早田国光「オペレペレケから帯広へ」。打田元輝「アイヌ語正典－真義への研究」「蝦夷地全沿岸の古地名比較」。

18回 2014(H26).07.12 札幌エルプラザ 74名 岡本武雄「由仁町のアイヌ語地名」。伊藤せいち「アイヌ語表記 アコロイタㇰ」。高橋基「地図で見る秋月地区の変遷」。

19回 2015(H27).07.19 札幌エルプラザ 70名
【部会報告】①浜本旭：アイヌ文化を読む会、②上野繁：古文書を読む会、③高橋和男：アイヌ語勉強会、④高橋慎：アイヌ語地名現地探訪、⑤三好勲：アイヌ語地名サロン。
【研究発表・講演・対談】秋山秀敏「アイヌ民族とフンベ地名」。新妻徹「蝦夷の山やま－アイヌ語の山名に惹かれて」。熊谷カネ・藤村久和「様似町岡田での生活体験から（対談）」。

20回 2016(H28).06.19 北海道大学情報教育館 47名

畑山迪子氏と藤村会長

【部会報告】前回（19回）発表の5つの部会および ⑥梶本孝：札幌のアイヌ語地名を調べる会⑦伊藤せいち：アイヌ語地名研究（論文集）の編集と出版。
【研究発表、講演、対談】藤村久和・畑山迪子「アイヌ文化に関する想い出」。高橋慎「さけますの生態とアイヌ語地名」。河村博「サケマスのくらしとその進化と生態系の役割」。明石一紀「タツコプ像の再検討－夕張郡のタツコプをめ

ぐって」。寺口一孝「アイヌ語に彩られた山々」。

21回 2017(H29).07.02 札幌コンベンションセンター 64名

【部会報告】前回（20回）同様7つの部会

【研究発表、対談、討論】早田国光「旅来はタプコプライペッ」。藤村久和・熊谷カネ「様似のアイヌ語地名」。渡辺隆、伊藤せいち、大竹登、岡本武雄、高橋慎、中野良宣、明石一紀、藤村久和「（パネルディスカッション）タプコプ地名を考える」。【ビデオ上映】「北海道のチャシ」

講演、研究発表、出版をされた諸氏

秋葉實氏　村崎恭子氏　田村すず子氏　小野有五氏　中川裕氏　佐藤知己氏

切替英雄氏　須藤隆仙氏　谷本晃久氏　因幡勝雄氏　熊谷カネ氏　河村博氏

地蔵慶護　早田国光　岡本武雄　秋山秀敏　尾崎功　由良勇

鳴海英之　石原誠　戸部千春　新妻徹　寺口一孝　明石一紀

アイヌ語地名研究20

部 会 活 動

1　アイヌ語地名現地探訪（巡検）

（）内の氏名は案内と解説を担当

第1回地名巡検

1回　1998.10.11　札幌－喜茂別－支笏湖　17名（榊原正文）
2回　1999.09.19　千歳川－勇払川　8名（地蔵慶護、伊藤せいち）
3回　2003.06.22　南空知の夕張川筋　56名（高橋慎）
4回　2004.06.20　樺戸の石狩川筋　65名（平隆一）
5回　2006.06.11　旭川の神楽岡から神居古潭　76名（高橋基、由良勇、尾崎功）（右下写真）
6回　2011.06.19　北海道大学の周辺　37名（藤村久和、斎藤和範）
7回　2012.08.09　札幌豊平区方面　35名（藤村久和、斎藤和範）
8回　2013.09.09　札幌円山公園地区　36名（藤村久和）
9回　2014.10.26　北広島－南長沼－幌内－舞鶴－千歳－長都－恵庭　47名（高橋慎）

10回　2015.10.07　手稲山口バッタ塚－川の博物館－いしかり砂丘の風博物館－石狩弁天社－石狩尚古社－マクンベツ湿原－モエレ沼公園　45名（高橋慎、渡辺隆）
11回　2016.05.28　北の沢川－藻南公園－旧簾舞通行屋－十五島公園－札幌ピッカコタン－簾舞（ニセイオマプ）－北方自然教育園－オカバルシ　40名（藤村久和、梶本孝）
12回　2016.10.10　札幌－望来－濃昼（ごきびる番屋）－浜益（浜益郷土資料館）　49名（藤村久和、高橋慎）

2　アイヌ語地名サロン（座談会）

（）内の氏名は、司会と解説を担当

1回　2010.03.20　札幌・北海学園大学　27名「2009年研究大会の内容」（高木崇世芝）
2回　2011.04.16　藤女子大学　45名「古地図の地名研究への活用」（打田元輝、高木崇世芝）

― 152 ―

3回　2014.11.30　札幌エルプラザ　26名「アイヌ語地名大辞典の進捗状況」「おもしろアイヌ語地名カルタの発行」「アイヌ語正典の解説」（三好勲、伊藤せいち、打田元輝）
4回　2015.11.29　札幌エルプラザ　15名　「難読アイヌ語地名」（三好勲）
5回　2016.11.26　札幌エルプラザ　12名　「札幌市内のアイヌ語地名」（三好勲）

3　アイヌ文化を読む会

　毎月第一火曜日の夜、セントラル札幌北ビル（北11条西2丁目）で定例の開催、第1回は平成26年（2014）8月5日に27名（会員10、一般17）の参加で発足、以降、毎回約20名が出席している。実施内容は、ジョンバチラー著（訳・小松哲郎）の「アイヌの暮らしと伝承—よみがえる木霊」の朗読で始まり、ここに書かれたテーマをたたき台に、藤村久和会長がアイヌ語の解釈と詳しい解説している。これまで取り上げられたテーマは、女性の地位、相続、幽霊と霊魂、入れ墨、衣服、礼儀作法、食べ物、家屋の構造、結婚、熊祭り、病気、葬儀など21項目に及ぶ。

4　古文書を読む会

　毎月第3水曜日の夜、藤村会長の北日本文化研究所、（北17条西1丁目、コーポ望）で定例開催、第1回は平成26年（2014）8月20日に10名の参加で発足、以降、毎回約7名が出席している。使用している資料は、いずれも未解読と思われる、シャクシャイン抗争に関わる「北海道松前蝦夷乱記」と、和菓子問屋青木氏の日誌「諸用留（明治17年）」を解読している。

5　アイヌ語勉強会

　毎週木曜日の夜、上記古文書を読む会と同じ場所で定例開催。従来から藤村久和先生の私的教室として行っていたアイヌ語の勉強会を、平成26年（2014）年4月からアイヌ語地名研究会の部会として実施している。使用している資料は、

①久保寺逸彦著の『アイヌ叙事詩聖伝の研究』、②神成マツ（金田一京助・収録）のユーカラ、この二種の物語を、受講生が日本語に翻訳し、藤村会長がこれの正解をまとめる。さらに、物語りの背景となっているアイヌ文化について詳しい解説がある。例会の受講生は8名程度、時には海外からの留学生も加わり花を添えることもある。

6　札幌のアイヌ語地名を考える会

毎月第3火曜日の夜、セントラル札幌北ビル（北11条西2丁目）で定例の開催。平成27年（2015）年7月からアイヌ語地名研究会の部会として発足。山田秀三著『札幌のアイヌ地名を尋ねて』の記述を題材に、地名に関わる各種資料を取り寄せ、藤村会長の詳細な解説がある。発足当初における月例会の受講者は8名程度だったが、回

を重ねる毎に増え、2017年の秋は10数名が出席している。地名の現地を探査したいとの会員の意向から、2016年5月に札幌南区をバスで巡るツアーを実施（右上写真）、40名が出席した。

研究執筆とアイヌ語地名研究会の運営に携わった役員

村上啓司代表　　　　　藤村久和会長　　伊藤せいち副会長　扇谷昌康副会長　榊原正文・事務局

渡辺隆・事務局　高木崇世芝・事務局　高橋基　　　平隆一　　　貫井進　　　三好勲

打田元輝　浜本旭　上野繁　高橋和男　梶本孝　高橋慎　斎藤和範

アイヌ語地名研究会の概要

（目的）アイヌ語地名研究会は、アイヌ語地名とそれに関わるアイヌ文化の研究と調査を通じて、地域における文化の向上に寄与することを目的とする。

（会員資格と会費）この会の目的に賛同し入会を希望する者は、つぎの区分により会員になることができ、所定の会費を納入するものとする。

A会員：年間 5000 円、B会員（会報、行事案内）：年間 2000 円、C会員（行事案内のみ）：1000 円

（活動）この会の目的を達成するため、つぎの活動を行う。

i 講演会及び現地巡検（探訪）の開催　ii 会誌（調査研究報告、評論など）及び会報の発行　iii 総会、研究発表会、懇談会の開催　iv 会員による共同研究及び地名関連団体との連携　v 地名及びアイヌ文化に関する情報の収集及び提供　vi 公式HPの開設及び運用管理

（会の発足）平成 9（1997）年 10 月 4 日

（事務局）〒001-0017 札幌市北区北 17 条西 1 丁目 1 － 1　コーポ望・内　℡011-299-6834, 011-728-6400

会員名簿 （五十音順）

明石一紀（埼玉県蕨市）赤石喜恵子（札幌市南区）秋山秀敏（新得町）阿部光子（札幌市西区）阿部美子（札幌市厚別区）石川節子（札幌市東区）石塚孝司（千歳市）石原誠（札幌市北区）伊藤征治（札幌市東区）伊藤せいち（北見市）井上年弘（札幌市中央区）上野繁（札幌市南区）宇佐美金悦（苫小牧市）打田元輝（札幌市南区）大竹登（夕張郡由仁町）岡部良雄（札幌市白石区）岡本武雄（夕張郡由仁町）小田憲作（札幌市西区）小野有五（札幌市清田区）海田信夫（札幌市中央区）柏木宣勝（釧路市）梶本孝（札幌市手稲区）加藤昌彦（大阪市）亀井秀子（札幌市中央区）菊地紀之（札幌市手稲区）岸智子（札幌市手稲区）木村博海（札幌市東区）切替英雄（札幌市南区）日下部賢治（札幌市厚別区）小久保和孝（札幌市南区）小林耕一（網走市）斎藤和範（上川郡鷹栖町）齋藤勝宏（札幌市北区）齊藤詔司（札幌市豊平区）榊原正文（小樽市）坂下民雄（釧路市）佐賀彩美（札幌市南区）佐々木睿之（札幌市厚別区）佐藤良子（札幌市白石区）澤田勲（札幌市東区）澤田佳代子（札幌市豊平区）清水忠司（夕張郡由仁町）白井祐一（札幌市北区）園田寿美子（札幌市清田区）髙橋和男（札幌市厚別区）高橋晶子（札幌市厚別区）高橋慎（夕張郡栗山町）高橋基（旭川市）高松紀代（札幌市厚別区）竹下潔（札幌市清田区）竹端尚頌（札幌市厚別区）谷紘道（札幌市厚別区）千田浩子（札幌市中央区）寺口一孝（登別市）天童雅俊（札幌市西区）十勝毎日新聞社（帯広市）戸部千春（北見市）豊原熙司（苫小牧市）土井勝典（札幌市東区）中川卓（美唄市）中川潤（石狩市）中谷誠一（札幌市南区）中野克良（夕張郡栗山町）中野良宣（夕張郡栗山町）長坂有（岩見沢市）鳴海英之（札幌市東区）新妻徹（札幌市中央区）西谷榮治（利尻町）貫井進（札幌市南区）根本吉美（江別市）野崎宏子（札幌市西区）野澤緯三男（札幌市北区）波多野ゆかり（札幌市中央区）蓮池悦子（札幌市東区）畠山迪子（札幌市南区）花輪陽平（札幌市北区）浜田義紀（札幌市厚別区）浜本旭（札幌市豊平区）早田国光（札幌市中央区）平井順子（札幌市西区）蛭川隆夫（札幌市中央区）深畑勝広（札幌市厚別区）藤村久和（札幌市北区）船田公正（札幌市西区）本田克代（名古屋市）本間伸子（恵庭市）前山尚子（札幌市東区）松尾みつ子（札幌市南区）松岡素道（札幌市南区）真鍋京子（札幌市西区）馬渡悦子（札幌市西区）三島照子（石狩市）宮崎耕太（福島市）三好勲（札幌市東区）森尚久（江別市）山上正一（苫小牧市）山下栄光（岩見沢市）山の手博物館（札幌市西区）山本修平（釧路市・釧路地方の地名を考える会）吉原秀喜（沙流郡平取町）若林真紀子（石狩市）渡辺隆（札幌市北区）渡辺義人（札幌市北区）　　　103 名

ATOGAKI

　アイヌ語地名研究会（以下「当研究会」と呼ぶ）は、1997年（平成9）10月4日に同好の士22人で発足した。「アイヌ語地名とアイヌ文化の研究・調査を通じて、地域における文化の向上に寄与する」を目的に、試行錯誤ながら辿ってきた20年間を振り返ってみる。

　活動の第1の柱「アイヌ語地名研究大会」の開催は、38人の外部講師と会員が登壇いただき、総数64点の講演と発表があった。発表の内容は、地名解、地名表記法、古文献の地名、古地図と地名、言語学と地名、考古学と地名、動物と地名、アイヌ文化伝承の地名、地形と地名、地名研究の進め方、地名ルート考、等々多岐に及ぶ。

　第2の柱は、研究論文集「アイヌ語地名研究」の出版で、総数197点を掲載している。他に年間4回ほど会員向けとして発行している「アイヌ語地名研究会会報」に70点の小論文や書評が載っている。この論考の中で多数を占めたのは、地名の語義や由来の解明、いずれも紙面から燃えるような意欲が感じられ、編集事務局の校正作業は嬉しい悲鳴である。

　会員個人による専門書の出版は、19人（うち6氏が故人）49冊と豪華。

　秋葉實解読の『蝦夷日誌』（一、二、三編）と『松浦武四郎選集』（全六巻および別巻）は、散逸したと目されていた文献も収録されており、『松浦竹四郎研究会会誌』に連載された往返書簡の紹介など、共に貴重な研究財産として残された。

　松浦武四郎の紀行文を、現代語に訳し解説した秋葉實の『松浦武四郎上川紀行』、『松浦武四郎知床紀行』、佐藤淳子の『松浦武四郎佐渡日誌』は、往時と近年の様子が文章と絵（写真）で対比され、わかりやすく親しみやすい。

　榊原正文の『データベースアイヌ語地名』（1～6巻、後志、石狩、日高＝静内・新冠、胆振中東部）と、伊藤せいちの『アイヌ語地名』（3巻、網走川、紋別、北見）。これらは、古文献を調査し現地を踏査のうえ、アイヌ語地名の位置（地図入り）、出典、表記、地名解、解説を加えられた。さらに、高木崇世芝の『近世日本の北方図研究』『松浦武四郎関係文献目録』、は、従来の資料を補完した集大成であり、尾崎功『東西蝦夷山川地理取調図を読む』は、20万分の1地勢図との比較を加えた。いずれも貴重かつ正確なデータとして地名研究に大変役立っている。

　地域の地名を纏めた著書として、由良勇・高橋基（旭川市近郊）、地蔵慶護（恵庭・千歳）、早田国光（十勝）、扇谷昌康（穂別）、また、アイヌの伝承をとりあげた切替英雄、因幡勝雄、アイヌ語の起源およびアイヌ語と主要言語との共通点を探求する鳴海秀之、アイヌ語

を大衆向けに解説した尾崎功の地名めぐり旅シリーズ（３点）と榊原正文の『アイヌ語地名釣歩記』、山名のアイヌ語に注目した渡辺隆、寺口一孝、九州と西日本の縄文語地名を収録した清水清次郎など、アイヌ語地名の探求は多彩である。

　当研究会は「平成19年度アイヌ文化奨励賞」を受賞、これは今後の活動に期待する激励と思う。また、つぎの会員諸氏の受賞もあった。榊原正文「日本自費出版文化賞奨励賞」、池田実「平林記念賞」、髙木崇世芝「神山茂賞」、斎藤和範「北海道新聞北のみらい奨励賞」高橋慎「博報賞」など、北海道の地域に根ざした功績が讃えられており活躍ぶりが窺える。

　上記に紹介した会員の活動記録は、当研究会の事務局に寄せられた情報を元にしたもので、収録もれがあるかもしれない。

　地名研究をすすめる上で、地名関係の資料や地図の編集・保管に関わる作業に、パソコンやイターネットの利用が常識になりつつある。「アイヌ語辞典（未定原稿）」や「おもしろアイヌ語地名かるた」（試作品）をパソコンのＣＤ版として製作した。これの補完と部分見直しがすすみ日の目を見るよう期待されている。イターネット・ウェブサイトに当研究会のホームページをつくる計画案が示されていたが、財政難と人材不足が課題である。

　当研究会の目的について変化があった。2014年（平成26）年の会員アンケートに基づき、従来の研究調査対象の「アイヌ語地名」に「アイヌ文化」を加えている。

　さて、本年7月2日の創立20周年記念研究大会では、パネルディスカッション「タㇷ゚コㇷ゚地名を考える」が注目された。

　タㇷ゚コㇷ゚は、従来、「tapkop…①離れてぽつんと立っている丸山；孤山；孤峰；　②尾根の先にたんこぶのように高まっているところ。」（知里真志保・地名アイヌ語小辞典）として知られる山の名。しかし、昨年の研究大会で明石一紀が、タㇷ゚コㇷ゚は「平地を含む川の彎曲部の内側の小高い土地」とする説を発表。山と平地、天と地の違い。パネルディスカッションの討論ははずんだ。

　夕張川筋のタㇷ゚コㇷ゚が、松浦武四郎の『丁巳日誌15&61』（=「夕宇発利日誌」1&2）の踏査記録にみえる。この解読を通して、通過地点の復元（現地比定等）がなされ、地元では次の４人の方がご自分の説を出されている。この方々に研究大会のパネラーとして討議に加わっていただいた。

　大竹登（由仁町）は、「武四郎のいうタッコブはタッコブ山周辺にあったコタンで由仁町の平地一帯」。岡本武雄（由仁町）は、「タㇷ゚コㇷ゚は山裾野の夕張川筋、河岸段丘の上で、今の由仁市街の神社の山」。髙橋慎（栗山町）は、「由仁町の中岩内遺跡がある小高い丘」。中野良宣（栗山町）は、「馬追丘陵の双頭の山」。それぞれ地元に熟知した４人であるが見解は異なっている。

　これに対して明石一紀は、平地にある「タㇷ゚コㇷ゚」と、「タㇷ゚コㇷ゚山（岳）」とは区別してい

— 157 —

る。「シコツ」と「シコツ山」とが、別々の地名であるのと同様。平地のタㇷ゚コㇷ゚に対し、「タㇷ゚コㇷ゚の近くにある／にちなむタㇷ゚コㇷ゚山」、これはタㇷ゚コㇷ゚そのものではない、そして従来の「山」説を否定し、タㇷ゚コㇷ゚は「平地を含む川の彎曲部の内側の小高い土地」としている。なお、「山説」では、中野「双頭の山」説も出された。

　討論のなかでは、「タㇷ゚コㇷ゚は、アイヌの人たちからの情報にもとづいたもので、知里真志保や山田秀三が、勝手に「山説」を作り上げたものとは思われない」との意見も出された。

　『アイヌ語地名研究』19 号で、渡辺隆は「タㇷ゚コㇷ゚地名(資料)」を作成した。tapkop 地名 80 カ所。道北 11 カ所、道東 29、道中央 23、道南 10。道南は少ないと思ったが、本州の東北地方にもタㇷ゚コㇷ゚地名が連なって、ここでは今わかっているのは 7 地名。

　広範囲に多様な tapkop 地名が分布している。従来の「山説」に今回論争になった「平地」「双頭の山」も含め、個々に調べることはもちろん、総合的かつ多様なとらえ方も必要であろう。個々の土地にある tapkop 地名の解釈いかんによって、単語の分解が異なることもあろう、その場合の日本語訳はどうなるのか、各地の tapkop 地名をアイヌ自身がどのようにとらえていたか、tapkop 地名が道南地方、積丹半島、稚内地方ではなぜ少ないのか。これらを含めた tapkop の実像解明に邁進したいと思う。討論は結論を急がず、である。

　この ATOGAKI を書いていたとき、昨年 12 月出版の『アイヌ語地名研究』19 号に掲載したタㇷ゚コㇷ゚関係論文の内容を読まれた、小田原市の郷土史家から長文の感想と『街道の村・多古風記』(164 頁) が寄せられた。うれしく拝見。

　あなたの知っている tapkop は、どんなご感想があるでしょうか。読者のみなさん、たくさんのご意見、論述を期待します。

(伊藤せいち、渡辺隆)